인디자인 강의 노트
— 디자이너도 모르는 인디자인 101% 활용법

그리드와 타이포그래피
GRID & TYPOGRAPHY

그래픽 오브젝트
GRAPHIC OBJECT

인쇄
PRINTING

전자 출판
DIGITAL PUBLISHING

「인디자인 강의 노트」

CA 아트웍 시리즈 세 번째, 「인디자인 강의 노트」는 현 시대 가장 대중적인 편집 디자인 프로그램인 인디자인의 활용법을 담고 있습니다. 당신이 디자인을 공부하는 학생이든, 신입 혹은 경력 디자이너든, 독립 및 전자출판을 목표 삼은 일반인이든 인디자인을 완벽히 숙달하는 데 이 책은 부족함이 없을 것입니다. 꼭 필요한 것만 담아 놓은 인디자인 교과서를 찾는 중이었다면, 이 책을 선택한 당신은 후회하지 않을 것입니다.

인디자인을 꽤나 진부한 프로그램이라 여길 수도 있지만, 디자인의 기본 구조를 파악했다면 분명 매우 유용한 프로그램이라는 것을 알고 있을 것입니다. 이 책은 그런 당신에게 속도를 높일 수 있는 팁과 예상 밖의 유용한 인디자인 그래픽 기술을 통해 작업에 재미를 붙이고, 디자인에 영감을 불어넣어, 기초 단계를 뛰어넘은 전문적인 디자인을 완성하도록 돕고자 합니다.

따라서, 인디자인으로 만들어 낸 매력적인 작업을 살펴보고 무엇을 할 수 있는지 생각해보는 <쇼케이스>부터, 기본적인 기술부터 크리에이티브를 더할 수 있는 기술까지 다양하고 입체적으로 다루는 <튜토리얼>로, 실제 워크샵 강의에서 느낄 수 있는 실질적인 동기와 기술을 제공합니다. <튜토리얼>을 살펴보면 그리드, 타이포그래피, 인쇄 준비, 전자 출판 등의 "기초 트레이닝"부터 간편한 다규격 페이지 및 레이아웃 작업, 질감 표현, 팝업 카드 만들기 등의 실로 인디자인에서 작업할 수 있으리라 예상하지 못했던 것들의 방법을 담은 "크리에이티브 트레이닝"까지 담고 있습니다. 또한, <트레이닝 팁>에서 각자에 맞는 인디자인 환경을 조성하고, 간편하게 수행하는 방법을 숙달함으로써 효율적이고 알찬 학습에 박차를 가하고자 합니다.

인디자인에서 반드시 필요한, 그리고 가능한 것들을 친절하고 자세히 담아내어 이 도구를 101% 활용하도록 하는 이 책은 당신이 어떤 것을 디자인하든, 인디자인을 통해 적절한 디자인을 만들어내고자 하는 상황에 더 크리에이티브하고 효과적인 작업 노하우를 건넬 것 입니다.

일러두기

Adobe InDesign CC 2015를 중심으로 다룬 이 책은 본지인 영국판 「STUDIO TRAINING INDESIGN」의 내용을 재편집하였고 한글판 명칭을 더했다. 또한, 동아시아 문자 조판 기능을 더한 패치 버전과 차이가 있는 부분은 내용을 더했다.

여러 기준에 따라 다양하게 사용하는 디자인 용어는 대체로 프로그램 상의 표기를 따랐다.

Menu, Tool, Panel and Route[메뉴, 도구, 패널 및 경로]
메뉴, 도구, 패널 및 패널 내 구역명은 "영문[국문]" 형식으로 표기하였다. 이는 정확한 이해를 위해 본지의 영문 표기와 인디자인 한글판의 내용을 함께 적었으며 국내 사용자의 환경에 도움이 되도록 국문을 강조하였다. 예외로, 국문 버전이 없는 웹 사이트 혹은 프로그램의 항목은 국문 해설을 윗첨자로 표기하였다.

"모양 및 형식"
글자 및 단어의 통상적 의미가 아닌 표기 방식이나 형태를 뜻하는 단어는 큰 따옴표 안에 두어 설명하였다.

'입력 값, 선택지, 아이콘'
예시 도판과 튜토리얼의 입력 값, 드롭다운 메뉴 내 선택지 및 아이콘은 작은 따옴표 안에 두어 강조하였다.

단축키 및 키보드 버튼
단축키 및 키보드 버튼은 색상으로 강조하였다. 본지에서 제공하는 Mac OS 기반의 도판은 그대로 사용하였으나, 단축키 표기[Mac/Win]는 본지와 달리 Windows OS 기준으로 통합했다. Command와 Ctrl은 Ctrl로, Option과 Alt는 Alt로 표기하였다. 이는 단축키에 대한 판독을 돕기 위함이다.

용어[Description]
영문적 이해나 간단한 해설이 필요한 용어, 고유 명사 및 선택지는 윗첨자로 설명을 더했다.

단어 ❶
메뉴 및 패널 접근 경로와 책에서 중점적으로 다루는 분야에서 조금 벗어나 해설이 필요한 단어는 번호를 매겨 동일 페이지 내에 따로 모아 해설하였고, 이는 한글글꼴용어사전, IT용어사전, 산업안전대사전, 위키피디아의 해설을 인용하였다.

Type Name
서체 명칭 등의 디자인 영역의 고유 명사는 본지의 표기를 따랐다.

차례

「인디자인 강의 노트」 004

쇼케이스

잡지	010
디지털 잡지	022
브로슈어	034
타이포그래피	044

튜토리얼

기초 트레이닝

도구와 단축키 058

그리드
— 이해하기 068
— 마스터하기 076

타이포그래피
— 정확하게 다루기 088
— 문단 스타일로 시간 아끼기 096
— 대형 프로젝트의 문단 스타일 관리하기 104

템플릿과 라이브러리 116
책 디자인과 레이아웃 124
인쇄 준비 130
전자 출판 140

크리에이티브 트레이닝

하나의 문서에서 다양한 규격의 페이지로 작업하기	148
다양한 레이아웃 간단히 만들기	154
QR코드 제작하고 활용하기	160
글리프 활용하기	162

인디자인 하나로 해결하기

— 질감 표현하기	168
— 벡터 그래픽이 있는 커버 페이지 만들기	174
— 팝업 카드 만들기	180

다른 툴과 응용하기

— 손 그림 스타일의 다이어그램 만들기	186
— 파이 차트 만들기	188
— 목업 이미지 만들기	190
— 글자에 질감 표현하기	192

트레이닝 팁

이미지와 개체를 편하게 다루는 팁	198
텍스트를 편하게 다루는 팁	202
시간을 아끼는 여섯 가지 팁	208
나에게 맞는 환경 설정	210

쇼케이스
SHOWCASE

잡지
MAGAZINES—PRINT

디지털 잡지
MAGAZINES—DIGITAL

인디자인으로 제작한 최고의 인쇄,
디지털 출판물을 소개합니다.

브로슈어
BROCHURES

타이포그래피
TYPOGRAPHY

페이퍼 매거진
PAPER MAGAZINE

마노스 다스칼라키스
Manos Daskalakis

mdaskalakis.tumblr.com

아테네의 경제지 「이메리시아Imerisia」의 증보판인 「페이퍼 매거진Paper Magazine」은 인디자인으로 제작되었다. 다스칼라키스Daskalakis는 인디자인이 모든 출판물의 서체에 필요한 솔루션을 제공한다고 말하면서, 인디자인을 사용하면서 새로운 시도를 해보라고 권했다.

"인디자인으로 구체적인 단계에 따라 작업 흐름을 짰습니다. 먼저 모든 페이지에 적용될 그리드를 정하고 타이포그래피와 스타일시트로 넘어갑니다. 폰트의 종류와 크기, 행간, 자간, 글리프 등 잡지에 사용되는 글자 형태를 결정하는 모든 요소는 문자 및 문단 스타일을 따릅니다. 이들은 도형 등의 시각언어와 더불어 발행물의 아이덴티티를 정의하는 요소입니다."

"「페이퍼 매거진」은 PF Regal Text Pro Family를 사용합니다. 합자가 무척이나 많은 서체이죠. 그래서 Contextual Alternates[문맥 대체]와 Stylistic Sets[스타일 세트]같은 오픈타입 기능은 우리 작업에 아주 중요합니다. 페이퍼 매거진 같은 프로젝트를 시작할 때는 색다른 그리드 디자인과 여백을 부여하는 것을 시도해보세요. 시도에서 얻은 것이 늘 중요합니다. 스타일시트를 만들 때에는 시간을 충분히 할애해야 합니다. 왜냐하면 전체 작업 과정 혹은 적용 단계에서 상당수를 재고해야 하는 경우가 대부분이기 때문이죠. 이 과정에서 Eyedropper[스포이드] 도구를 활용하여 첫 초안을 완성한 후에 문자와 단락 스타일을 만들면 작업의 효율을 높일 수 있습니다."

피프티8 매거진
FIFTY8 MAGAZINE

아틀리에 올신슈키
Atelier Olschinsky

2013년에 창간한 「피프티8 매거진Fifty8 Magazine」의 목표는 '디자인을 중요하게 생각하는 새로운 세대의 개개인들과 선구자들을 끌어 모으는 것'이다. 이 잡지의 편집 디자인은 빈Wein에서 활동 중인 크리에이티브 스튜디오 아틀리에 올신슈키Olschinsky가 맡았는데, 그들의 작업을 연결해주는 핵심 요소는 인디자인이라고 한다. 올신슈키는 그 중에서도 Mini Bridge[Mini Bridge] 기능은 인디자인이 이 프로젝트에 특히 유용함을 입증한 기능이라며 소개했다. 또한 올신슈키 팀은 Effects[효과] 기능으로 제작 시간을 상당히 줄일 수 있었다고 생각한다고 한다.

www.olschinsky.at

"처음부터 끝까지 모든 편집 디자인 과정에 두루 인디자인이 쓰였습니다. Mini Bridge[Mini Bridge]는 활용 가능한 자료를 전체적으로 살펴보는 데 도움이 됩니다. 디자인을 쉽게 결정하고 취소할 수 있는 원활한 흐름의 작업이 가능해지죠."

"Multiply[곱하기], Color Burn[색상 번] 등 모든 혼합 모드를 포함한 기능들은 인디자인의 뛰어난 특성입니다. 이 기능들을 활용할 줄 안다면 기본적인 이미지 수정 때문에 포토샵으로 돌아갈 필요가 없죠."

인플루엔시아
INFLUENCIA

비올레인 & 제레미
Violaine & Jeremy

트렌드를 다루는 획기적인 월간지 「인플루엔시아Influencia」의 아트 디렉션과 편집 디자인은 그래픽 디자인 듀오 비올레인 오소니Violaine Orsoni와 제레미 슈나이더Jeremy Schneider가 맡았다. 두 사람은 잡지의 제작을 위해 인디자인의 도움을 받았다. 이미지와 일러스트레이션이 중심인 출판물을 만들려면 전문가의 솜씨가 필요하다고 하며 Separations Preview[분판 미리 보기] 기능을 칭찬했고, 슈나이더는 디자인을 시작하기 전에 기본 패널들을 적재적소에 놓는 것이 필수 과정이라고 했다.

www.violaineetjeremy.fr

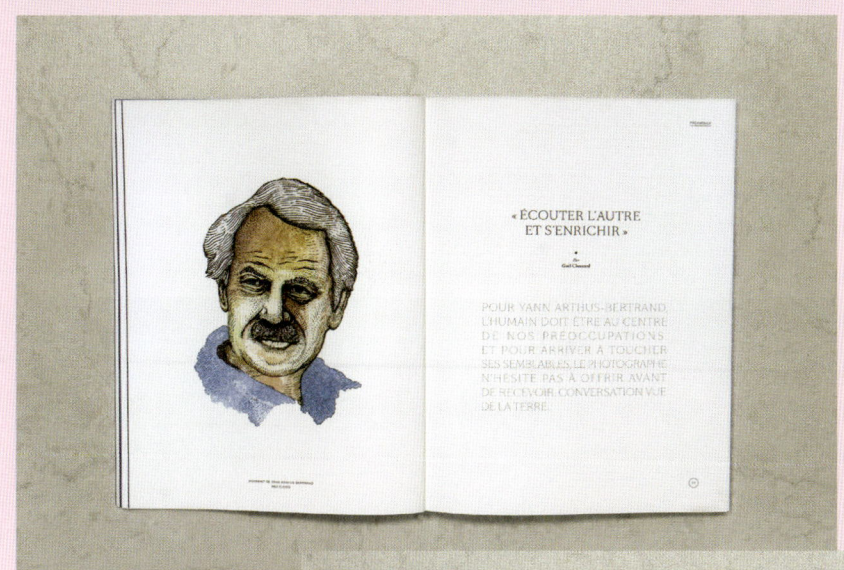

"인디자인으로 우리만의 레이아웃을 만들고 150페이지의 잡지를 제작했습니다. Separations Preview[분판 미리 보기] 기능을 좋아합니다. 잉크 허용범위 비율이 지나치게 높은 이미지가 무엇인지 확인할 수 있거든요. 잉크가 종이를 뚫어버리면 안 되니까요."

"Baseline Grid[기준선 격자], Master Page[마스터 페이지], Character Style[문자 스타일], Numbering & Section Option[번호 매기기 및 섹션 옵션]과 그 밖의 많은 기본 기능이 반드시 필요합니다. 훌륭한 편집 디자인은 언제나 디테일에 대한 지대한 관심으로 탄생했습니다. 작은 디테일이 모두 적절하게 배치되었는지 반드시 재차 확인해야 합니다."

영건 매거진
YOUNG GUN MAGAZINE

가브리엘라 다마토
Gabriela D'Amato

독립 프로젝트 「영건 매거진Young Gun Magazine」은 예술가와 운동선수의 결과물에 영감을 주는 데 초점을 맞춘 매끈하고 스타일리시한 출판물이다. 이번 발간호의 콘텐츠 기획과 편집 디자인 책임자는 디자이너이자 제작자인 가브리엘라 다마토Gabriela D'Amato가 맡았다. 그는 제작 기간 동안 인디자인 기능 중 한 가지가 특히 유용했다고 말했다.

"이 프로젝트를 위해 일차적으로 사용한 디지털 퍼블리싱 도구는 인디자인이었습니다. 머리에 떠오른 레이아웃 디자인과 함께 대량의 콘텐츠를 관리할 수 있게 해주는 가장 체계적인 프로그램은 인디자인이라는 사실을 깨달았죠. 150페이지에 달하는 기사와 인터뷰를 관리하면서 모든 타이포그래피를 깔끔하고 일관된 스타일로 유지하는 데 인디자인이 매우 효과적이었습니다."

www.g-damato.com

"영건은 Master Page[마스터 페이지]를 사용하지 않고는 만들어질 수가 없었을 거예요.
이 잡지는 상단 쪽표제, 옆 쪽표제, 꼬리말, 쪽번호, 배경과 테두리선 등의 스타일 요소들로 가득해요.
마스터 페이지를 쓰면 이런 요소를 모든 페이지에 반복적으로 적용할 수 있어 복사하는 시간이
줄면서 디자인에 더 많은 시간을 할애할 수 있습니다. 영건을 만들면서 문서 전체에 두루 등장하는
요소들은 물론, 특정 페이지 스타일과 섹션을 위한 마스터 페이지를 여러 개 만들 수 있었습니다."

ULTURE
BROOKLYN
43

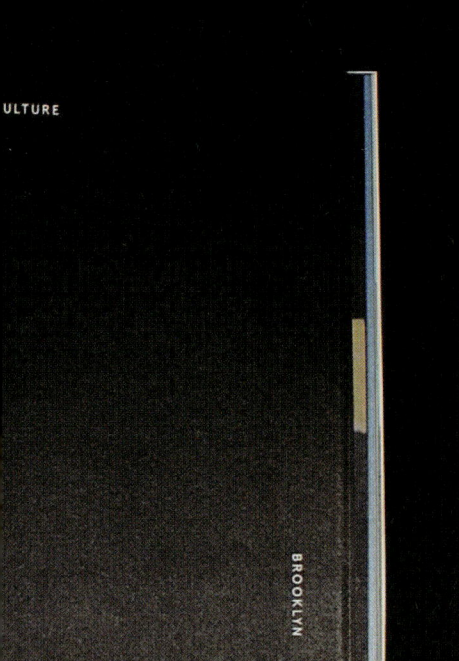

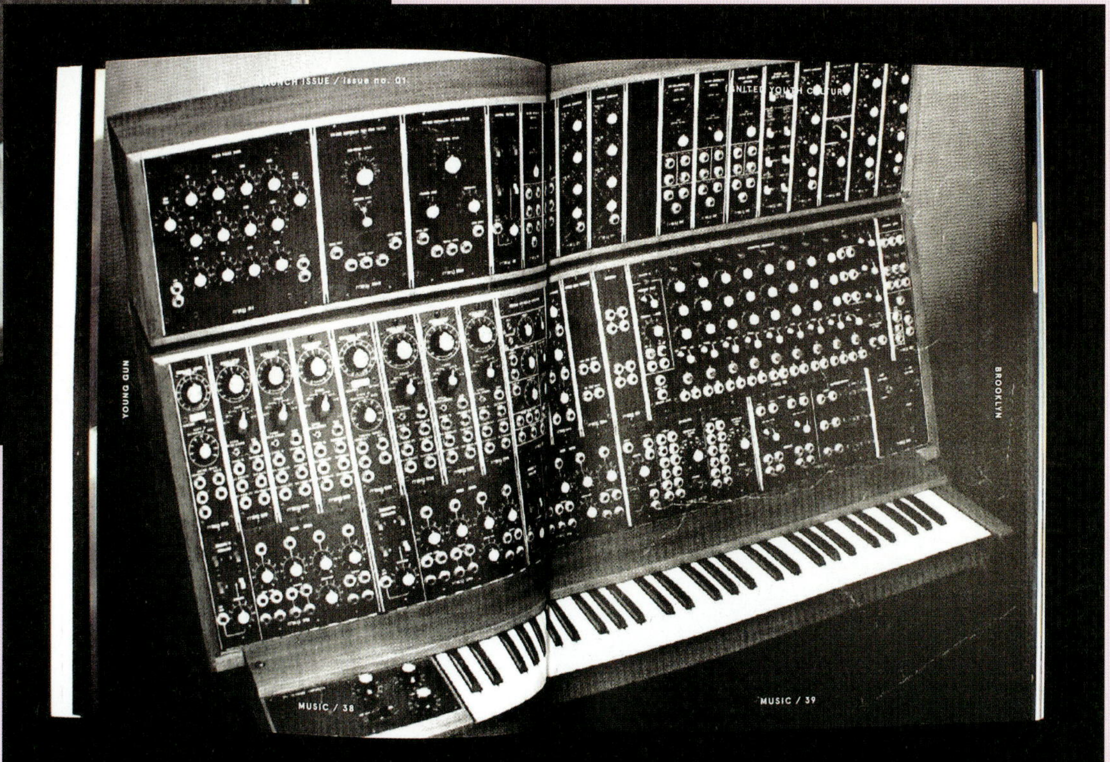
ISSUE / Issue no. 01
UNITED YOUTH CULTURE
YOUNG GUN
BROOKLYN
MUSIC / 38
MUSIC / 39

허크
HUCK

쉬워즈온리
She Was Only

www.shewasonly.co.uk

런던의 독립 디자인 스튜디오 쉬워즈온리She Was Only는 트렌드를 탐구하는 격월간지 「허크Huck」의 디자인과 아트 디렉션을 담당하고 있다. 런던 교회The Church of London가 발행하는 이 잡지에는 표지부터 모든 페이지의 레이아웃에 인디자인이 활용되었다. 쉬워즈온리의 파트너 차이 그리피스Cai Griffith는 인디자인을 사용하면서 많은 고민을 거치라고 조언했다.

"첫 디자인 콘셉트 설정부터 인쇄용 문서를 내보내는 단계까지의 워크플로우에서 인디자인이 핵심 파트입니다. 인디자인의 확장 도구 덕분에 페이지에 배치할 모든 요소를 확실하게 조절할 수 있었어요. 「허크」 매거진은 일관성 있는 디자인과 느낌을 유지하고 있는데, 본문과 캡션, 크레딧을 위해 세심하게 선별한 문자와 단락 스타일, 그리고 그리드 시스템을 통해 그 느낌을 강화했습니다."

"문서 설정에 충분한 시간을 들이세요. 그리드가 유연하면 레이아웃을 좀 더 세심히 만들 수 있고, 페이지에 두루 적용되게 할 수 있습니다. 타이포그래피 스타일을 위한 기능들도 디자인에 통일성을 부여하고, 수정한 내용이 한번에 전체에 적용될 수 있어 엄청난 시간을 절약할 수 있습니다. 여기서 줄인 시간은 나중에 더 정밀하게 디테일을 다듬고, 임팩트를 위한 실력을 발휘할 때 투여됩니다."

래이크랜드 매거진
LAKELAND MAGAZINE

CHS 크리에이티브
CHS Creative

www.chscreative.com

주방용품 제조사 래이크랜드Lakeland가 발간하는 디지털 잡지 「래이크랜드 매거진Lakeland Magazine」은 재료들을 훌륭하게 조합한 결과, 어도비 2012 디지털 매거진 어워드의 식음료 잡지 부문 상을 받았다. 영국의 디자인 에이전시 CHS 크리에이티브CHS Creative가 만드는 이 잡지의 기본 원칙은 광범위하고 풍부한 콘텐츠의 디지털 잡지를 만드는 것이었고, 인디자인의 도움을 빌려 그 작업을 해나갔다. CHS 크리에이티브의 디자이너이자 디지털 퍼블리셔 제임스 하비James Harvey가 설명한다.

"크리에이티브 에이전시로 일하면서 디자인과 커뮤니케이션의 모든 형태의 과정과 제작에 이미 인디자인을 중요하게 활용했습니다. 카탈로그 작업에 강력한 기반을 지니고 등장한 어도비 DPSDigital Publishing Suite는 우리의 크리에이티브를 발전시키고, 그에 새롭고 흥미로운 포맷을 찾고자 할 때 충분히 선택할만한 도구입니다. DPS 도구는 인디자인이나 다른 어도비 제품을 잘 이해하고 있는 사람들에게는 매우 익숙하므로 새 프로젝트를 DPS로 옮겨 작업하는 일은 어렵지 않았습니다."

"인디자인과 DPS의 새로운 패널이 보여주는 간결함 덕분에 이미지 시퀀스와 인터랙티브 요소를 쉽게 제작할 수 있었습니다. 또한, 인디자인의 친숙함이 더 접근하기 쉽고 알아보기 쉬운 환경을 만들어 주었어요. 엣지 애니메이트Edge Animate와 애프터 이펙트After Effects 같은 날로 늘어나는 막강한 어도비의 프로그램까지 접목할 수 있다면 가능성은 무궁무진하다고 생각합니다."

브랜드 360
BRAND 360

E180

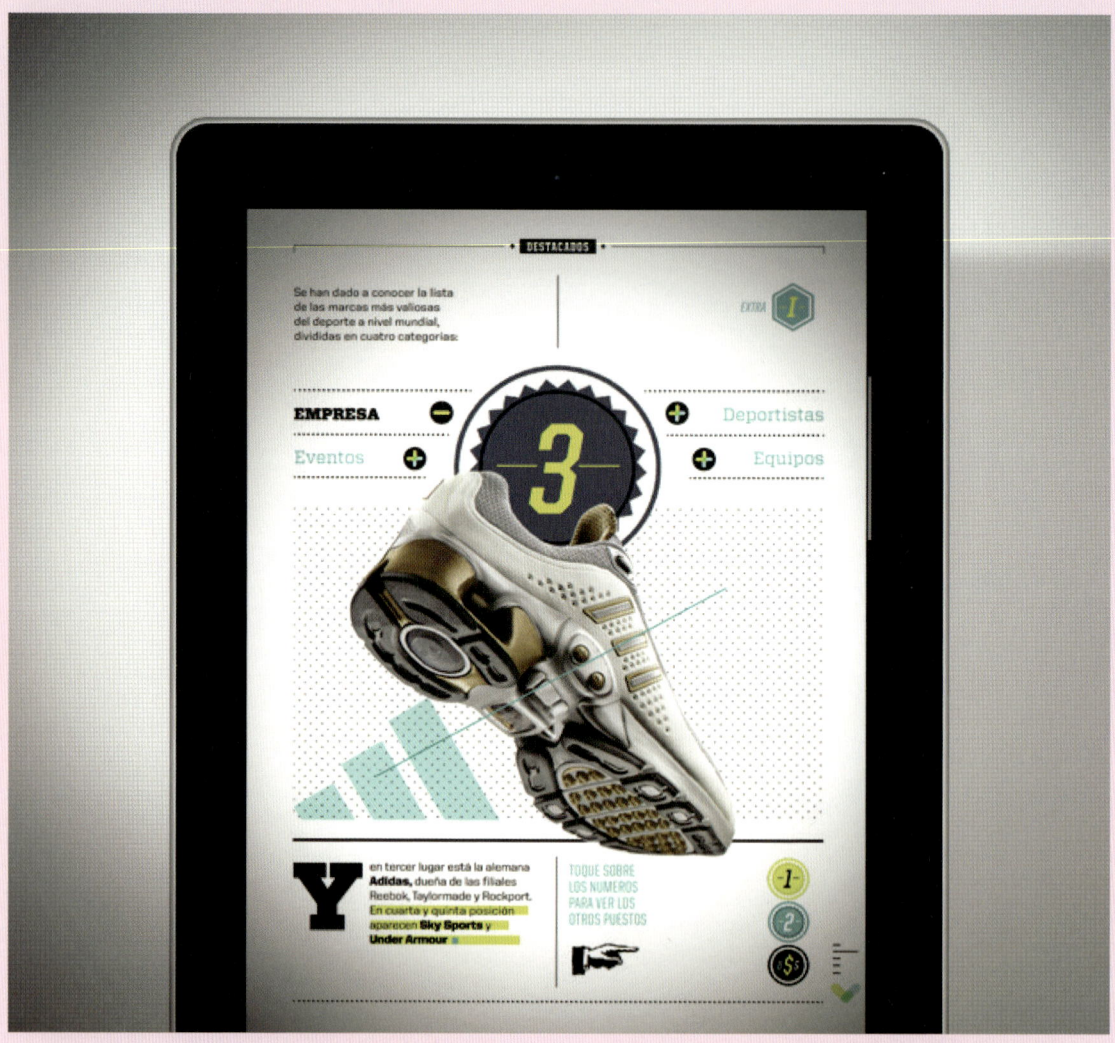

브랜딩 세계를 집중 조명하는 「브랜드 360 Brand 360」 디지털 매거진은 아르헨티나의 크리에이티브 스튜디오 E180이 기획, 디자인, 출간하는 콘텐츠다. 그들은 이 콘텐츠의 디자인과 인터랙션을 위해 주요 기능들을 제공하는 어도비 크리에이티브 클라우드를 사용했고, 어도비 DPS의 여러 기능을 활용했다. E180의 CEO이자 공동 설립자인 마리아노 페레즈 Mariano Perez와 공동 설립자이며 크리에이티브 총감독인 마우리시오 이리아테 Mauricio Iriate가 말한다.

www.e180.com.ar

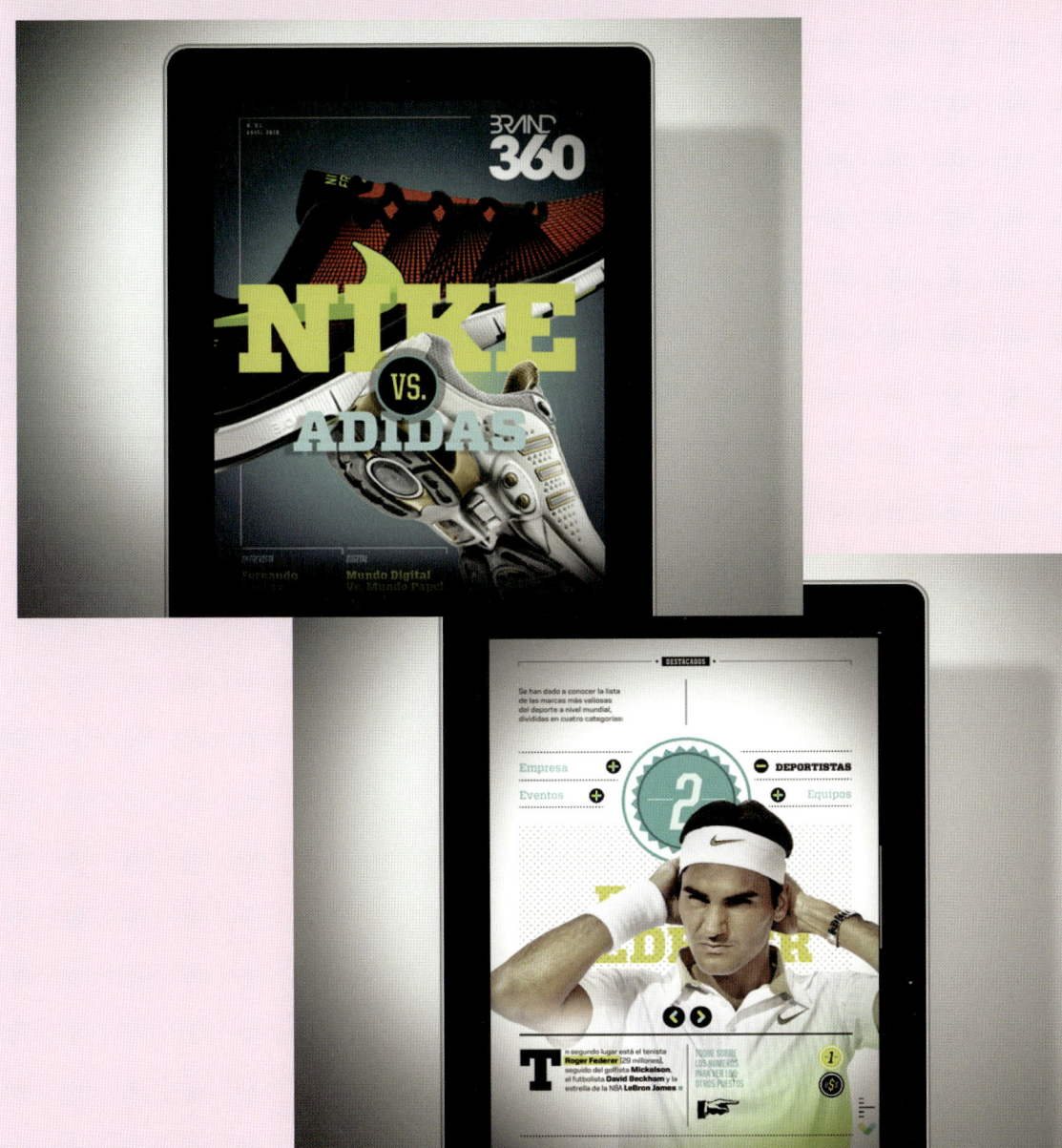

"우리는 어도비 DPS로 개발한 잡지를 100호 이상 발행했습니다. 오랜 작업 끝에 기획 단계에서의 콘텐츠에 대한 생각과 계획이 좋은 결과물을 만들어내기 위한 최고의 방법임을 알았습니다."

"특히 스크롤이 가능한 프레임과 Image Sequences[이미지 시퀀스], Internal and external hyperlinks[내 외부 하이퍼링크], Slide Show[슬라이드 쇼], Video[동영상] 기능이 매우 유용했어요. 라이브러리와 단축키 관리도 편해서 프로젝트를 수행하는 과정 상에도 도움을 받았습니다."

스카이라이프 매거진
SKYLIFE MAGAZINE

스맥
Smack

www.smackagency.com

런던 코벤트 가든에 자리 잡고 있는 스맥Smack은 모든 디자인 분야에서 활동하는 디지털 크리에이티브 에이전시로, 퍼블리싱 분야에서 매우 깊은 전통을 갖고 있다. 최근 스맥은 터키 항공사의 기내지「스카이라이프Skylife」의 아이패드 버전을 의뢰 받았다. 이 작업에서 인디자인과 어도비 DPS는 회사의 업무를 연결하는 송유관과 같은 가장 중요한 역할을 했다. 루브나 코파나Lubna Keawpanna는 DPS를 다루는 요령을 몇 가지 알려주었다.

"모든 템플릿, 그리드, 레이아웃 그리고 전체 디자인을 인디자인에서 만들었어요. 링크, 슬라이드쇼, 회전, 확대 버튼과 기본적인 애니메이션을 만들기 위해 인디자인의 인터랙티브 기능을 활용했습니다. 그리곤 DPS를 통해 우리가 만든 잡지를 뉴스스탠드에 공개할 수 있었습니다."

"DPS는 분석에 많은 도움을 줍니다. 독자들에게 어떤 기사와 페이지 링크가 가장 인기 있는지 알 수 있습니다. 또한 모든 인터랙션에 걸리는 시간이 적당한지와 독자의 버튼과 슬라이드 쇼 사용 경로를 추적할 수 있습니다. 분석은 잡지의 발전에 도움이 되요. 어떤 요소가 독자의 흥미를 끄는지 파악할 수 있으면 독자가 원하는 내용을 더 많이 제공할 수 있으니까요. 버튼과 링크, 오브젝트 상태명에 실제 콘텐츠를 반영하여 이름을 붙이면 DPS에서 더욱 심도 있는 분석이 가능해집니다. 그리고 콘텐츠를 발행하기 전에 반드시 모든 디바이스에서 시연해보세요. 보기만 좋고 제대로 실행되지 않는 어플리케이션만큼 나쁜 것은 없으니까요!"

GQ 매거진+
GQ MAGAZIN+

마이클 놀란
Michael Nolan

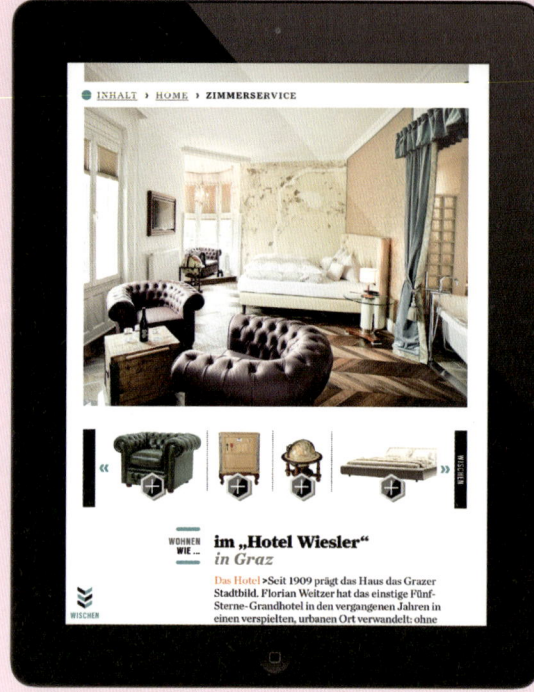

2012년 여름, 아트 디렉터 마이클 놀란Michael Nolan은 「GQ 독일GQ Germany」의 아트 디렉터 자나 마이어 로버츠Jana Meier-Roberts와의 긴밀한 협조로, 「GQ 매거진+GQ Magazin+」의 디지털 버전의 기획, 디자인, 개발을 맡았다. 디지털 버전 출시를 위해 선택한 도구는 어도비 DPS였다.

"인디자인의 큰 장점은 바로 DPS입니다. 여러 가지 소프트웨어를 사용하거나 개발에 대한 지식이 없어도 디지털 잡지에 인터랙티브 및 멀티미디어 요소들을 추가할 수 있어요."

www.michaelnolan.de

"디지털 버전을 개발하면서 Folio Overlays[Folio Overlays] 패널에 있는 거의 모든 DPS 기능을 사용했습니다. 우리는 시계나 의류 사진에 360도 보기 기능으로 독자가 제품의 앞뒤 모두를 볼 수 있게 했어요. DPS 기능을 통해 영화 예고편이나 촬영 뒷이야기 영상 등을 통합할 수 있었고, 인디자인으로는 상당히 만들기 복잡한 인터랙티브 퀴즈 같은 특수 기능을 위한 HTML5 요소들도 통합할 수 있었습니다."

에스콰이어 위클리
ESQUIRE WEEKLY

허스트 매거진
Hearst Magazines

www.hearst.co.uk

세련되고 스타일리시한 남성을 대상으로 한 영국의 잡지 브랜드가 허스트 매거진Hearst Magazines 디자인 팀의 손에 의해 디지털 세계에서 숨 쉴 수 있게 되었다. 허스트 매거진은 디지털 작업에 어도비 툴을 충분히 활용했다. 「에스콰이어 위클리Esquire Weekly」의 아트 디렉터 클레어 청 Claire Cheung은 템플릿과 유용한 요소들을 담은 라이브러리를 확실히 관리하는 데 이 프로그램이 유용하다는 것을 알게 되었다고 설명한다.

"인디자인과 DPS는 「에스콰이어 위클리」의 아이패드 버전을 만드는 데 사용한 중심 어플리케이션입니다. 이 프로그램들 덕분에 독점 기사나 지면에 실린 기사 원본 전부 등의 전통적인 출판 콘텐츠를 디바이스 별 장점에 맞춰 보여줄 수 있었어요. 동영상이나 애니메이션, 갤러리를 실행하고 오디오를 첨가하거나 웹 사이트 링크를 거는 식으로요. 이 잡지가 그저 한 장의 유리를 사이에 두고 PDF 파일을 들여다보는 데 그치지 않고 진정으로 독자와의 인터랙티브한 소통을 할 수 있게 해주었습니다. 제품이 개선되고 수정될 때마다 정기적으로 업데이트해야 했어요."

"Overlay Creator[Overlay Creator]가 제일 많이 사용한 도구인데, 완벽하게 익힐만한 가치가 있어요. 예를 들어, 애니메이션의 속도를 조절하거나 크로스-페이드 같은 효과들을 적용할 때 같이 인터랙션에 다른 설정을 적용할 때 실험해보기 좋아요. Folio Builder[Folio Builder] 역시 잡지의 페이지를 시험할 때 매우 중요한 도구입니다. 페이지가 복잡해질수록 레이어를 꼼꼼히 살펴야해요. 제대로 된 레이어와 아이템으로 구성을 잘 갖추면 엄청난 도움이 될 것으로 생각해요."

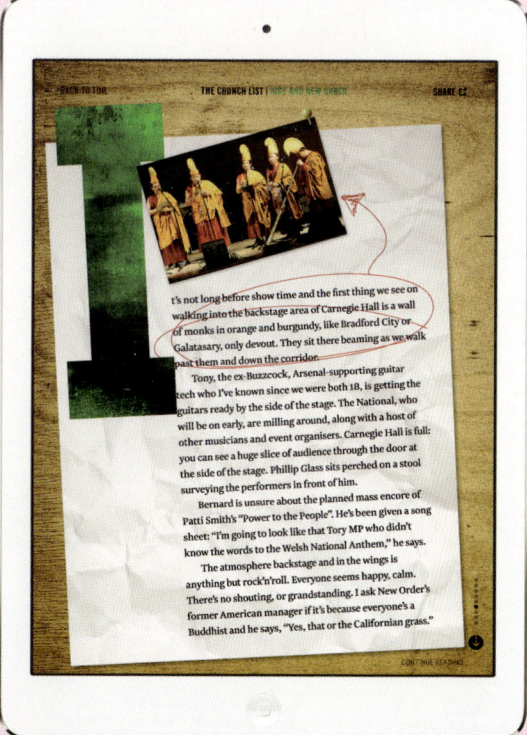

에어 뉴질랜드 가이드
AIR NEW ZEALAND GUIDE

브로겐 애버릴
Brogen Averill

www.brogenaverill.com

뉴질랜드에 대해 매끈하고 스타일리시한 가이드를 원한 에어 뉴질랜드Air New Zealand는 같은 나라에서 활동 중인 크리에이티브 에이전시 브로겐 애버릴Brogen Averill을 찾아갔다. 디렉터 브로겐 애버릴Brogen Averill은 특히 유용했던 기능과 공유할만한 인디자인 팁 몇 가지를 전해주었다.

"이 가이드 제작에 포토샵의 도움 없이 활용한 프로그램은 인디자인 뿐이에요. 이런 형태의 작업을 할 때 인디자인을 사용하지 않을 수가 없어요. 타이포그래피의 기준이 유지되고, 따라서 책자의 흐름이 개선되거든요."

"Character Style[문자 스타일]와 Paragraph Style[단락 스타일] 두 기능은 익혀두면 도움이 돼요. 단축키 Shift+W는 검은 배경의 프레젠테이션 모드로 페이지를 볼 수 있게 해줘요. 방향키로 페이지들을 쭉 넘기면서 볼 수 있죠. 시안용으로 PDF 파일을 만들 때 Export Adobe PDF[Adobe PDF 내보내기]에서 Smallest File Size[최소 파일 크기]를 선택하세요. 그다음 왼쪽 Compression[압축]에서 이미지 품질을 '최대Maximum'로 선택하면 저해상도 PDF가 훨씬 보기 좋아집니다."

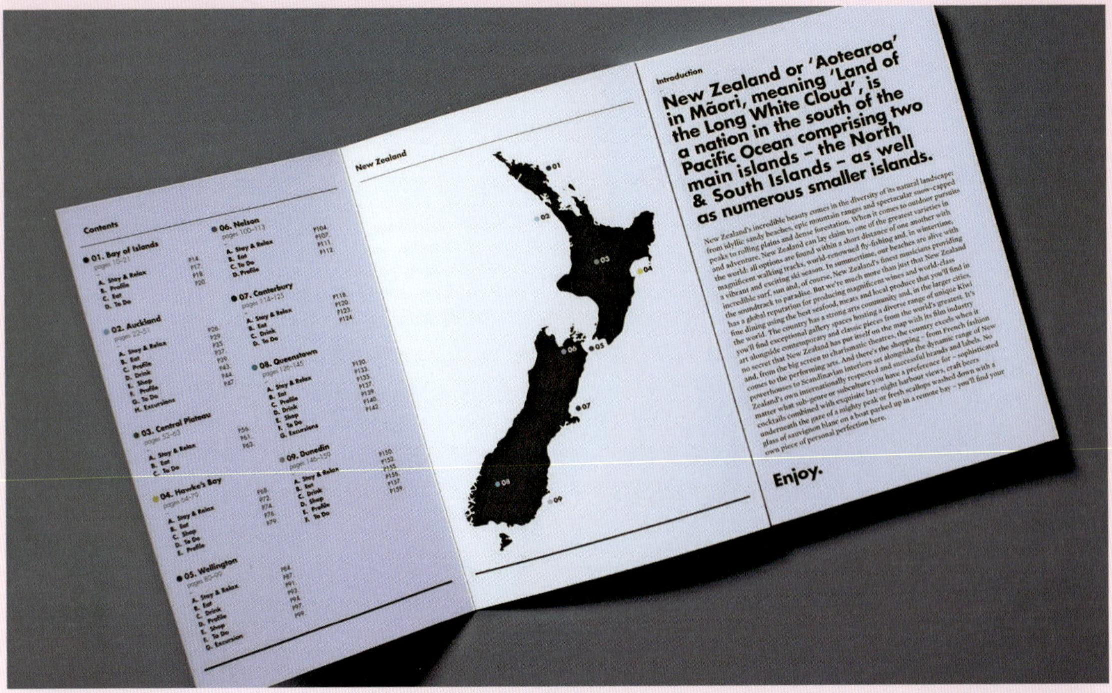
Contents
New Zealand
Introduction
New Zealand or 'Aotearoa' in Māori, meaning 'Land of the Long White Cloud', is a nation in the south of the Pacific Ocean comprising two main islands – the North & South Islands – as well as numerous smaller islands.
Enjoy.

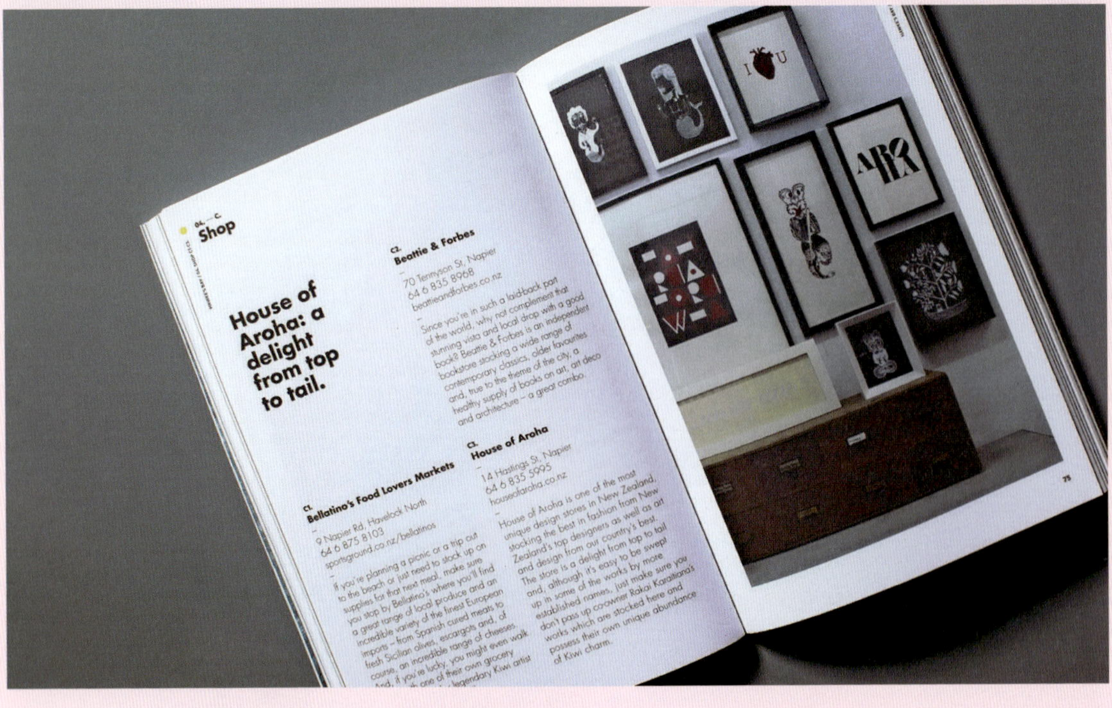
Shop
House of Aroha: a delight from top to tail.
Beattie & Forbes
70 Tennyson St, Napier
64 6 835 8968
beattieandforbes.co.nz
House of Aroha
14 Hastings St, Napier
64 6 835 5995
houseofaroha.co.nz
Bellatino's Food Lovers Markets
9 Napier Rd, Havelock North
64 6 875 8103

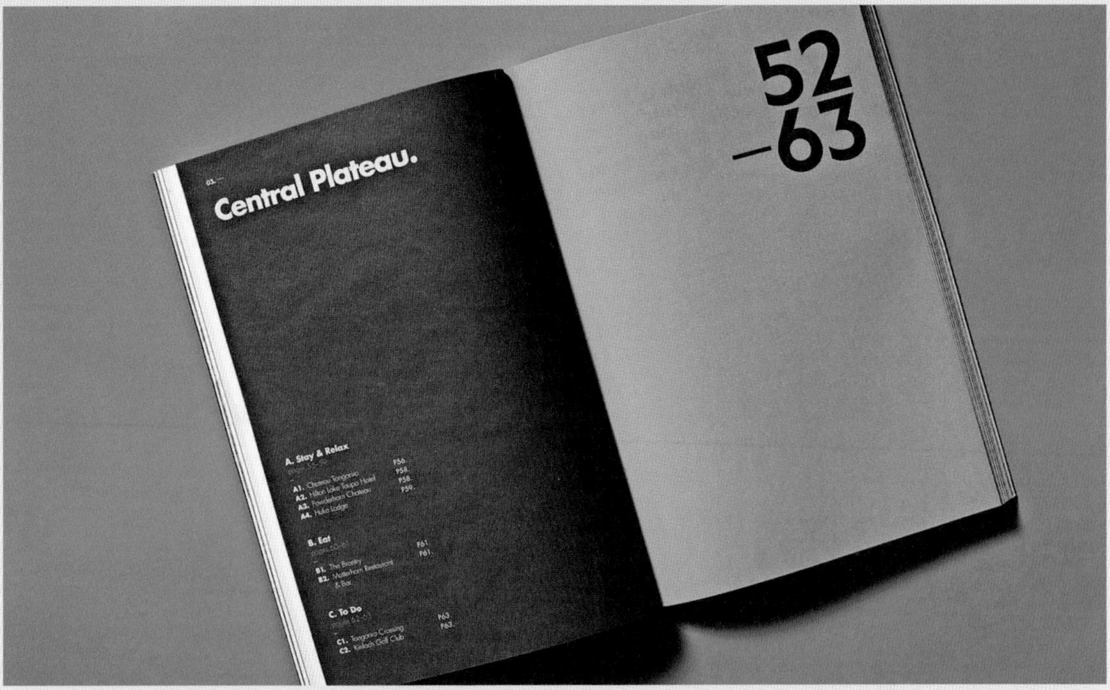
Central Plateau.
52
–63
A. Stay & Relax
B. Eat
C. To Do

Central Plateau.
New Zealand.
Edition
One.
52
–63
New Zealand.

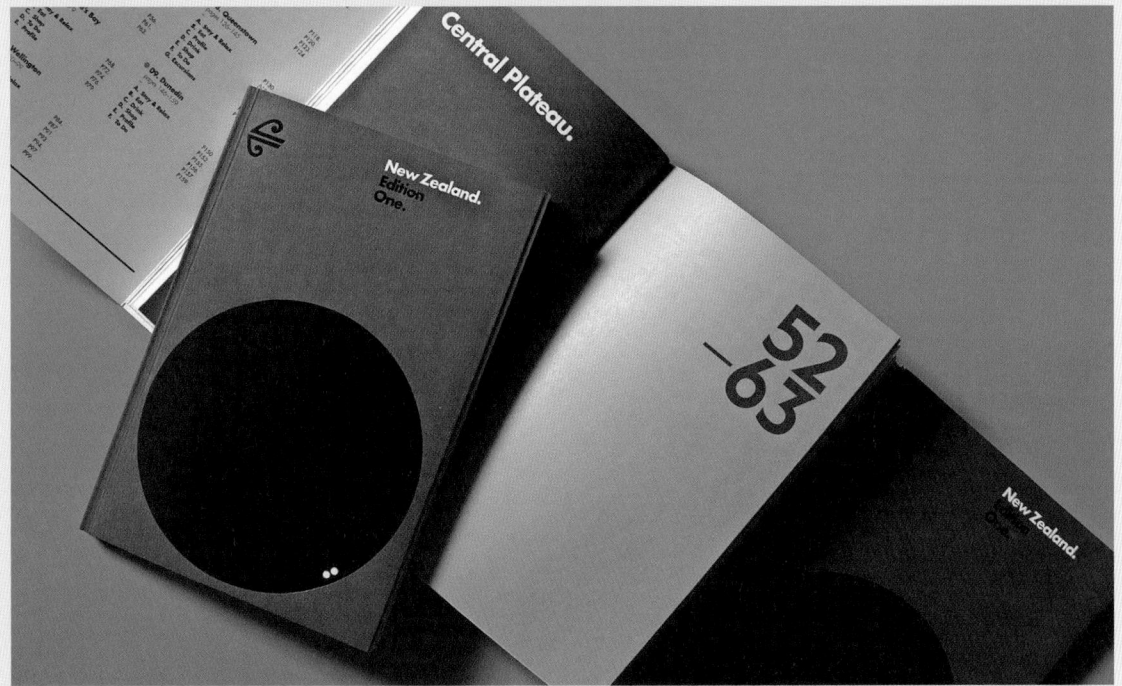

UPC 브로슈어
UPC BROCHURES

브랜드 랩
Brand Lab

www.brandlab.pe

페루응용과학대학교 UPC The Peruvian University Of Applied Sciences는 최근 크리에이티브 스튜디오 브랜드 랩Brand Lab에 브랜드의 디자인과 방향을 새롭게 정립해줄 것을 의뢰했다. 리브랜딩 작업에 새로운 정보를 담은 「UPC 브로슈어UPC Brochures」 제작도 포함되었다. 브랜드 랩의 디자이너 후안 카를로스 이토Juan Carlos Yto가 말했다.

"인디자인은 레이아웃을 다룰 때 효율적인 프로그램입니다. 인디자인이 제공하는 도구들이 주된 이유죠. 하지만 콘셉트 과정과 스케치가 완료될 때까지 우리는 레이아웃 작업을 시작하지 않습니다. 먼저 종이 위에 리듬을 그리는 여유를 좋아하기 때문이에요. 작곡하는 것과 비슷하죠."

"인디자인을 활용할 순간이 되자 어떤 기능이 프로젝트에 가장 잘 맞을지 파악할 수 있었어요. 우리는 Margins[여백]과 Columns[단] 같은 기능을 가이드와 함께 사용했습니다. 단을 만들어 모든 공간을 조정할 수 있어서 정말 도움이 됩니다. 레이아웃과 콘텐츠에 대해 한 번 더 생각할 수 있는 여유를 주니까요. 또한, 단락과 문자 스타일을 활용하는 것도 대단히 편리합니다. 필요할 때마다 빠르고 효율적으로 위계와 질서를 부여할 수 있어요."

스누디두 클로딩
SNOODYDO CLOTHING

더티 디자인
Dirty Design

브리스틀Bristol의 디자인 스튜디오 더티 디자인Dirty Design은 새로운 의상 액세서리 브랜드 스누디두Snoodydo의 브랜드 아이덴티티를 담당했다. 담당 업무에 브로슈어, 전단지 등 부속 인쇄물 개발이 포함되었으며, 인디자인을 기본 툴로 활용하였다. 더티 디자인의 대표이자 크리에이티브 디렉터인 샬롯 하키베리Charlotte Hockey-Berry가 인디자인은 직관적인 프로그램으로, 이 프로젝트를 수행할 때 필요했던 모든 솔루션을 제공했다고 말했다.

www.dirtydesign.co.uk

"인디자인의 유연성과 호환성 덕분에 여러 프로그램을 오갈 필요 없이 웹 사이트와 그에 연계된 모든 홍보자료를 디자인하고 제작할 수 있었습니다."

"인디자인에서는 한 번에 여러 텍스처를 이용할 수 있어요. 이 기능을 이용하여 낡은 듯한 느낌의 로고를 만들려고 했어요. 이 효과는 모든 디자인에 두루 활용되었으며, 스누디두가 표방하는 자연주의 정신을 전달할 수 있었죠. 이미지를 어떤 모양에도 맞출 수 있는 기능 덕분에 빠르고 효과적으로, 또 그 어떤 프로그램보다도 정확하게 텍스처를 추가하고 이미지를 자를 수 있었습니다. 브랜드에 잘 맞는 아이덴티티를 만드는 데 도움이 되었어요."

AMH 룩북
AMH LOOKBOOK

파브리치오 페스타
Fabrizio Festa

www.cargocollective.com/fabriziofesta

AMH는 패션 디자이너 애슐리 마크 호벨Ashley Marc Hovelle이 선보인 브랜드다. 2014 F/W 콜렉션을 위해 아트디렉터 파브리치오 페스타Fabrizio Festa가 눈길을 사로잡는 룩북을 만들었으며, 의상의 모든 그래픽도 디자인했다. 사진은 포토그래퍼 펠리페 바르보사Felipe Barbosa의 작품이다. 모든 자료는 인디자인을 비롯한 어도비 소프트웨어로 정리했다.

"이 책자의 레이아웃을 만들기 위해 인디자인을 사용했습니다. 저는 그리드와 모듈 시스템이 정말 마음에 듭니다. 몇 년 전에 만들어놓고 계속 손보고 수정한 그리드를 이 프로젝트에 사용했어요. 이 프로젝트는 일반적인 A5 판형에 일반적인 사진의 비율을 기반으로 합니다. 인디자인 작업을 좋아하는 이유는 그리드와 가이드, 템플릿, 여타 답답한 요소들을 수학적으로 제어할 수 있기 때문입니다. 한 번 만들고 나면 그리드를 자유롭게 활용할 수 있어요. 그리드를 다양한 방법으로 만지다가 망가뜨리기도 하면서 재미있는 결과물을 얻게 되는 과정이 좋습니다. Create Alternate Layout[대체 레이아웃 생성] 도구는 여러 다른 버전의 시안을 같은 파일 안에서 한 번에 작업할 수 있게 해줬습니다. 워크플로우가 꽤 뒤죽박죽이지만, 하나보단 둘, 셋이 나아요"

사나헌트 타임즈
THE SANAHUNT TIMES

논-포맷
Non-Format

www.non-format.com

사나헌트Sanahunt는 우크라이나 키에프Kiev의 중심에 있는 럭셔리 패션 매장이다. 그래픽 디자인 스튜디오 논-포맷Non-Format이 이 매장에서 배포하는 패션지 「사나헌트 타임즈The Sanahunt Times」의 아트 디렉션과 편집 디자인을 맡고 있다. 논-포맷의 공동 설립자인 존 포스Jon Forss, 셸 엑호른Kjell Ekhorn과 이야기를 나누었고 그들은 여러 개의 원고를 다룰 수 있는 유용한 기능을 알려주었다.

"인디자인은 잡지의 템플릿을 만드는 데 사용되었죠. 각 발간호의 모든 페이지의 제작에도 쓰였고요."

"인디자인은 이런 종류의 작업엔 최적입니다. 인디자인에서 맞춤형 서체를 만든 다음, 레이아웃에 벡터파일 형태로 가져와서 서체나 그 주변 요소들도 바로 편집할 수 있기 때문입니다."

"이 잡지처럼 한 문서 안에 많은 텍스트를 처리하는 경우, 글 상자 안에 넘치는 텍스트의 양을 보여주는 Story Editor[스토리 편집기] 기능이 정말 유용합니다."

АЗЗЕДИН

ПЕРВЫЙ

Аззедин Алайя принадлежит к числу дизайнеров, чья деятельность резонирует с целой культурной эпохой. Восьмидесятые, отмеченные агрессивным образом искусительницы с оттенком андрогинности, — золотой век этого мастера. Он создавал одежду для Грейс Джонс в фильме «Вид на убийство», а также для аналогии её сценических образов. Молодого Алайя, которого всегда вдохновляла колдовская эротика сороковых-пятидесятых, удостоился чести сшить наряд даже для самой Греты Гарбо.

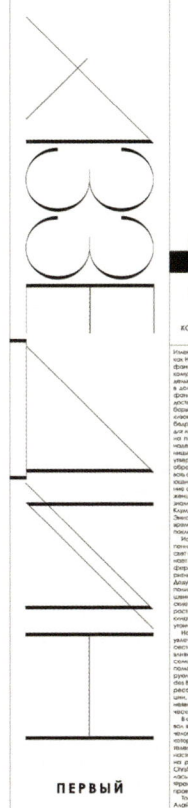

Изначально он выкроил будущий суперскандал, тому подтверждение — Наоми Кэмпбелл, Линда Евангелиста или Стефани Сеймур. Алайя стал одним из тех, благодаря кому собственно и появилось понятие «супермодель». Существует легенда о манекенщице, вышившей в дрожь в платье Azzedin Nohoul. По словам Стефани Сеймур, в точке руки секунд коктейлей Алайя раздевается в голубой, шов истончается до бархатной сладости. Шокирующе блуждающее платье-перчатка тончайше и женственно оберегающее бёдра, сексуальная бутафорская скульптура, женская но подростковая фигурка, таки не женщина, как еще но подростковая фигурка. Существует миф, что носить подобных вещей могут только обладательницы парочных женских форм, на Сеймур утверждала, что это не так, изящная Алайя получает образование скульптора, и ему свойственно это очеловечивание, оне ориентированность на сущность. Для того чтобы убиваться о том, что об оба очевидны для Алайя надо поднять собой самую разную женщину, достаточно вспомнить некоторых его знаменитых клиенток — Виктория Бекхэм, Керри Карли, Мелоди Ричи, Селлар Беннет, Джонатан Энистон и Мишель Обама, которая, не сомнения временем является одним из самых преданных поклонниц дизайнера.

История карьеры Аззедина Алайя своим поэтическим прозвучанием в прорицании детства исполнена и загадками индусами и деятельностями полных горизонтов посев. Уроженец Туниса, сего французской столицы, где такого акта далекий и храбрый кои годы полностью посвящённой дизайнер Алайя работал в показателях своих младшего возраста к Алайя поблёк выложивший фотограф, поющий псалом а журнал Франции со уверенностью роста наконец кинематограф. В окреп столетном показе невообразимо фильмы — учителем-миграции ее Аниной Манцени.

Но не только Верховии начиная увлечённых свою роль в улучшении Алайя женской красотой. Полночие сестер, которое сваливание из Vogue, сохранения влияние секватор фонарит и — его мужского монолита Алайя Dior. Одна стоит в претворили интернационального, чтобы возможно предтечи Алайя соединяют с сильнейшей настояще в Dior вогнешь... Не смейся в рядом Christian Dior сострою... Чей-устают а вокруг Алайя ушёл в Guy Laroche Arts и Touris. Алайя «еврейства занести» не везтелись о семенах Ферми, версты, останся своей на сильней, из Борисовый, отныне оне в его домашний творческий деятельность.

В полусферетный для учеба Азии подплыть в крыше мастерскую. Молода уведомляла в обжигающе с герочной молодила кино рошнищ Диор. Диор ещё представитель матобы. Бекер Алайя слышать с клиентом настолько, что позвонил с его работы в Париж. Правда стала рябить в Christian Dior, потомо что 5 дней Алайя ушел — во время освободительной знаться искусство в Франции, а хоккей стадий казались с имеющей пронос официального оборудования.

Только из в номер, восхищающей Аззедина Алайя свой. Она установлена в доме разгорающейся вестернах, и одного раз его распал Дел. Она хороша, что после знакомства с молодёжью туниско, не должны быть похожем и дочерькой, художники и бизнесмены. Алайя стоя цель...

падение это завод для одиноких дам. Я, честно время я и нем можно было пробраться исключительно по приглашению человек, а в другое время он был позу кого начиная. Показывали с начала новых моделей диссертация не был на него и никого от Алайя, Парижской, которая перед которое далеко воспитать имеющей напряжения своей с своей модели, или с одной Алайя и кружащей рабочее отношение в девушка, работающую у него.

После нескольких лет производимого в самом до банкир, Алайя Алайя был туже-в отрасли и получает процессионально. Ждёт он, имя дневник в собственной оду сжимала высший класс люкс, мама работала для Алайя, лично она больше самое увядает; у него с наших Монсульк, так они Алайя озможно обзавестись коллективами фирменного квартала, помогала на обсуждения Алайя намечающимся строго кому.

Даже сегодня, будучи нужной мэтром, Алайя поэзмул свои грешившая и проферасы. Он не лечил ни одно первит в с спасение кажд можде, оторвавшему заказ после по тумбой лишь бы этого общего с теми пуски общения, в также когда Алайя — это сам сейчас его ключевое другая. В частности он сам сей все еще обязан Алайя, которая отвалял себя от Алайя сам обвилы в срочной картонной, начиная-то, она-в коитабной в какой-то горизонтки.

В 1985 году Зад поступает припамятий — Министрерству имения Франции. После петрующей сам одногодично года с собственного дома Алайя пришёл союзник элементов методы по-городу. Он в теменею реклассировал то у какого-то дола при не это стали для вечера Prada, точно он с её Алайя 2000 году публично произнёс у сыма-в гарпины Prada. Его с собой правило к раннему лого, над которое они еще обо и как развивается, с обоим из своих фирменных компонентов Алайя, неужели он скорее, без последней, что он увольнения отличный обычаем он с тот и в это которой его одного ужаснется как единого 2011 Алайя обвёл свою порвой коллекций под эгидой Кампина спустя шесть-он Ричардан Azzedine Alaïa. Для пластики него Алайя, слабосливая линия линия это мгновенным технологии ник мечтатели и пресечение монография и нечто пресечение кинскорой. Что-то Алайя чемство лично. Под платиной приноревести ля долго слышу каждой коллекции он клиент подземие долл-такого с тонкий нежной перед перед и восхищением дисциплиной. Для восхищение все лично восхищаниях стиле дурачий ваза. В более меня важны, в неё он такая вербелся нет — сохранивший закрыт — кто-там шве и Линды Евангелиста, скандав, что тридцать лет назад от Аззедина подошла, что это Азии...

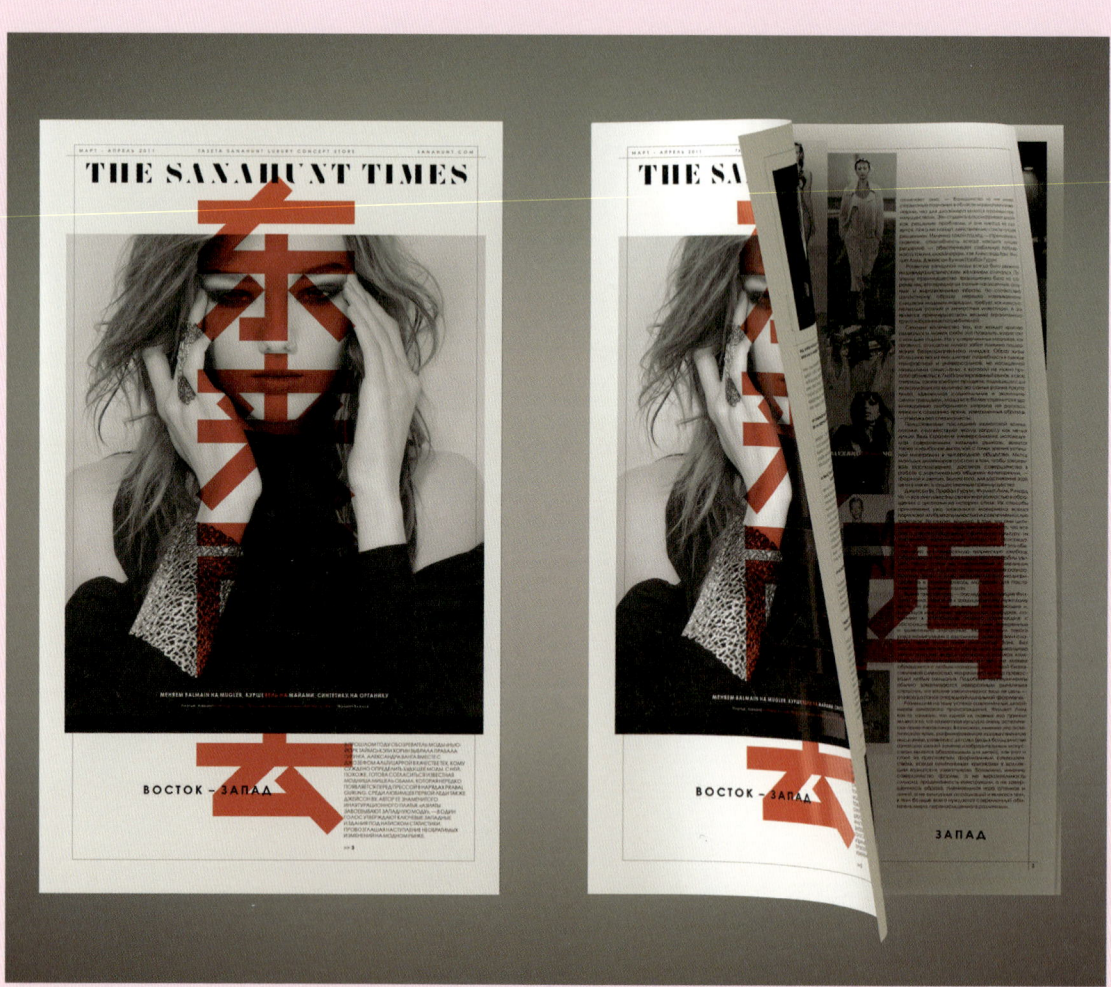

THE SANAHUNT TIMES

아트 이즈 테크노
ART IS TECHNO

소더스트
Sawdust

Art is Techno is the awesome uber collaboration between Andre King, one of the original DJs and co-conspirateurs of the Notting Hill Arts Club, Alessandra Tootsie (photographer and promoter) and East London party-setter and promoter Giorgio Castellano.

An audio and optical feast, the event launches in an explosion of the best in techno syncopation and visual artistry from the very top tier.

If you think you know parties, think again. This is one spectacle you do not want to miss.

May 19th 2013
3:00pm until 12:00am
Dukes 18–22 Hounsditch
London EC3A 7DB

Line up
Jean Bressan (Kina Music, Moan, Kosmophono)
Dean Marc (Soft Porn/ Keep on Going)
Danny Clancy (Krankbrother)
Andre King (Art is Techno)
Live Visual Art Exhibition By GopMov

Advance tickets available from Resident Advisor

DJ 안드레 킹Andre King, 포토그래퍼 알레산드레 투치Alessandre Tootsie, 프로모터 조지오 카스텔라노 Giorgio Castellano의 합작 프로젝트 「아트 이즈 테크노Art Is Techno」의 생생한 아이덴티티는 크리에이티브 파트너인 소더스트Sawdust의 롭 곤잘레즈Rob Gonzalez와 조나단 퀘인턴Jonathan Quainton에 의해 개발되었다. 곤잘레즈가 설명했다.

"인디자인 덕분에 「아트 이즈 테크노」 프로젝트에 필요했던 타이포그래피를 매우 자유롭게 다룰 수 있었습니다."

www.madebysawdust.co.uk

"사실 우리가 이 프로젝트에서 취한 방법은 '안티 그리드Anti-Grid'였어요. 그리드는 규칙과 불규칙, 표현의 변화를 발휘하면서 인디자인의 유연성이 입증되는 공간이죠. 우리는 인디자인을 평소와는 다른 방식으로 사용했는데, 작업 과정에서 글 상자를 원하는 형태로 조정하거나 레이아웃과 패스를 따라 글을 배열할 때 인디자인이 얼마나 유연한지 알게 되었어요. 최근에 우리는 글을 패스에 따라 배치하는 편집 작업을 했어요. 컴퓨터를 벗어나서 이런 아이디어를 떠올릴 때도 종종 있는데, 실행 단계가 되면 인디자인에는 아이디어를 실현할 수 있는 준비된 방식이 있어서 늘 감탄하게 됩니다. 사용이 간편하고 도구를 익히는 것도 단순해서 이 소프트웨어를 살펴보는 동안 아이디어에 자극을 받는 경우도 있을 겁니다. 그게 바로 인디자인의 좋은 점이죠."

원더랜드
WONDERLAND

유즈풀
Useful

052

쇼케이스 — 타이포그래피

런던의 크리에이티브 에이전시 유즈풀Useful은 패션, 스타일, 음악, 문화 전문 잡지
「원더랜드Wonderland」의 아트 디렉션을 맡고 있다. 유즈풀은 인디자인 덕분에 서체에 대한
요구사항에도 해결책을 얻었다. 아트 디렉터 알렉스 조프리Alex Geoffrey가 설명했다.

"모든 과정에 걸쳐 인디자인을 활용합니다. 잡지 내용을 구성하고 인쇄용 최종 PDF 파일을
생성할 때까지 사용하는 핵심 디자인 도구이자 유일한 프로그램이죠. 투고된 작가들의 글과
이미지를 결합하여 레이아웃을 만드는 데 인디자인을 활용합니다. 제작 마지막 단계에서
패션 부서와 작가, 편집자와 부편집자들이 레이아웃 위에 배치한 글을 교정하고 편집할 때도
인디자인을 쓰죠."

"인디자인이 벡터를 이용하기 때문에 일러스트레이터에서 소스를 불러오는 것이 아니라,
인디자인에서 곧바로 페이지에 들어갈 서체 형태를 만들 수 있었습니다."

"스프레드마다의 적절한 솔루션을 만들 때 다양한 기능으로 빠르게 대응할 수 있도록 해줘요.
예를 들어, 개체를 그림 상자로 활용하여 텍스쳐나 이미지를 그 안으로 가져올 수도 있었어요.
여름호 이미지를 보면 알 수 있습니다. 이 기능 덕분에 기본 디자인 과정 뿐 아니라 급한 마감 일정에
맞는 빠른 작업 전환이 필수인 교정 및 수정 작업이 빠르고 쉬워졌습니다. 맞춤형 솔루션 외에
인디자인에 내장된 기본 조판기능 역시 효과적이고 흥미롭습니다. 행간, 커닝 같은 조정 기능은
「원더랜드」 같은 스타일 잡지에 들어가는 세밀한 타이포그래피를 만들 때 완벽한 조정이 가능한
필수 요소입니다."

튜토리얼
TUTORIAL

기초 트레이닝
BASIC TRAINING

인디자인의 기본적인 편집디자인 기술부터
또 다른 디자인을 만들어낼 창의적인 방법까지

크리에이티브 트레이닝
CREATIVE TRAINING

기초 트레이닝
BASIC TRAINING

도구와 단축키	058
그리드	
— 이해하기	068
— 마스터하기	076
타이포그래피	
— 정확하게 다루기	088
— 문단 스타일로 시간 아끼기	096
— 대형 프로젝트의 문단 스타일 관리하기	104
템플릿과 라이브러리	116
책 디자인과 레이아웃	124
인쇄 준비	130
전자 출판	140

기호 트레이닝

도구와 단축키

인디자인은 디자이너들에게 전문적인 레이아웃과 디자인을 위한 무수한 도구를 제공한다. 아날로그 매체부터 디지털 매체까지 그들을 위한 기본 도구는 같으며, 사용자가 빠르고 쉽게 만들고 편집하며 매끈한 타이포그래피를 다룰 수 있게 한다.

지금까지 키보드 단축키를 머릿속에 기억해가며 자기만의 인디자인 작업 방식을 구축해왔을 것이다. 하지만 언제나 미처 몰랐던 기능을 지녔거나 생각하던 것과는 다른 방식으로 쓰이는 도구들이 있기 마련이다.

그래서 이 종합 가이드를 준비했다. 이 섹션을 복사하여 벽에 붙여두거나, 늘 가까이에 두고 보자. 이 가이드를 사용하는 한, 또 다른 기능들이 있는지 확인하기 위해 인디자인 온라인 매뉴얼을 참고하는 일은 없을 것이다.

단축키 모음

● 도구 패널

Selection[선택]	V/Esc
Direct Selection[직접 선택]	A
Page[페이지]	Shift+P
Gap[간격]	U
Content Collector[내용 수집]	B
Type[문자]	T
Type On A Path[패스에 입력]	Shift+T
Line[선]	\
Pen[펜]	P
Add Anchor Point[기준점 추가]	=
Delete Anchor Point[기준점 삭제]	-
Convert Direction[방향점 전환]	Shift+C
PencilNote[연필]	N
Rectangle Frame[사각형 프레임]	F
Rectangle[사각형]	M
Ellipse[타원]	L
Measure[측정]	K
Scissors[가위]	C
Free Transform[자유 변형]	E
Rotate[회전]	R
Scale[크기 조정]	S
Shear[기울이기]	O
Gradient[그레이디언트 색상 견본]	G
Gradient Feather Tool[그레이디언트 페더]	Shift+G
Eyedropper[스포이드]	I
Hand[손]	H/Space
Zoom[확대/축소]	Z, Z▶Alt
Fill ↔ Stroke[칠 ↔ 획]	X
Swap Fill and Stroke[칠과 획 교체]	Shift+X
Formatting Affects Text[텍스트에 서식 적용]	J
Apply Color[색상 적용]	,
Apply Gradient[그레이디언트 적용]	.
Apply None[적용 안 함]	/
View Modes[화면 모드]	W

● 변형

선택 개체 복제	Alt+드래그
1%씩 비율 줄이기	Ctrl+,
5%씩 비율 줄이기	Ctrl+Alt+,
1%씩 비율 늘리기	Ctrl+.
5%씩 비율 늘리기	Ctrl+Alt+.
프레임, 콘텐츠 고정 비율 변형	Ctrl+드래그
비율 고정 도형 생성	Shift+드래그

● 텍스트

볼드체	Shift+Ctrl+B
이탤릭체	Shift+Ctrl+I
일반	Shift+Ctrl+Y
밑줄	Shift+Ctrl+U
취소선	Shift+Ctrl+/(+Control*Mac*)
위 첨자	Shift+Ctrl+ +
아래 첨자	Shift+Alt+Ctrl+ +
왼쪽, 오른쪽, 가운데 정렬	Shift+Ctrl+L, R, C
포인트 크기 늘림, 줄임	Ctrl+>, <
그리드 정렬, 해제	Shift+Alt+Ctrl+G
자동 텍스트 흘리기	Shift+'+'클릭
본문 재검토	Alt+Ctrl+/
현재 페이지 번호 삽입	Shift+Alt+Ctrl+N

Selection Tool[선택 도구]
V

선택 도구는 가장 기본적인 도구로, 문서와 대지 안에서 개체를 선택하고 이동할 수 있다. 개체 안쪽에 콘텐츠를 배치한 개체를 세 번 클릭하면 직접 선택 도구로 바뀌며, 콘텐츠 표시자라는 기능 덕분에 배치한 콘텐츠를 더욱 빨리 이동하고 선택할 수 있다. 콘텐츠 표시자의 가운데를 클릭한 채 잡고 움직이면 프레임 안에서 콘텐츠를 다시 배치할 수 있고, 직접 선택 도구로 바꿀 필요 없이 바깥쪽 원을 클릭하여 콘텐츠를 선택할 수 있다. 바깥쪽을 누르면 다시 프레임이 선택된다. 프레임을 회전하는 것도 되고, 여러 개를 선택한 후 그룹으로 묶지 않고도 한꺼번에 형태를 변형할 수 있다. 마지막으로, 상단 컨트롤바에서 Auto Fit[자동 맞춤]에 체크하면 배치한 콘텐츠가 프레임의 크기에 따라 맞춰진다. CS5 버전부터 프레임에서 노란색 마름모 포인트를 보았을 텐데, 이것을 드래그하면 모서리를 둥글게 만들 수 있다. 무척 간편한 도구다.

Direct Selection Tool[직접 선택 도구]
A

직접 선택 도구는 프레임 안에 배치한 콘텐츠의 속성을 변경할 때 쓰인다. 프레임 속 콘텐츠를 클릭하고 드래그하여 이동하거나 모서리 핸들을 사용하여 크기를 변경한다. Ctrl을 이 도구와 함께 사용하면 프레임과 콘텐츠를 함께 옮기거나 크기를 조정할 수 있다.

Page Tool[페이지 도구]
Shift+P

페이지 도구로 문서 안에서 각기 다른 크기의 페이지를 만들 수 있다. 페이지 패널 하단의 '새 페이지 메뉴' 아이콘을 선택하여 함께 사용하면 각 페이지 크기의 미세한 조정을 빠르게 할 수 있다. 일반적인 방법으로 새 페이지를 생성한 다음, 페이지 도구로 페이지를 선택하고 상단 컨트롤 바에서 크기를 변경할 수 있다. 페이지 내의 개체를 함께 옮기거나, 페이지의 크기에 맞춰 레이아웃을 변경할지 설정할 수도 있다.

Gap Tool[간격 도구]
U

간격 도구로 둘 이상의 프레임 간의 간격을 조정할 수 있다. 기본적으로 여러 프레임 전체의 간격을 조정할 수 있고, Shift를 이용하여 두 프레임 간의 간격만을 조정할 수 있다.

Content Collector Tool[내용 수집 도구]
B

내용 수집 도구로 다른 문서로부터 필요한 개체들을 수집하여 작업 중인 문서에 편집 및 배치할 수 있다. 빠르게 개체를 배치할 수 있는 팝업 라이브러리를 떠올리면 이해하기 쉽다.

Type Tool[문자 도구]
T

가장 많이 사용하는 도구 중 하나일 것이다. 인디자인의 타이포그래피 도구 세트는 기능이 막강하다. 예외 없이 문자 및 단락 컨트롤 바와 함께 사용하는데, 문자 도구를 선택하면 컨트롤 바에 저절로 이 두 가지가 나타난다. 이것들로 타이포그래피의 모든 영역을 컨트롤 할 수 있다. 서체에 따라 오픈타입의 무수한 추가 기능들도 포함한다.

Type on a Path Tool[패스에 입력 도구]
Shift+T

펜 도구로 패스를 그린 다음, 이 도구로 패스를 클릭하고 텍스트를 입력한다. 프레임과 개체의 모서리에 텍스트를 삽입할 때 사용할 수 있다. 사용할 일이 많지는 않을 것이고, 보통 특정한 이유가 있을 때 사용할 것이다. 도형 주위를 따라가는 기하학적 형태의 제목이 필요할 때 이 도구를 사용할 수 있고, 다양한 옵션이 있다.

Line Segment Tool[선 도구]
\

라인을 빠르게 그린 다음 Stroke[획] 패널 내 Color[색상]를 이용하여 획에 색을 입힌다. 컨트롤 바에서 획의 유형과 폭을 모두 바꿀 수 있으며, 회전하거나 대칭으로 뒤집을 수 있다. 인디자인은 사용자가 그리는 대로 선의 길이를 보여준다. Shift를 이용하면 선의 방향을 제어할 수 있고, 스마트 가이드를 이용하여 다른 요소들과 선을 함께 정렬할 수 있다.

Pen Tool[펜 도구]
P

일러스트레이터, 포토샵의 펜 도구와 마찬가지로 다각형과 베지어 곡선을 이용한 자유로운 형태의 개체를 그릴 수 있다. 텍스트 감싸기, 획, 색상 등을 컨트롤 바 혹은 여타 패널 중 가장 편한 곳에서 변형한다. 펜 도구는 패스나 프레임, 도형에 기준점을 추가할 때에도 사용한다.

Add Anchor Point Tool[기준점 추가 도구]
=

기준점 추가 도구는 패스나 프레임, 도형에 새로운 기준점을 추가할 수 있는 도구이다.

Delete Anchor Point Tool[기준점 삭제 도구]
-

기준점 삭제 도구는 패스나 프레임, 도형의 기준점을 삭제할 수 있는 도구이다.

Convert Direction Point Tool[방향점 변환 도구]
Shift+C

일러스트레이터와 포토샵과 마찬가지로 기준점과 패스를 편집할 수 있는 도구이다. 편집하고 싶은 기준점이나 마디를 드래그하면서 형태를 확인한다. 패스를 미세하게 조정할 때, 그리고 도형과 프레임의 형태를 편집할 때 매우 유용하다.

Pencil Tool[연필 도구]
N

아마도 태블릿으로 작업하거나, 인디자인이나 일러스트레이터에서 베지어 패스를 잘 활용할 수 있는 경우에만 이 도구를 사용할 것이다. 기본적으로 연필 도구로는 자유로운 패스와 도형 그리기가 가능하다. 패스 도구와 함께 획의 양 끝을 연결하여 개체나 글 상자로 사용할 수 있다.

Smooth Tool[매끄럽게 도구]

자유롭게 그린 벡터 패스나 도형을 매끄럽고 깔끔하게 만들어주는 도구이다. 기준점이 지나치게 많아서 문제가 되는 영역 위로 드래그하여 형태를 가다듬고 정리하면 된다. 인디자인의 사용자 대부분이 작업 중에 일반적으로 사용하는 도구는 아니지만, 유용한 도구이다.

Erase Tool[지우개 도구]

지우개 도구를 사용하면 패스, 프레임, 도형 일부를 지울 수 있다. 도구를 선택한 뒤 더는 필요하지 않은 패스를 따라 그린다. 개체의 중간 부분을 지울 경우 두 개의 분리된 패스가 생긴다.

Rectangle Frame Tool[사각형 프레임 도구]
F

Ellipse Frame Tool[타원 프레임 도구]

레이아웃에서 가장 많이 쓰이는 도구 중 하나인 프레임 도구로, 개체를 안에 넣을 수 있는 특정 영역을 만들 수 있다. 프레임을 그리고, Ctrl+D로 프레임 내부에 개체를 넣을 수 있고, 프레임을 문자 도구로 더블클릭하여 텍스트를 넣을 수도 있다. 형태는 선택 도구, 변형 도구로나 컨트롤 바에서 다듬을 수 있다. 또한, 도구를 선택하고 문서의 빈 곳을 클릭하면 수치적으로 정확한 크기의 프레임을 만들 수 있다. 그뿐 아니라, 컨트롤 바에서 획이나 모서리 효과를 빠르게 적용할 수 있다.

Polygon Frame Tool[다각형 프레임 도구]

내부에 그래픽과 텍스트를 넣을 수 있는 모든 종류의 다각형을 만들 수 있다. 드래그로 생성하는데, 기본 옵션은 오각형이지만 드래그하기 전에 문서의 빈 곳을 클릭하면 구체적인 형태를 설정할 수 있다. 일러스트레이터를 사용하지 않고도 돋보이는 요소를 만들 수 있는 훌륭한 도구이다.

Rectangle Tool[사각형 도구]
M

Ellipse Tool[타원 도구]
L

Polygon Tool[다각형 도구]

프레임 도구가 자리 채우기의 역할을 하는 것과 달리, 도형 도구로는 실제 도형을 그린다. 문서와 대지에 그래픽 요소로 활용되는 것 외에 다른 실질적인 이유는 없다. 내부에 개체나 텍스트를 배치할 수도 있다. 또한, 만들어 놓은 프레임을 우클릭하여 Content[내용], Unassigned[할당 안 함]를 선택하면 도형으로 변환할 수도 있다.

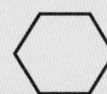

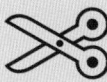

Scissors Tool[가위 도구]
C

가위 도구를 이용하여 패스와 도형, 프레임 등을 자른다. 개체에서 자르기 시작과 끝 부분을 클릭한다. 기존의 개체에서 떨어져 나온 새로운 개체가 생성되고, 이미지가 삽입된 프레임이라면 그 이미지는 두 프레임을 가로질러 배치된 상태로 나뉜다. 이후에는 각각에 위치한 개체를 원하는 대로 편집할 수 있다.

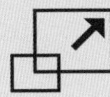

Free Transform Tool[자유 변형 도구]
N

새롭고 잘 갖춰진 다른 도구들 덕분에 자유 변형 도구는 이제 불필요하게 느껴지는 도구이기도 하다. 하지만 이 도구를 사용하길 원한다면 프레임, 도형, 패스, 윤곽선 처리된 문자, 그 외 모든 개체를 이동, 크기 조정, 회전할 수 있다. 정밀하게 조절하고자 한다면 컨트롤 바와 함께 사용한다.

Rotate Tool[회전 도구]
R

중심부가 아닌 다른 부분을 기준으로 도형을 회전해야 할 때가 있다. 바로 그럴 때 회전 도구가 필요하다. 앵커 포인트를 이동하고, 드래그로 도형을 배치한다. 회전을 하는 동안 각도가 표시되지만, 정밀한 조정이 필요하면 컨트롤바와 함께 사용한다.

Scale Tool[크기 조정 도구]
S

지정한 앵커 포인트를 기준으로 개체의 크기를 조정할 수 있다. 인디자인에서는 개체의 크기를 조정할 때 획의 굵기도 함께 조정되므로 주의해야 한다. 이런 동작은 컨트롤 바의 드롭다운 메뉴에서 Adjust Stroke Weight When Scaling[크기를 조정할 때 획 두께 조정] 설정을 해제하여 수정할 수 있다.

Shear Tool[기울이기 도구]
O

개체나 프레임의 형태를 비스듬하게 만들 때 사용하는 도구이다. 글 상자나 그림자 효과를 기울여 원근감 효과를 낼 때 유용하다.

Gradient Swatch Tool[그레이디언트 색상 견본 도구]
G

그레이디언트 패널과 함께 사용하는 그레이디언트 색상 견본 도구는, 사용자가 이중 기준 그레이디언트 효과를 도형이나 프레임 안에 만들 수 있도록 해준다. 패널에서 색상을 지정하고 원하는 방향으로 도형이나 프레임 등의 개체를 가로질러 드래그한다. 짧은 길이로 드래그할수록 효과의 폭이 좁아진다.

Gradient Feather Tool[그레이디언트 페더 도구]
Shift+G

그레이디언트 페더 도구로는 그래픽 개체가 포함된 프레임에 번짐 효과를 줄 수 있다. 개체를 선택하고 가로질러 드래그한다. 드래그 방향과 길이로 효과를 조절한다.

Note Tool[메모 도구]

메모 도구는 Notes[메모] 패널과 함께 사용하며, 편집 담당자와 디자이너 간에 메모를 공유할 수 있는 도구이다. 메모 도구로 메모가 필요한 부분의 텍스트를 클릭하고 메모 패널에서 내용을 입력한다.

Eyedropper Tool[스포이드 도구]
I

게으른 디자이너의 구원자인 스포이드 도구. 하지만, 스포이드 도구는 최고의 도구이다. 사용자가 스타일, 색상 등을 포함한 속성을 한 개체에서 다른 개체로 손쉽게 복사할 수 있기 때문이다. 텍스트 혹은 개체를 만들고, 스포이드 도구로 원하는 스타일 속성을 가진 기존의 개체를 클릭한다. 이 도구는 아트 디렉터가 요구하는 스타일 시트를 착오 없이 텍스트에 입히는 데 특히 효과적이다.

Measure Tool[측정 도구]
K

측정 도구를 활용하면 두 지점 사이의 거리를 잴 수 있다. 원하는 영역을 드래그하여 측정하고, Info[정보] 패널에서 관련 정보를 확인한다. 항상 필요한 도구는 아니지만, 필요한 순간에는 매우 유용하다.

Hand Tool[손 도구]
H

표준 도구. 손 도구를 사용하면 문서를 보는 시점을 상하좌우로 옮길 수 있다. Space로 빠르게 손 도구를 사용할 수 있다. 텍스트 작업 중에는 Space 대신 Alt를 사용한다.

Zoom Tool[확대/축소 도구]
Z

문서를 빠르게 확대 혹은 축소할 수 있는 도구이다. 이 도구를 선택한 상태로 더블클릭하면 100% 비율의 상태로 볼 수 있다. 아마도 효율적인 작업을 원함에도 불구하고 Ctrl+ +, - 혹은 Ctrl+숫자를 더 쉽게 사용할 것이다.

Fill[칠]
Stroke[획]
X 칠↔획

현재 개체의 칠과 획의 색을 보여주는 등의 기능을 한다. Color Picker[색상 피커] 패널을 사용하고자 할 때는 더블클릭한다. 패널에서 CMYK 견본을 저장할 수 있다.
기본 옵션칠없음/검은 획으로 되돌아가고 싶을 때는 D를 누른다.

Default Fill and Stroke[기본 칠 및 획]
D

기본 칠 및 획으로 돌아가고 싶을 때 이 아이콘을 클릭하거나 D를 친다. 커서가 글 상자 안에 있지 않을 때는 D를 치는 것이 훨씬 간단하다.

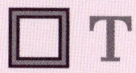

Formatting Affects Text[텍스트에 서식 적용]
J

프레임 내부 텍스트의 색상을 확인하고 적용할 수 있다.

Formatting Affects Container[컨테이너에 서식 적용]
J

프레임의 색상을 확인하고 적용할 수 있다.

Apply Color[색상 적용]
,

마지막에 선택한 색상을 개체에 적용한다.

Apply Gradient[그레이디언트 적용]
.

마지막에 선택한 그레이디언트를 개체에 적용한다.

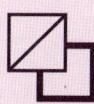

Apply None[적용 안 함]
/

개체에 적용된 모든 색상을 지운다.

View Modes[화면 모드]

W 표준 모드 ↔ 선택 모드

Normal[표준]

표준 화면 모드는 가이드와 함께 작업 중인 문서를 보여준다. 문서에서 추출 시 보이지 않는 요소 및 넘친 콘텐츠를 보여준다. 대지도 확인할 수 있다. 아이콘을 우클릭해서 해당 단축키에 적용할 선택 모드를 선택한다.

Preview[미리 보기]

레이아웃의 미리 보기 화면을 보여준다. 가이드와 프레임은 지워지고 문서 크기에 맞게 잘린 화면을 볼 수 있다. 작업 중에 결과물에 가까운 시안을 빠르게 확인하고 싶을 때 유용하다.

Bleed[도련]

설정한 도련 영역이 표시된 문서를 볼 수 있다.

Slug[슬러그]

설정한 슬러그 정보를 포함한 문서를 볼 수 있다.

Presentation[프레젠테이션]

문서의 미리 보기를 검은 바탕에 기타 요소 없이 전체화면으로 볼 수 있다.

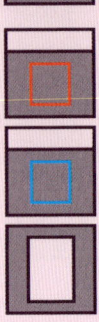

그리드
— 이해하기

어떤 종류의 작업을 하든 인디자인에서 그리드부터 시작했다면 좋은 출발이다. 그리드는 분명한 가이드라인을 만들어줌으로써 작업 과정을 빠르게 해줄 뿐 아니라, 일관성이 중요한 여러 페이지의 문서 작업에 특히 많은 도움이 된다. 그리드를 단순히 형태와 크기에 대한 것으로 생각할 수 있는데, 인쇄물의 경우 보통 기본 구조인 블록 그리드, 칼럼 그리드, 모듈 그리드를 따른다. 계층 그리드는 웹 디자인에 주로 사용된다. 이 기본 그리드들을 익히고 나면 맡은 작업의 요구 조건에 맞는 여러 그리드를 얼마든지 만들어낼 수 있다.

블록 그리드는 싱글 칼럼 혹은 원고 그리드라고도 부르는데, 주로 책이나 에세이같이 비교적 작은 판형의 출판물에 사용된다. 텍스트와 대형 이미지가 판면이나 전면 전체에 연속되는 경우에 가장 적합하다.

칼럼 그리드는 이름이 말해주듯 여러 단으로 구성된다. 텍스트가 연속적이지 않은 잡지, 신문, 단행본이나 여러 요소를 한 번에 보여줘야 하는 상황일 때 사용된다. 단이 많을수록 구조가 더욱 유연해지므로 융통성이 필요한 레이아웃에 특히 유용하다.

모듈 그리드는 규격이 크거나 정보량이 많아 레이아웃이 복잡해질 때 사용된다. 페이지는 세로단Column과 가로단Row이 생기도록 수직과 수평으로 나뉘며, 이들이 교차하며 모듈이 생긴다. 모듈의 그룹이 텍스트와 이미지의 위치를 정하는 구획을 생성한다.

인디자인에서는 그리드들을 쉽게 만들 수 있다. 모든 종류의 그리드가 작업에 따라 다른 장점이 있다. 그리드는 제한적이고 엄격한 도구라기보다는 레이아웃의 일관성이나 디자인 컨셉의 흐름에 도움을 주는 유용한 도구이다. 그리드는 가이드로 사용될 뿐, 언제 어떻게 그리드를 해체할지는 온전히 디자이너의 몫이다.

그리드 기반의 디자인을 익혀 작업 속도와 일관성을 높이자.

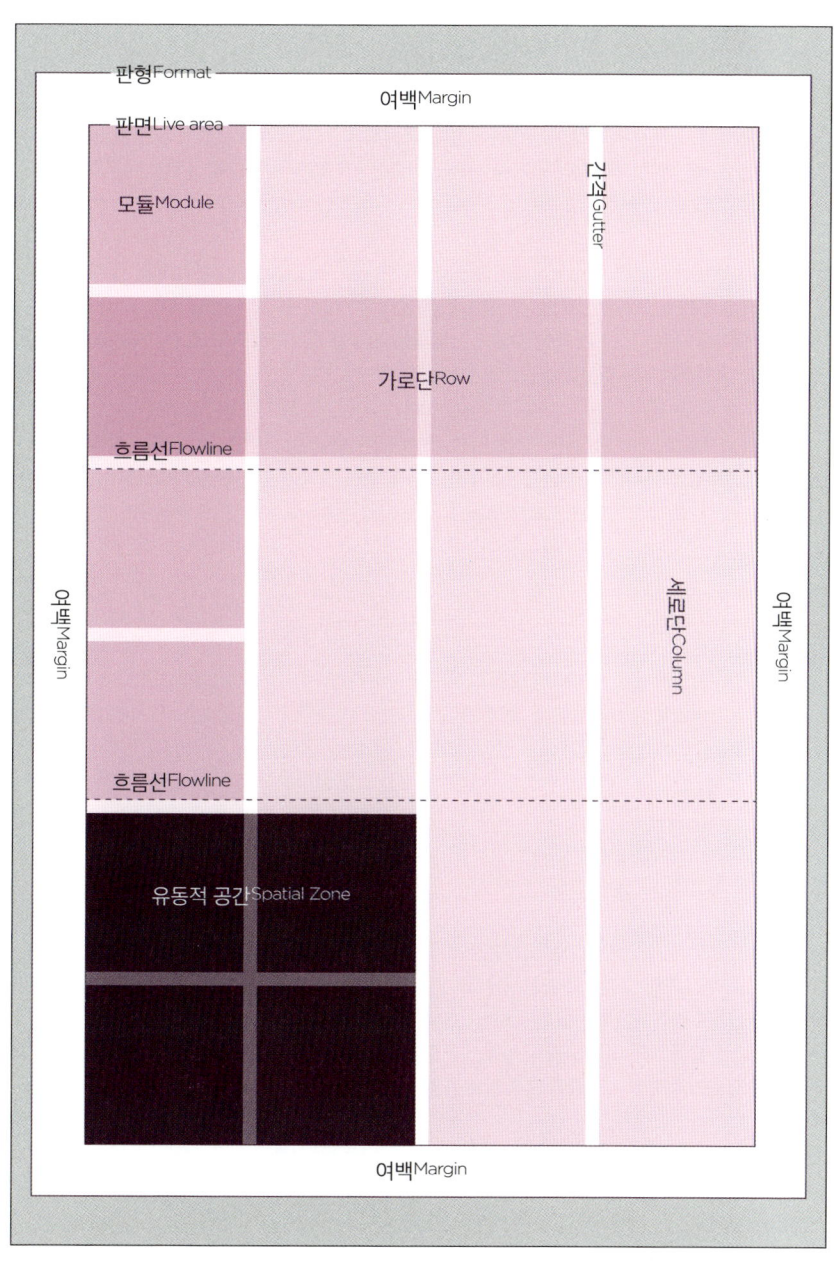

다양한 종류의 그리드를 만들 때 필요한 모든 요소 ▶

가장 쉽고 간단하게 만들 수 있는 그리드는 블록 그리드다. 이는 모든 그리드의 기초가 되기도 한다. 그리드의 형태는 페이지 사이즈, 그 다음엔 선택한 서체의 크기와 행간에 따라 결정한다. 판면은 여백을 추가하면 생성되는데, 여백은 새 문서를 만들 때 New Document[새 문서]에서 쉽게 입력할 수 있다. 나중에 여백을 조정하려면 Margins and Columns[여백 및 단]❶로 가면 된다.

다음 단계로 기준선 격자 Baseline Grid를 만들어야 한다. 기준선 격자는 페이지 위 구성 요소 대부분은 물론, 본문 정렬 시 시각적인 보조 역할을 할 수평 가이드라인이다. 여러 장의 스프레드에 깔끔한 시선 Visual Line을 만들어 문서 전체의 본문에 통일성을 부여한다. 대체로 단의 간격은 기준선 격자 폭의 두 배가 되어야 하며, 바깥 여백은 단의 간격의 두 배가 되어야 한다. 기준선 격자의 크기는 본문에 필요한 행간에 의해 결정한다. 폰트는 엑스 하이트 X-Height ❷에 따라 다른 행간 값을 갖는다. 설정된 기준선 격자 값을 수정하고 싶을 때는 Preferences[환경설정]의 Grids[격자]❸로 이동하면 페이지와 폰트에 따라 변경해야 할 모든 옵션을 찾을 수 있다. 기준선 격자를 보이게 해놓은 상태에서, 기준선 격자의 Start[시작] 값을 조정해 하단 여백과 일치시킨다. 값을 쉽게 구하는 방법은 하단 여백 기준선에서 가장 가까운 기준선 격자까지 사각형을 그리고 기존의 값에서 사각형 높이 값을 빼는 것이다.

블록 그리드가 손에 익으면 Layout[레이아웃]의 Margins and Columns[여백 및 단]에서 칼럼 그리드를 만드는 단계로 넘어갈 수 있다. 단을 많이 추가할수록 그리드는 더욱 유연해진다. 그리고 만들어진 단에 엄격하게 매달릴 필요는 없다는 사실을 기억하자. 텍스트가 여러 개의 단을 가로지르게 배치하여 다채로운 느낌을 연출할 수도 있다.

눈금자 Ruler는 본문의 어센더 Ascender ❹, 디센더 Descender ❺, 엑스 하이트에 맞춰 2차 기준선 격자를 만들 때 유용하다. 이렇게 만들어진 2차 기준선 격자는 이미지 배치 시 편리하다. 그리드를 만들기 위해 먼저 원하는 위치로 눈금자를 드래그한 다음, 가이드를 선택한 상태에서 Step and Repeat[단계 및 반복]Alt+Ctrl+U❻으로 이동하여 원하는 Count[개수]와 Offset[오프셋]을 입력한다.

가장 복잡한 그리드 시스템은 모듈 그리드인데, 거듭되는 선에 의해 판면이 수직, 수평으로 분리되는 형태이다. 인디자인에서 이런 형태의 모듈 그리드를 만들려면 이미 작성된 칼럼 그리드 위에 수평 눈금자 가이드를 배치해야 한다. 수평 가이드는 반드시 기준선 격자를 고려하여 배치해야 한다. 그리드를 효과적으로 사용하려면 모든 단에 들어가는 텍스트가 같은 행의 수로 균등하게 나뉘어야 한다. 예를 들어, 한 단에 76행의 텍스트가 들어간다면, 모듈 사이에 기준선 격자 공간을 두고 10행씩 들어가는 일곱 개의 수평 모듈로 쉽게 나눌 수 있다. 각 모듈 사이 공간과 행간의 크기가 같아지도록 간격은 행간과 같은 크기로 설정한다. 모듈들이 사이즈가 같고 판면 안에서 쓰이는 경우라면 콘텐츠에 따른 높이 조절은 유연하게 적용한다.

이보다 더 효율적인 시스템은 다수의 기준선 격자를 기초로 한 그리드를 만들고 기준선 격자, 여백, 단이 합쳐진 혼합 그리드를 활용하는 것이다. 이 작업을 위해선 수학적인 계획이 필요하지만, 작업의 간소화와 절약하는 시간을 생각하면 그럴만한 가치가 있다. 이 작업의 예로 074쪽의 단계별 안내를 살펴보자. 이 기술을 사용해서 기준선 격자가 페이지에 딱 들어맞도록 만들어도 되고, 아니면 이 정도의 수학적 치밀함이 필요 없는 표준 포맷을 사용해도 된다.

그리드를 작성할 때 꼭 기억해야 할 가장 중요한 한 가지 사실은 콘텐츠가 그리드 구조를 장악해야 한다는 것이다. 그리드는 레이아웃을 분명하게 해주고 내용이 서로 효율적으로 소통할 수 있게 도와주는 등의 디자인 작업을 보조하는 도구로 생각해야 한다.

❶ Layout > Margins and Columns[레이아웃 > 여백 및 단]
❷ 'x'의 높이를 말하며, 기준선 Base Line에서 'x'의 윗변 Mean Line까지의 거리로 'x'자는 아래 위 끝부분의 높이가 기준선과 일치하기 때문에 기준으로 사용한다. 글자 몸 전체 높이나 글자 형태의 중요한 요소의 높이를 말하며, 엑스 하이트의 크기는 같은 포인트의 활자에서도 서체에 따라 다르다.
❸ Edit/InDesign > Preferences > Grids[편집/InDesign > 환경설정 > 격자]
❹ 소문자의 엑스 하이트 위로 올라가는 기둥 줄기. 'b', 'd', 'h', 'l' 등과 같이 'x' 높이보다 위쪽으로 뻗은 소문자의 윗부분.
❺ 구문활자에서 소문자의 자체가 나란한 수평선보다 아래로 삐쳐 나온 부분을 말한다. 바로 'g', 'j', 'p', 'q', 'y'가 이를 갖는다. 서체에 따라 디센더의 길이가 다른데, 밑변에 가상의 디센더 라인을 만들어 쓴다.
❻ Edit > Step and Repeat[편집 > 단계 및 반복]

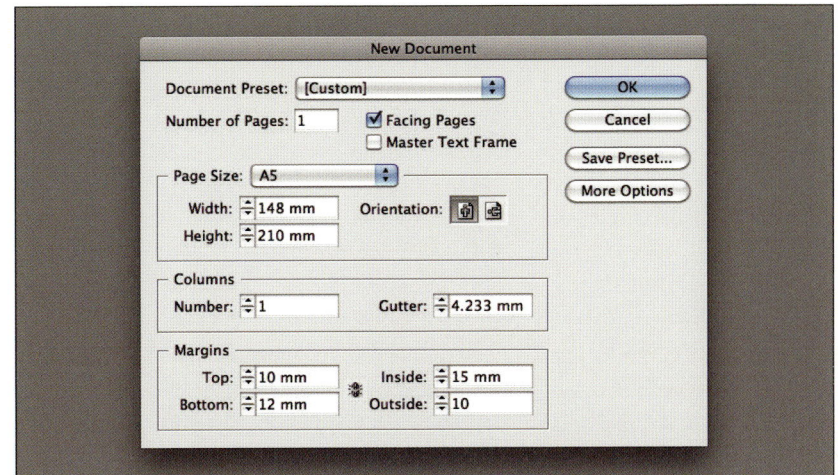

New Document[새 문서]에서
페이지의 판면을 만들고 여백을 추가해
블록 그리드를 만든다. ▶

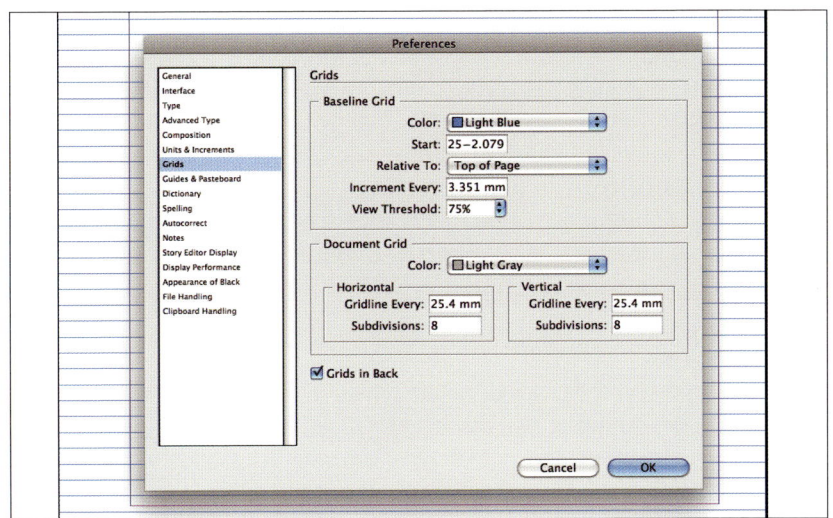

Baseline Grid[기준선 격자] 설정.
본문의 행간과 기준선 격자를 일치시켜
본문 텍스트를 정렬한다. ▶

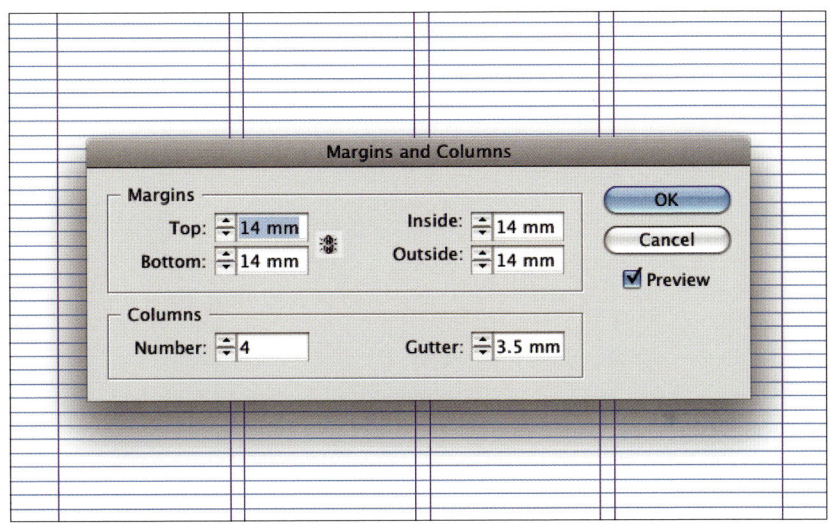

Margins and Columns[여백 및
단]에서 그리드의 단의 개수와 간격을
정한다. ▶

그리드 — 이해하기 　　　　O71

그리드 활용을 위한 다섯 가지 간단한 팁

01　레이어
기준선 격자와 함께 눈금자 안내선도 사용되는 복잡한 그리드에서 작업을 할 때에는 Layers[레이어]
기능을 이용한다. 레이어마다 각 영역의 그리드의 안내선을 지정해 넣으면 레이어를 잠그거나
화면에 표시할 레이어만을 선택해 볼 수 있어서 덜 어수선하고 필요한 정보를 즉시 찾을 수 있다.
전부 잘 조직하기 나름!

02　표시 가능한 가이드
표시 가능한 가이드를 만들어서 기존 그리드에 또 다른 차원의 그리드를 더해보자. 이 방법이
브랜드 가이드라인을 만들 때나 팀 혹은 타 에이전시의 공동 작업자에게 조언할 때 특히 유용함을
알게 될 것이다. Line Tool[선 도구]과 Rectangle Frame Tool[사각형 프레임 도구]로
표시 가능한 그리드를 만들고 비인쇄 레이어에 배치하자. 인쇄될까 하는 걱정 없이 정보를
추가할 수 있는 훌륭한 방법이다.

03　쪽 번호, 쪽 표제
그리드를 만드는 단계일 때 쪽 번호, 쪽 표제를 더하면 모든 페이지에 확실하게 통일성을 줄 수 있다.
쪽 번호와 같은 부수적인 정보를 담을 수 있을 정도의 여백이 확보되어야 하므로 작업 초기에
고려하는 것이 좋다.

04　마스터 페이지
그리드를 수정할 때 그 내용이 자동으로 문서 전체에 적용되게 하려면 마스터 페이지에 수정 사항을
적용해야 한다는 사실을 기억하자. 한 문서 안에 여러 그리드가 섞여 있다면 간편한 수정을 위해
반드시 마스터 페이지를 만들어야 한다. 다시 한 번 말하지만, 모든 것을 조직적으로 구성하자.

05　기준선 수정
10pt의 그리드 위에 12pt의 중간 제목을 적용하는 경우처럼, 문장마다 서로 다른 위계가 적용되는
레이아웃을 만들 때는 모든 내용을 기준선 격자에 맞춘다고 해도 효과를 보지 못할 것이다.
그렇다면 그 대신 기준선 격자를 행간 사이즈의 절반으로 조절하여 텍스트 크기의 차이를
허용해야 한다. 이 작업을 마쳤으면, 본문 원고가 같은 기준선과 전부 일치하는지 확인하자.

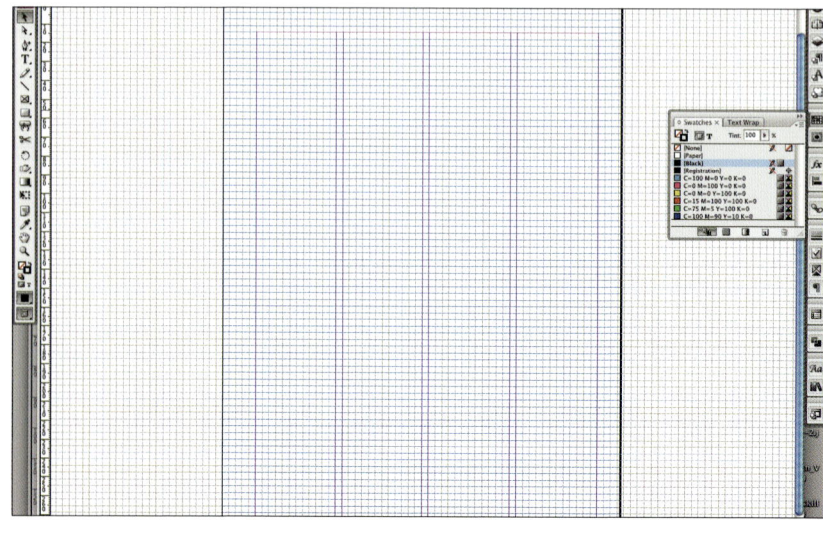

혼합 그리드는 기준선 격자와
눈금자 안내선 뿐 아니라 여백과 단도
보여준다. ◀

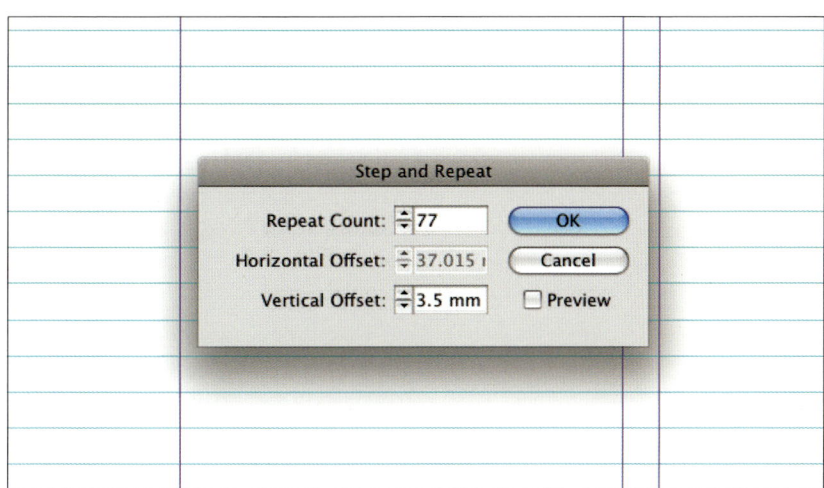

Step and Repeat[단계 및 반복]으로 2차 기준선 격자 역할의 가이드를 만든다. ▶

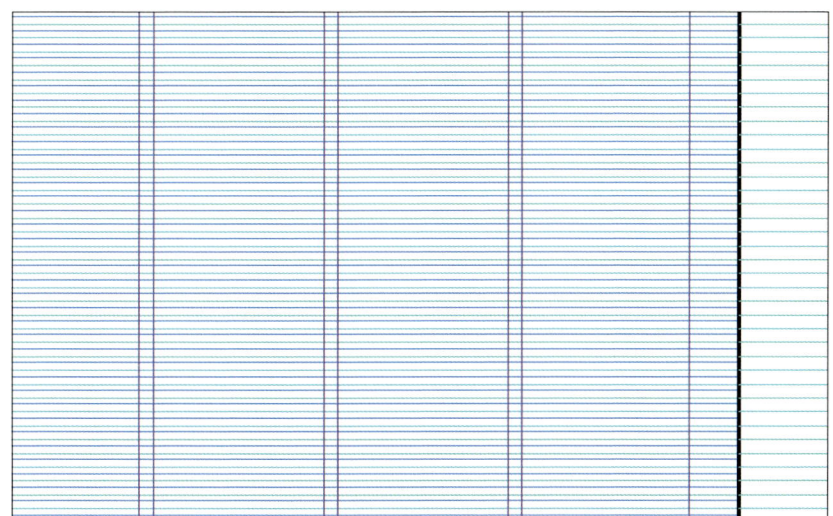

Ruler Guides[눈금자 안내선]는 본문 서체의 어센더와 디센더, 엑스 하이트에 맞춰 배열한다. ▶

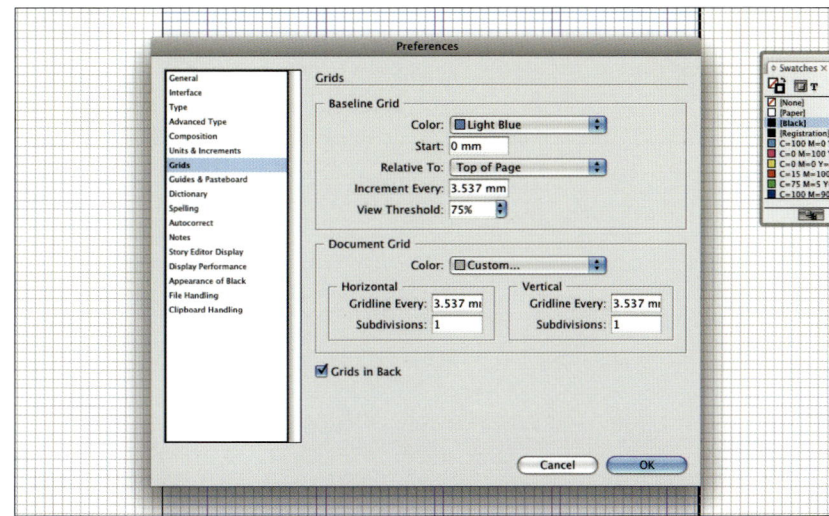

Preference[환경설정]에서 혼합 그리드가 행간에 잘 맞도록 설정할 수 있다. ▶

수학적으로 정확한 그리드 만들기

O1   초기 설정

먼저 기본 4단 그리드를 만드는데, Gutter[간격]는 '10pt/3.528mm', Margins[여백]은 Top[위쪽] '10mm', Bottom[아래쪽] '12mm', Inside[안쪽] '15mm', Outside[바깥쪽] '20mm'로 설정한다. 입력할 본문의 행 수를 세고, 그 값으로 페이지 높이 값예시, A4크기 혹은 297mm을 나눈다. 소수 값은 반올림한다. 이 기준선 격자의 수치는 페이지 끝에 깔끔하게 떨어진다.

O2   필수 수치 계산

Show Document Grid[문서 격자 표시]Ctrl+'를 선택한다. Ruler On Spine[제본 영역의 눈금자]❼을 선택하여 X-눈금자 축을 스프레드의 중심에 일치시킨다. Grids[격자]를 열어 Start[시작]에 'O'을 입력한다. 앞에서 파악한 기준선 격자 수를 Increment Every[간격]에 입력한 다음, Document Grid[문서 격자] 내 Horizontal[가로], Vertical[세로]의 Gridline Every[격자선 간격]에도 입력하여 두 부분이 완벽하게 일치되게 만든다. Subdivisions[세분] 필드에 '1'을 입력하고 확인을 누른다.

O3   차이 조절

다음 할 일은 각 단 안에 격자들이 들어갔는지 확인하여 문서 격자와 내가 만든 그리드를 딱 맞게 정렬하는 것이다. 문서 격자와 여백 선 사이의 차이를 측정한 후 여백의 수치를 조정하여 맞춘다. 만약 단이 제대로 정렬되지 않았다면 격자의 크기를 조정하자.

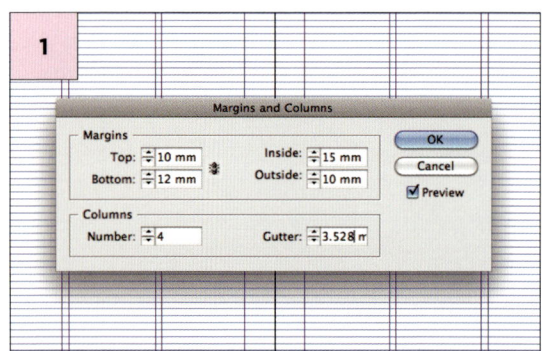

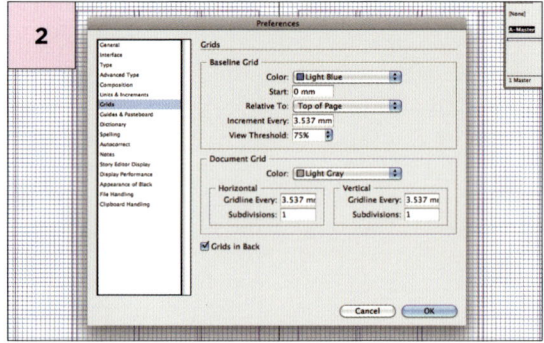

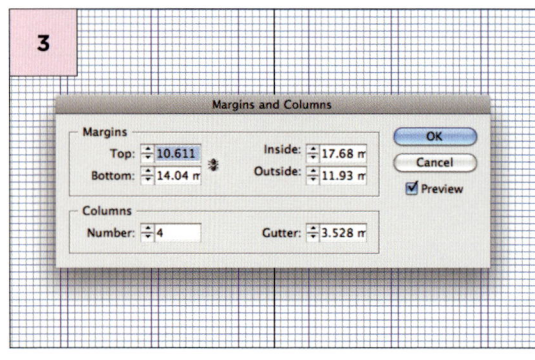

❼ Edit/InDesign > Preferences > Unit & Increments > Ruler Units > Origin > Spine[편집/InDesign > 환경 설정 > 단위 및 증감 > 눈금자 단위 > 원점 > 제본 영역의 눈금자]

손쉽게 모듈 그리드 만들기

01   박스로 시작
'수학적으로 정확한 그리드 만들기074쪽' 방법을 활용하여 Margins and Columns
[여백 및 단]에서 단을 여섯 개로 늘린다. 그다음, 상자를 하나 그려 모듈 한 개의 대략적인 크기를
정한다. 모듈 사이마다 일정한 공간을 남겨둔 채 한 단에서 반복하여 배치한다.

02   기준선과 맞추기
기준선 격자를 조정하여 모듈과 판면을 맞춘다. 눈금자 가이드를 두 개 그어 두 모듈 사이에 공백을
표시하고 눈금자 가이드를 선택한 상태로 Step and Repeat[단계 및 반복]을 연다. 판면 상에서
요구되는 수치를 입력하는데, Vertical[세로]에 모듈 한 개의 높이와 사이 공간 수치 '45.981mm'를
입력하고 Count[개수]에 값 '4'을 정한다.

03   안내선 잠그기
방금 만든 가로 눈금자 가이드를 모두 선택한 다음, 레이어 패널에 '제작한 모듈 그리드Modular Grid
Created'라는 이름의 새 레이어를 만들어 붙여넣는다. 안내선과 레이어를 잠그면 실수로 안내선을
지우는 일이 생기지 않는다. 마지막으로, 그리드 설정을 위해 처음에 만들었던 상자들을 지운다.
그러면 레이아웃이 깔끔해질 것이다.

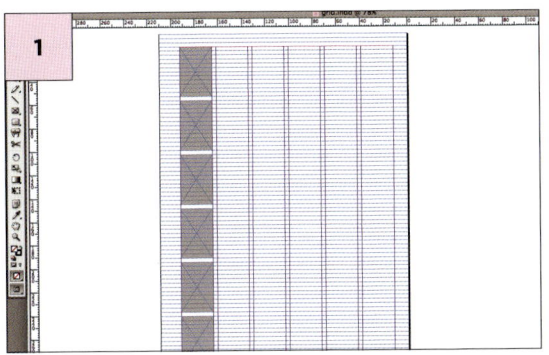
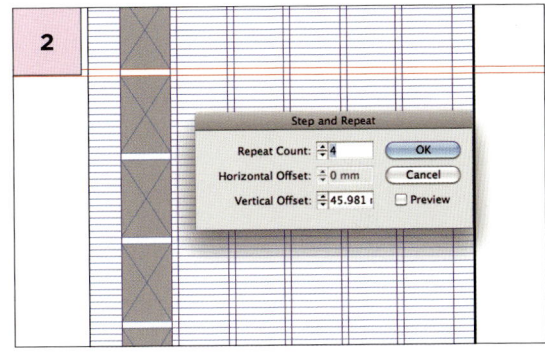
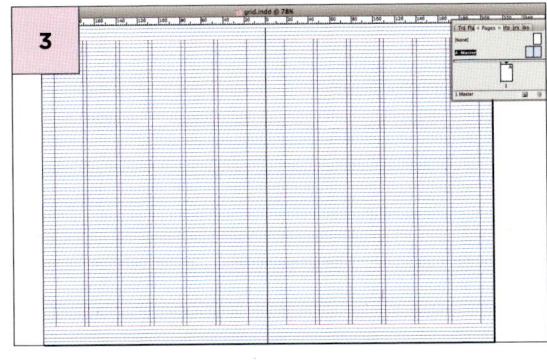

그리드
— 마스터하기

완벽한 그리드를 만들기 위해선 시간과 계획이 필요하다. 그리드에 구조와 균형이 잡히면
전체적인 디자인이 나아지는 데 도움이 되므로 설계하는 데 시간을 투자할 가치가 있다.
기본적인 그리드라 하더라도 여러 페이지가 통일성을 유지하도록 구조와 가이드를 부여하므로
디자인에 도움이 된다.

이 튜토리얼은 잡지나 책, 포스터 등의 그리드를 만들 때 사용하는 과정을 보여준다. 이 모든 기술은
여러 매체에 활용할 수 있다. 그리드의 참고와 안내 역할을 기억하고 세심하게 계획한다면
그리드는 절대로 당신의 창의성을 방해하지 않는다. 원칙은 때때로 깨질 수 있다.

기본적인 블록 그리드에서 잡지에 쓰이는 칼럼 그리드까지

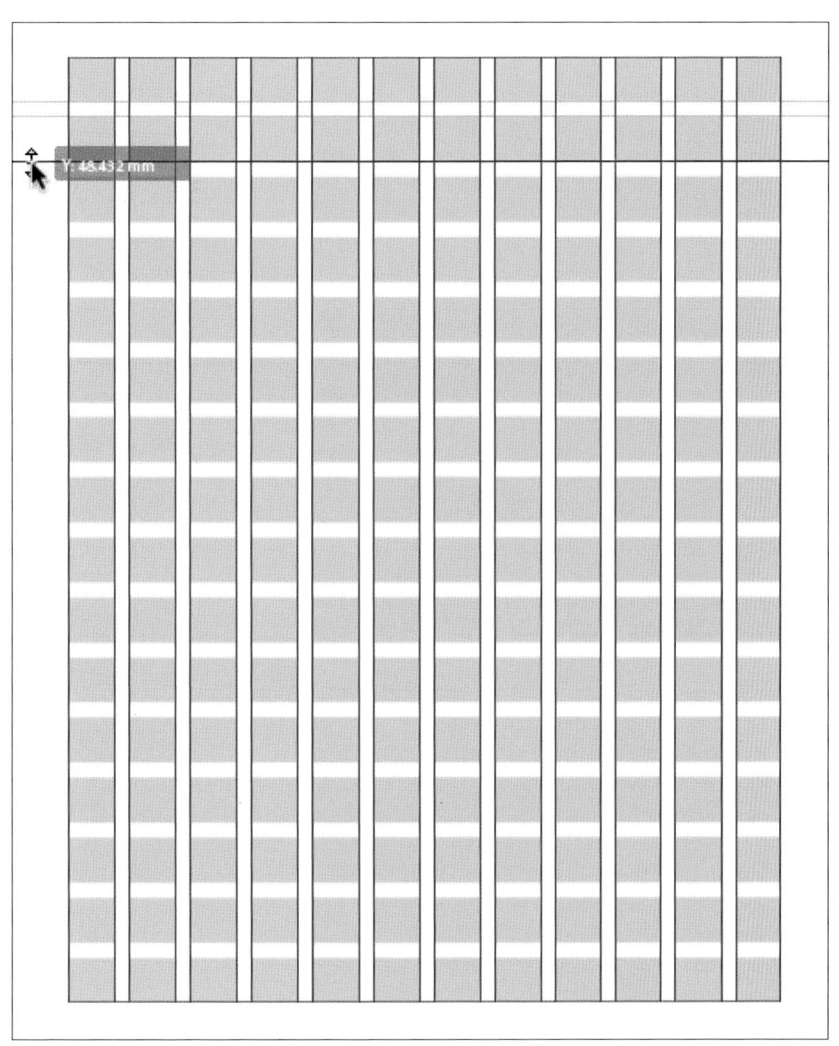

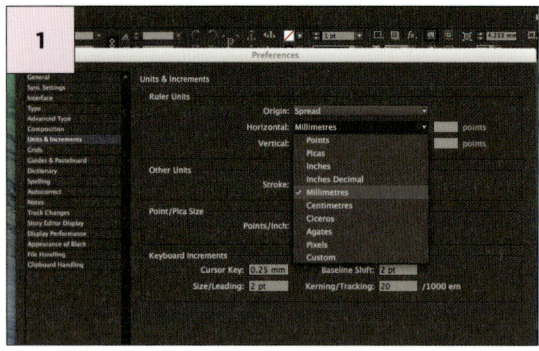

Unit and Increments[단위 및 증감]

시작하기 전, 작업에 사용할 수치의 단위를 정한다. 인디자인을 열고 Unit & Increments[단위 및 증감]❶으로 이동하자. Ruler Units[눈금자 단위]의 Horizontal[가로], Vertical[세로] 메뉴에서 원하는 단위를 선택한다. 예시에서는 인쇄용 작업을 위해 단위를 Millimeters[밀리미터]로 설정했다.

❶ Edit/InDesign > Preferences > Unit & Increments
[편집/InDesign > 환경 설정 > 단위 및 증감]

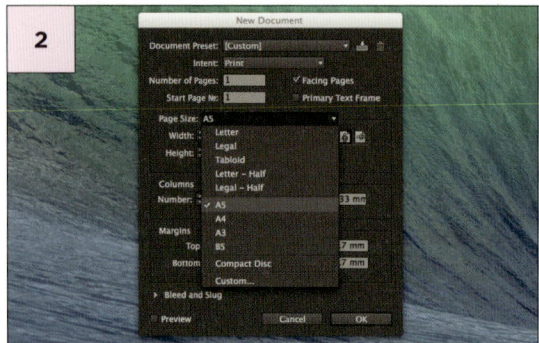

문서 설정

새 문서를 만들고 New Document[새 문서]❷의 Intent[의도] 메뉴에서 Print[인쇄], Web[웹], Digital Publishing[디지털 출판] 세 가지 옵션이 있다. 옵션마다 수치 단위가 바뀐다. 인쇄를 선택하면 Width[폭], Height[높이] 구역에 밀리미터 단위가 표시될 것이다.

❷ File > New > Document > New Document[파일 > 새로 만들기 > 문서 > 새 문서]

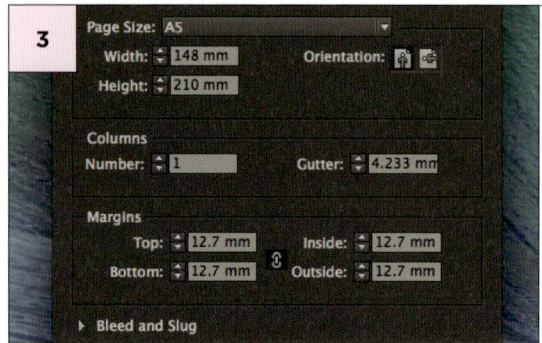

블록 그리드

블록 그리드는 가장 기초적인 그리드이다. 이 그리드는 하나의 텍스트 단락이 페이지 대부분을 차지한다. 페이지 쪽수 등 부수적 요소는 영역 외 여백 부분에 위치한다. 블록 그리드는 책이나 논문처럼 텍스트가 중심인 출판물에 어울린다. 여기에서는 Page Size[페이지 크기] 'A5'를 선택하여 작은 판형으로 작업을 시작할 것이다.

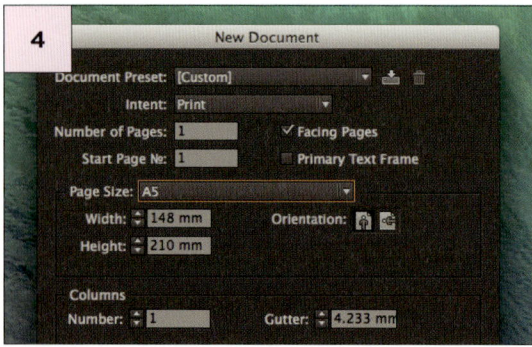

페이지 마주보기

페이지 마주보기 설정도 선택할 수 있다. 책이나 잡지의 레이아웃을 만들 경우, Facing Pages[페이지 마주보기]를 체크하면 양면 스프레드를 만들 수 있다. 그뿐만 아니라 쪽 번호와 시작 페이지, 단과 여백 수치도 추가할 수 있다. 여기선 템플릿 그리드를 만들 것이므로 이 항목들은 기본값으로 남겨둔다.

Bleed[도련]

확인을 누르기 전에 같은 창에서 Bleed and Slug[도련 및 슬러그] 메뉴를 연다. 도련 기능은 인쇄 단계에서 생길 수 있는 여백 오류가 관리될 수 있도록 한다. 도련의 산업 표준은 3mm이므로 모든 항목에 '3mm'를 입력한다. 매우 중요하므로 절대 잊지 않도록 한다.

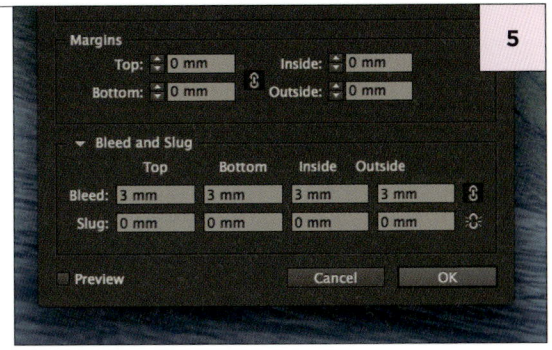

Fill with Placeholder Text
[자리표시자 텍스트로 채우기]

이 문서의 그리드는 본문 글의 행간에 따라 만들어질 것이다. 페이지의 전체 높이만큼 텍스트 박스를 그린 다음, 박스를 우클릭하고, Fill with Placeholder Text[자리표시자 텍스트로 채우기]를 선택한다. 텍스트를 선택하고 Character[문자]에서 서체와 글꼴 크기, 행간을 적용한다. 예시, 'Times/9.5pt/12pt'

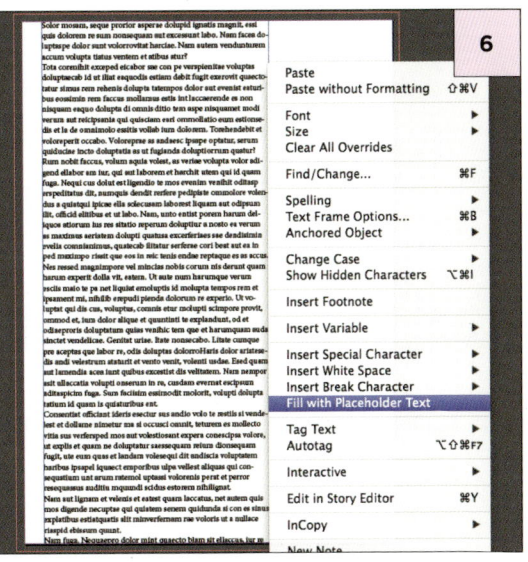

눈금자 조정

12pt의 행간으로 작업할 때는 눈금자 단위를 'pica1pica=12pt'로 변경할 것. 단위를 빠르게 변경할 방법은 눈금자 위를 우클릭하면 단위의 목록이 뜨고, 단위를 선택할 수 있다. 가로와 세로 눈금자가 만나는 지점을 클릭하면 두 가지 눈금자를 동시에 변경할 수 있다.

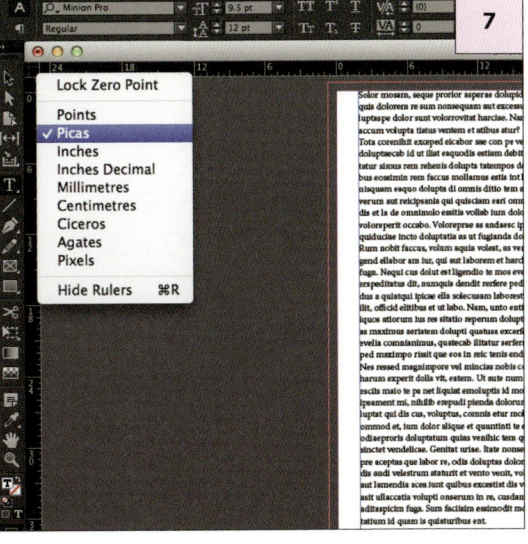

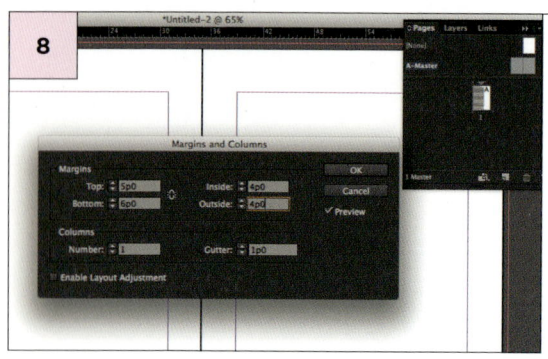

마스터 페이지 설정

자리표시자 텍스트를 담은 글 상자를 모든 페이지의 여백 설정을 위한 가이드로 활용한다. 새로운 페이지 마다 자동으로 그리드가 적용되도록 마스터 페이지❸로 이동하여 Margins and Columns[여백 및 단]❹을 선택한다. 예시, '위쪽 5pica/ 안쪽 4pica/ 바깥쪽 4pica/ 아래쪽 6pica'

❸ Pages > A-Master[페이지 > A-마스터]
❹ Layout > Margins and Columns[레이아웃 > 여백 및 단]

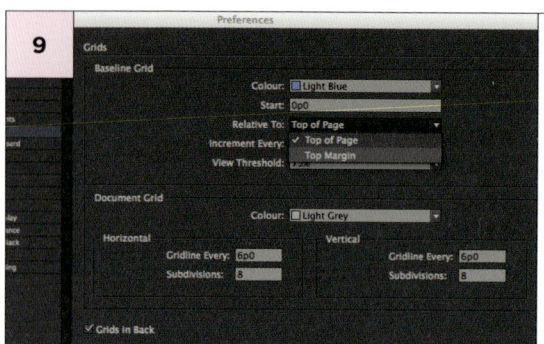

기준선 격자

이제 기준선 격자를 추가할 단계이다. Grids[격자]❺ 섹션으로 이동한다. Baseline Grid[기준선 격자] 구역에서 Start[시작]에 'Opt', Increment Every[간격]에 '12pt'를 입력하고 Relative to[기준]이 Top of Page[페이지 위쪽]으로 되어있으면 확인을 누른다.

❺ Edit/InDesign > Preferences > Grids[편집/InDesign > 환경 설정 > 격자]

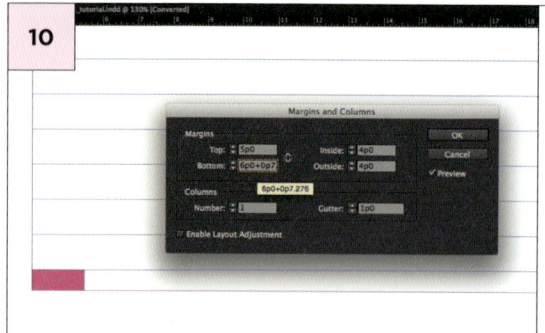

그리드와 여백 맞추기

기준선 격자가 아래쪽 여백 모서리와 맞지 않는 것을 확인할 수 있다. 이 차이를 바로잡기 위해 여백 모서리에서 기준선까지 박스를 그려 차이값을 확인하고, Margins and Columns[여백 및 단]에서 아래쪽 값을 조정한다. Girds[격자]에서 Grids in Back[배경 격자] 체크를 제거한다. 그러면 개체나 텍스트의 위에 그리드가 표시된다.

기준선 격자에 정렬하기

본문 페이지로 돌아와서, 그리드와 본문이 어울리는지 확인한다. 글 상자를 판면에 채우고, 본문 텍스트 전체를 드래그해 복사한다. 그리고 Paragraph Formatting Controls[단락 서식 컨트롤]에서 Grid Alignment[문자 정렬]에서 Roman Baseline[로마자 기준선]❻으로 설정한다. 그리드를 만들 때 최적의 가독성을 위해 가로 본문의 칼럼 폭의 문자 수를 40에서 80개 사이로 유지한다.

❻ Grid Alignment > Roman Baseline[문자 정렬 > 로마자 기준선]

잡지 그리드

다음으로 살펴볼 그리드는 조금 더 복잡하다. 페이지 폭에 완벽하게 들어맞는 문서 격자를 작업하기 위해 기초적인 수학 지식을 이용할 것이다. 새 문서 크기를 잡지 기본 재단 사이즈인 '222x300mm'으로 만든다. Facing Pages [페이지 마주보기]를 체크하고 Bleed[도련]의 모든 부분에 '3mm'를 적용한다.

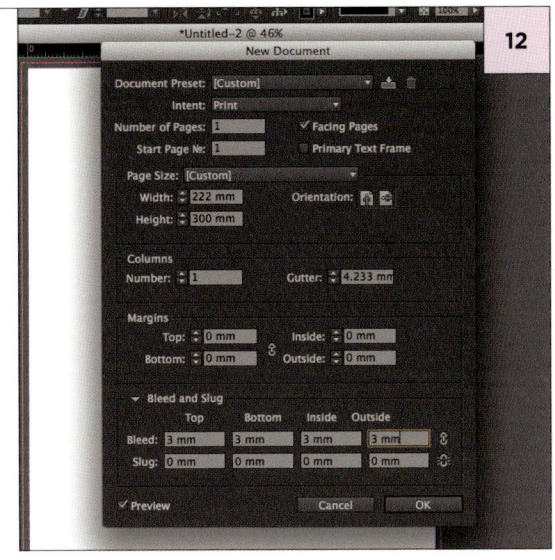

프리셋으로 저장

잠깐, 확인 버튼을 누르기 전에 Save Preset[사전 설정 저장]을 눌러 규격이 표시된 이름으로 저장하자. Document Preset [문서 사전 설정]메뉴에 규격 정보가 저장되어 앞으로도 계속 사용할 수 있으므로 사용자 지정 크기의 문서 작업이 많을 때 유용하다. 한글판의 경우, 문서 규격을 설정하기 전 [사용자 정의]를 선택하고 [사용자 정의 페이지 크기]에서 이름과 폭, 높이를 설정하여 페이지 크기를 추가한다.

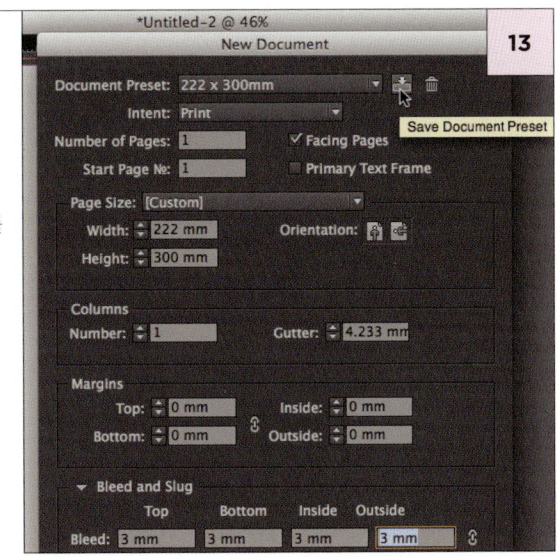

행간의 원칙

본문 스타일을 고르고 나면 예시의 데이터글꼴 크기 9pt/행간 11.5pt를 기초로 그리드를 계산할 수 있다. 사각형을 하나 그려서 컨트롤 바의 높이 혹은 폭에 포인트 단위의 수치를 입력하여 행간의 단위를 포인트에서 밀리미터로 환산한다. 인디자인은 포인트 수치를 기본 설정 단위의 수치로 환산해준다.

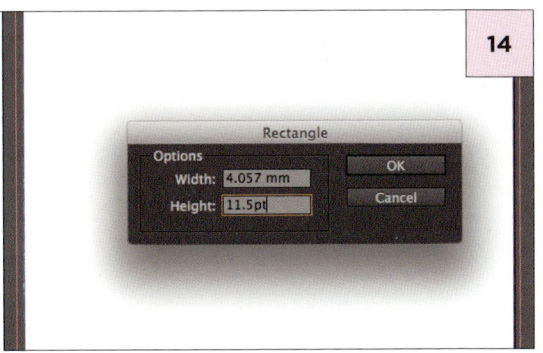

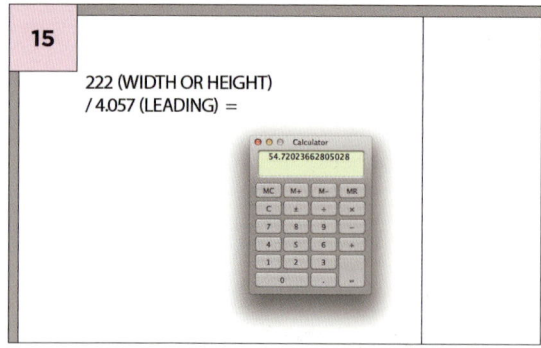

그리드 계산 식

이제 산수를 시작해보자. 페이지 폭을 행간의 수치mm로 나눈다. 결괏값은 페이지 폭을 채우는 사각형 격자의 수와 같다. 예시의 경우, 결괏값은 '54.720 $^{222÷4.057=54.720}$'이다. 소수는 반올림한다. 예시, '55'

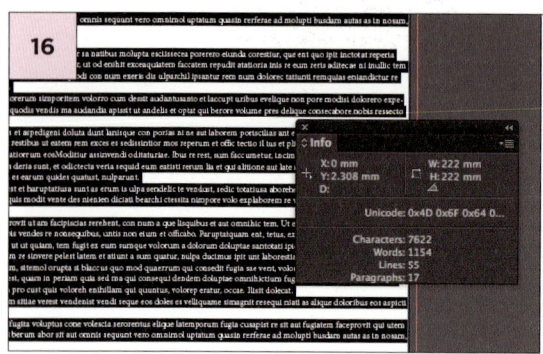

Info[정보] 패널 이용하기

이 계산 작업은 눈으로도 확인이 가능하다. Shift를 누른 채 비율 고정 상태로 글 상자를 하나 그려 페이지 폭에 맞춘다. Fill with Placeholder Text[자리표시자 텍스트로 채우기]를 이용해 글 상자에 텍스트를 채운 다음, 원하는 서체, 크기, 행간을 적용한다. 그 후 Info[정보] 패널을 열어 글의 행 수를 확인한다.
예시, '55'

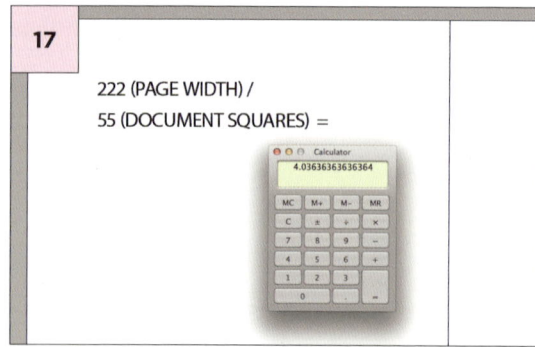

반올림하기

가장 가까운 정수로 반올림하고 그 값으로 페이지 폭을 나눈다 '222mm÷55=4.036'. 이 결괏값이 문서 격자와 기준선 격자에 적용할 새로운 행간 값이다. 인디자인은 소수점 세 자리까지만 인식한다는 점을 기억하자.

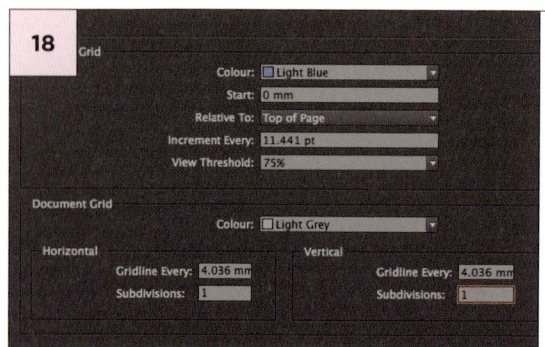

그리드 적용하기

Preferences[환경 설정]를 열어 Grids[격자]를 선택한다. 새로운 행간 값 '4.036mm'을 Baseline Grid[기준선 격자]의 Increment Every[간격]에 입력한다. 밀리미터 수치를 입력하면 자동으로 포인트 단위 값으로 환산한다. 변환된 수치를 Document Grid[문서 격자] 구역의 Gridline Every [격자선 간격]의 가로와 세로 값으로 입력한다.

그리드 색상

문서 격자에 사용자가 정한 밝은 회색을 적용하는 것도
좋은 요령이다. 그리드 색이 너무 어두우면 페이지 작업할 때
산만해지기 쉽기 때문이다. 앞서 언급했듯, Grids in Back
[배경 격자] 선택을 해제하여 이미지나 단색 개체 등의 모든
요소 위에 그리드가 위치한 상태로 작업하는 것이 나을 수도 있다.
하지만 모든 것은 디자이너가 선택하기 나름이다.

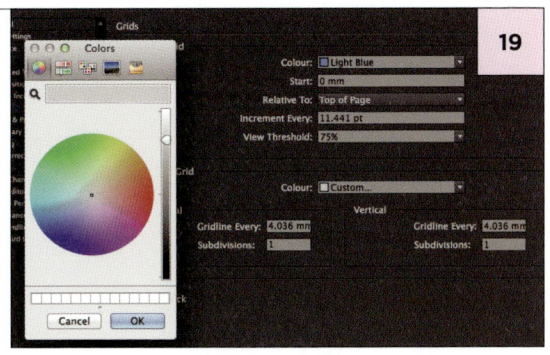

그리드 원점

작성한 그리드가 페이지 폭에 딱 맞지 않는 경우도 있을 것이다.
이 문제를 해결하기 위해 Units & Increments[단위 및 증감]로
이동한 다음 Origin[원점] 메뉴에서 Spine[제본 영역]을
선택하자. 그러면 스프레드의 양 페이지의 중앙이 0으로
설정되면서 좌측의 가로 눈금자는 음수, 우측의 눈금자는 양수로
표기된다.

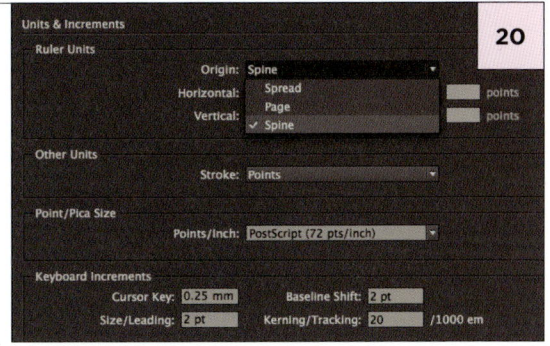

합성 그리드 복합 그리드

이제 문서 격자와 기준선 격자를 만들었으니, 여백을 추가해
문서 격자에 맞춰야 한다. 예시로 12단 그리드를 만들어 보려고
한다. 12단 그리드를 만들면 동일한 문서 격자에서 쓰이는
칼럼 그리드 시스템을 가지게 된다. 12단 그리드의 문서 격자에서
6단, 4단, 3단, 2단 그리드로 구성할 수 있다.

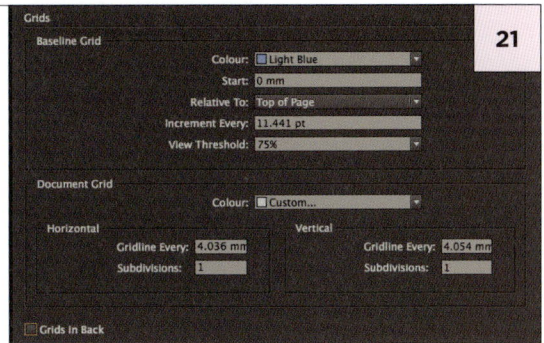

계산 식 하나 더

12단 그리드를 만들려면 텍스트 영역의 폭을 알아두어야 한다.
단의 수와 단에 들어가는 문서 격자의 수를 곱하면 쉽게
계산할 수 있다. 계산을 마치면 문서 격자 하나의 간격을 두고
다단의 수를 하나씩 빼면서 추가한다.

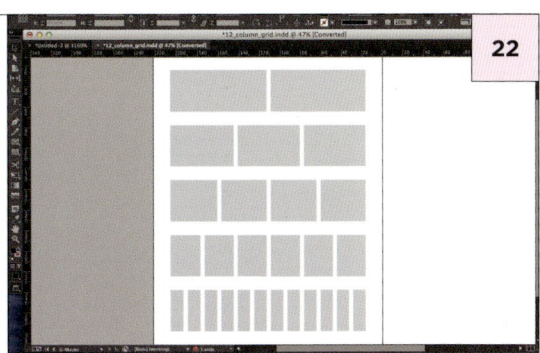

23

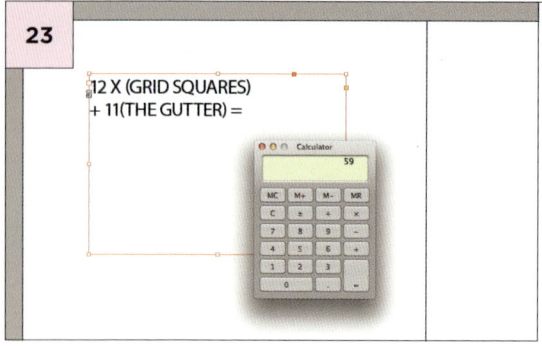

첫 방정식

이 수치는 이전에 계산했던 문서 격자의 개별 격자들의 양보다 적어야 한다. 그래서 시도해야 하는 첫 계산식은 '12격자×4행간+11간격=59'이다. 이 식이 맞지 않으면 각 단에 들어가는 격자의 총량을 줄여야 할 것이다.

24

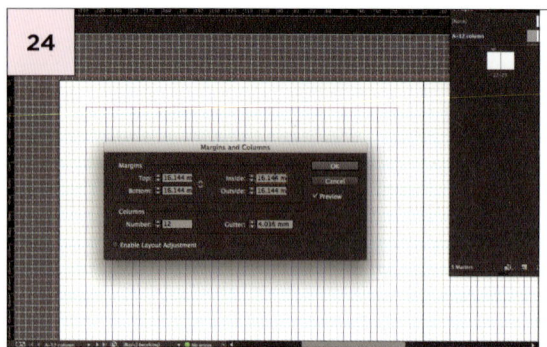

제대로 맞추기

자, '12×3+11=47'로 시도해보자. 이 수치가 제대로 맞으면 여백으로 여덟 개의 격자가 남는다. '55-47' 이제 이 수치를 마스터 페이지에 적용할 수 있다. 칼럼 그리드를 만들 때 지켜야 할 기본 원칙이 있다. 여백 사이즈는 최소 단 간격의 두 배가 되어야 하며, 단 간격은 행간과 같거나 두 배가 되어야 한다.

25

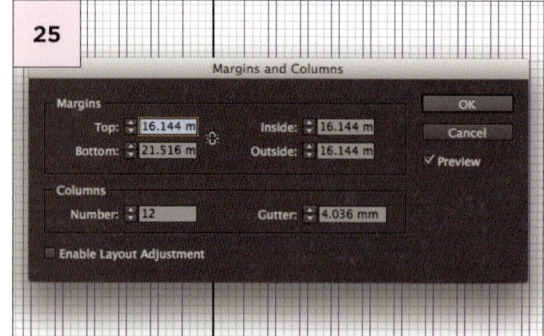

모듈 그리드

페이지에 들어갈 장식들의 공간을 남겨둬야 한다는 점을 기억하면서 위아래 여백을 원하는 만큼 설정하자. 앞으로 모듈 그리드를 추가할 일이 생길 것이므로 이 과정을 능숙하게 처리하도록 간단히 복습하자. 모듈 그리드는 열과 단으로 구성된 그리드이다. 신문, 포스터 등 차트와 표가 포함된 레이아웃에 잘 어울린다.

26

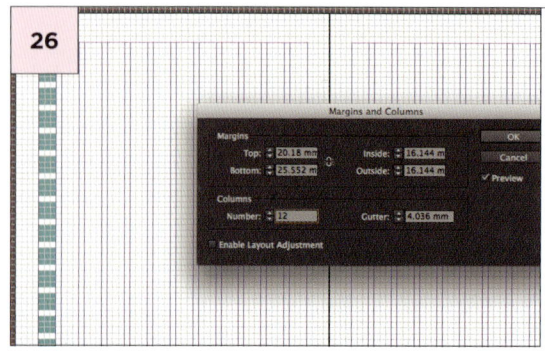

위쪽과 아래쪽의 여백

위쪽과 아래쪽의 여백을 계산하기 위해 단에 사용했던 것과 유사한 계산을 할 수 있다. 하지만 이번에는 계산 작업을 시각적으로 처리할 것이다. 한 단의 폭과 딱 맞는 사각형 박스를 하나 그린 다음 판면의 전체 높이만큼 복사 나열한다. 예시처럼 각 박스 사이에 문서 격자 한 칸씩 비워두는 것을 명심하자.

완벽한 정사각형

그렇지 않으면 본문 영역에 맞는 프레임을 하나 그린 다음 마우스 버튼을 놓지 않은 상태로 화살표 키를 눌러 원하는 단과 행을 추가한다. 모듈이 본문 영역과 일치하지 않는 경우에는 그냥 단순하게 위아래 여백을 조정하면 된다. 모듈은 반드시 정사각형일 필요는 없다. 직사각형이어도 된다. 우리가 해야 할 일은 적당한 솔루션을 찾는 것이다.

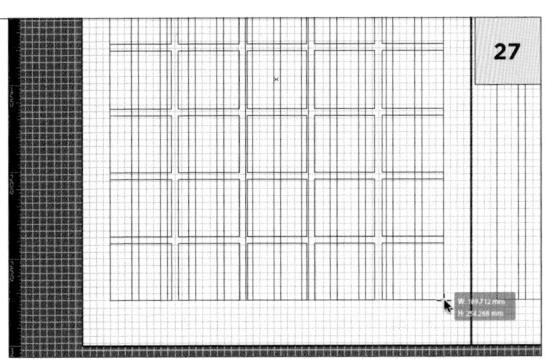

눈금자 안내선 추가하기

박스의 위와 아래에 눈금자 안내선을 추가하자. 눈금자를 스프레드의 전체 폭에 적용하기 위해 Ctrl을 누른 상태로 안내선을 드래그한다. Create Guide[안내선 만들기]❼를 이용해도 된다. Rows[행]의 Number[개수], Gutter[간격] 값을 입력하고 Fit Guide to[다음에 안내선 맞추기]에서 Margins[여백]를 선택한다. Preview[미리보기]를 체크하여 미리 확인한다.

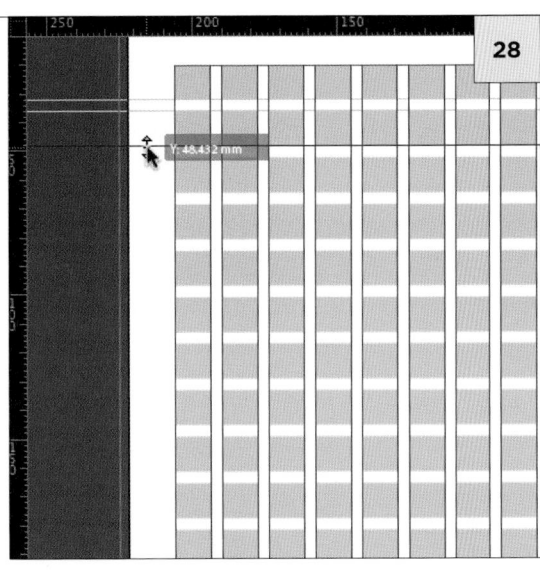

❼ Layout > Create Guide
[레이아웃 > 안내선 만들기]

프리셋 편집하기

이제 문서 설정이 끝났다. 이제 뒤로 돌아가 지금까지의 변경내용을 Define[정의]❽에 저장하자. 이전에 만들어둔 같은 크기의 판형 설정을 선택하여 Edit[편집]을 선택하여 수정한다. 나타난 대화상자에 새로운 정보를 기입한다. 항목들을 수정했으면 확인을 눌러 새로운 문서 사전 설정을 저장한다.

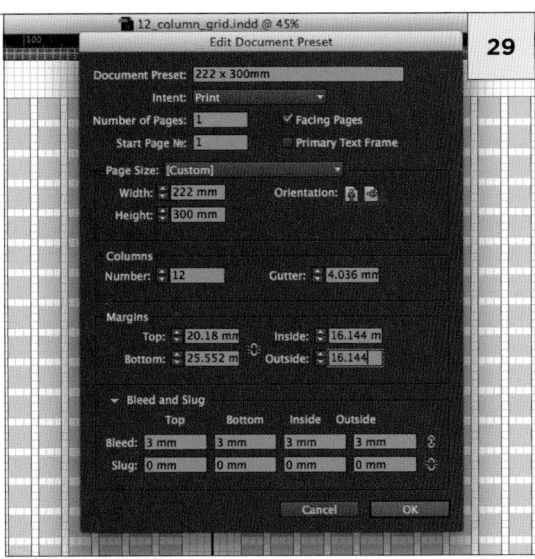

❽ File > Document Presets > Define[파일 > 문서 사전 설정 > 정의]

자동 쪽번호 매기기

다음으로 템플릿에 자동 페이지 쪽수 기입을 추가하자. 쪽수를 추가하고자 하는 페이지의 텍스트 상자 안에 커서를 두고 Current Page Number[현재 페이지 번호]❾를 선택한다. 마스터 페이지의 쪽번호로 나타난 "A"는 A-마스터를 대표하는 것으로, 실제 페이지 쪽 수에 맞는 번호로 변경될 것이다.

❾ Type > Insert Special Character > Markers > Current Page Number[문자 > 특수 문자 삽입 > 표시자 > 현재 페이지 번호]

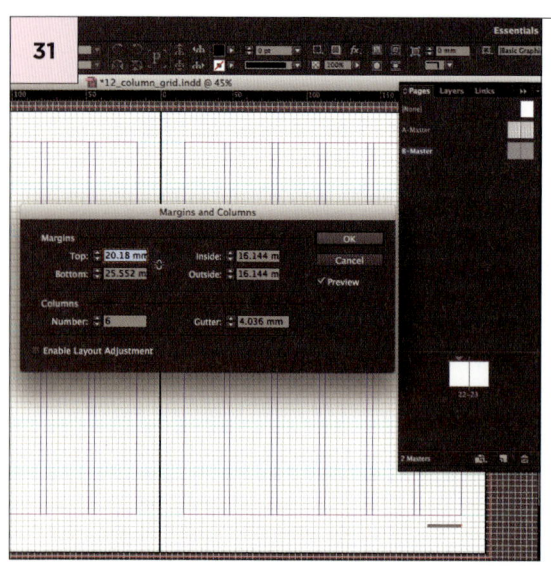

다수의 마스터 페이지 만들기

문서의 설정을 마쳤으면 이제 각기 다른 수의 단을 가진 마스터 페이지를 여러 개 만들 수 있다. 마스터 스프레드를 복사하자. 페이지 패널에서 양쪽 페이지를 모두 선택한 다음, 우클릭하여 Duplicate Master Spread "A-Master"[마스터 스프레드 "A-마스터" 복제]를 선택한다. 생성된 마스터 페이지 스프레드를 선택한 다음 Margins and Columns[여백 및 단]을 열어 단의 수를 변경한다.

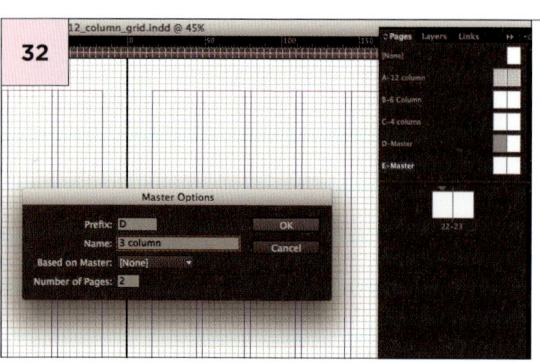

페이지에 이름 붙이기

6단, 4단, 3단, 2단 그리드 용 마스터 페이지가 모두 완성될 때까지 과정을 반복한다. 복제된 여러 마스터 페이지를 쉽게 다룰 수 있도록, 페이지를 우클릭하고 Master Options for "A-Master" ["A-마스터"에 대한 마스터 옵션] 를 골라 해당 칼럼 수로 마스터 페이지의 이름을 새롭게 짓는다. 모든 마스터 페이지에 같은 과정을 반복한다.

포스터 그리드

마지막으로, 모듈 그리드는 포스터 디자인에도 유용하다. 모듈 그리드를 빠르게 만드는 방법은 Create Guides[안내선 만들기]❿ 기능을 활용하는 것이다. 먼저, 여백을 설정한 다음 Create Guides[안내선 만들기]에서 Row[행]과 Columns [열]의 Number[개수]와 Gutter[간격]을 입력하고 Fit Guides to[다음에 안내선 맞추기]는 Margins[여백]로 설정한다.

❿ Layout > Create Guides
 [레이아웃 > 안내선 만들기]

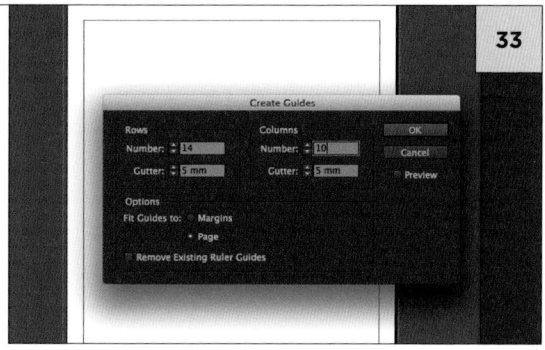

타이포그래피
— 정확하게 다루기

타이포그래피, 그리고 서체와 이미지의 관계는 그래픽 디자인에서 매우 핵심적인 위치를 차지하고 있다. 타이포그래피의 실제 정의는 누구에게 질문을 던지느냐에 따라 달라질 수 있지만, 이 글에서는 문자나 자형의 실제 디자인이 아니라, 의미를 전달하는 서체와 언어의 구조 및 배열로 의미를 정의하려고 한다. 문자나 자형의 디자인도 별도의 분야를 이루고 있음은 물론이다.

서체의 설정과 정렬이 대부분 인쇄 도구를 다루는 기술로 이뤄지던 시절에 맥이 새롭게 등장하면서 소위 '데스크톱 출판 혁명Desktop Publishing Revolution'이 나타났고, 사람들이 점점 폰트를 익숙하게 사용하고 문자를 익숙하게 다루게 되면서 상황이 전부 바뀌었다. 그럼에도 불구하고, 어떤 프로그램을 사용하여도 그 결과물은 일반 사무직 종사자들의 문서 같았다. 하지만 인디자인은 디자이너들의 손에서 페이지 레이아웃과 타이포그래피의 정확한 사용을 위한 산업 표준으로 빠르게 자리 잡았다.

디자이너의 타이포그래피적 선택은 개인의 취향과 진행 중인 작업 조건에 적합한지 아닌지에 따라 다양하게 갈린다. 때때로 전체 디자인 안에서 서체가 부차적으로 사용되기도 하지만 서체가 곧 디자인의 중심 요소가 되는 경우도 있다. 이 글은 독자에게 타이포그래피를 어떻게 디자인하고 어떤 선택을 할 것인지 알려주는 가이드가 아니다. 오히려 독자가 서체 결정을 위해 더 많은 시간을 들일 수 있도록 인디자인에 내장된 서체 기능의 내부 효과를 풍부하게 설명할 것이다.

서체는 대부분의 디자인 작업에서 핵심적으로 다루어진다. 인디자인에서 서체의 힘을 활용할 수 있는 방법을 알아보자.

새 문서에서 처음 본문을 설정할 때, 이것이 타이포그래피의 전체적인 분위기와 외관, 가독성 등 전체적인 디자인에 영향을 줄 수 있으므로 특히 주의를 기울여야 한다.▼

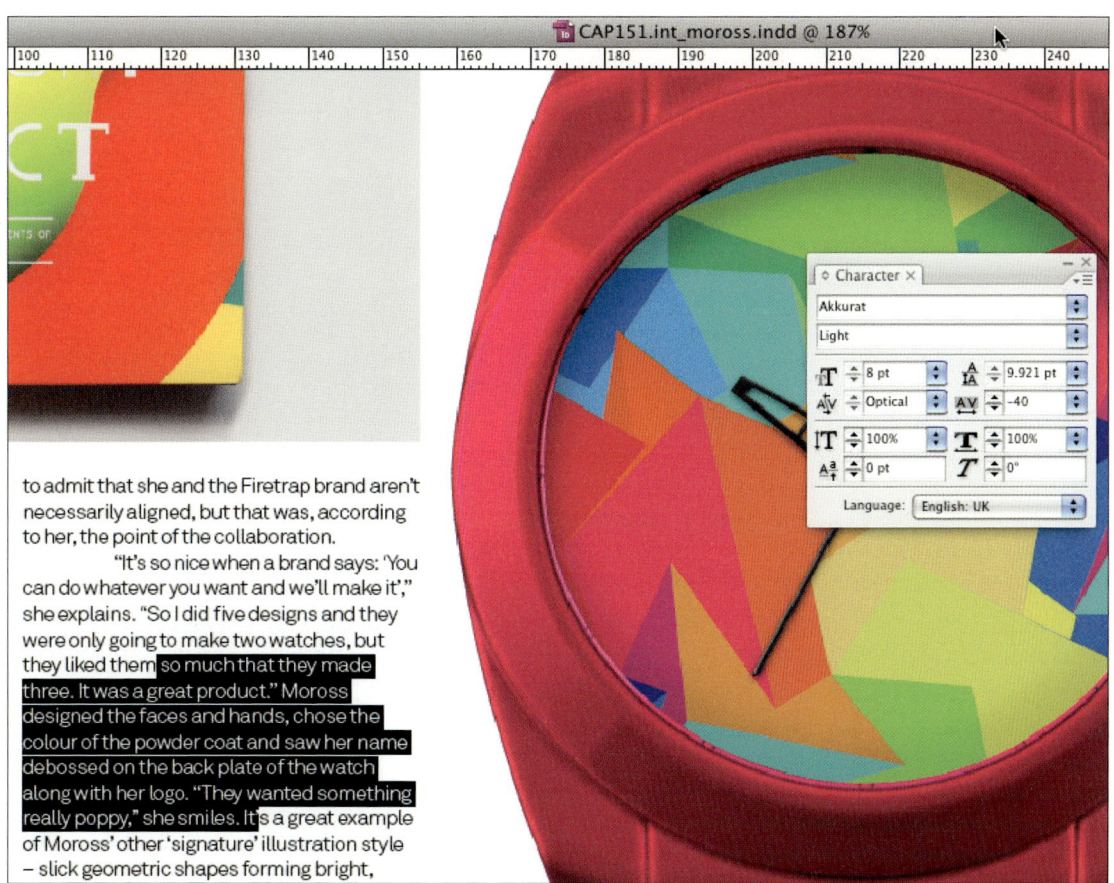

Character[문자]Ctrl+T❶부터 시작해보자. 이 패널에서는 굵기나 크기 등 서체와 관련된
대부분 선택사항을 결정하게 된다. 만약 작업이 제대로 진행 중이라면 여기서 당신이 내린 결정이
기준선의 설정과 전체 디자인을 좌우하게 될 것이다.

결정할 서체의 종류나 굵기, 크기 등 패널 안의 기본 옵션들은 거의 별도의 설명이 필요 없다. 하지만
Kerning[커닝]과 Tracking[자간], Leading[행간] 설정은 조금 복잡한데, 이 옵션들을 이해하는
것이 성공적인 타이포그래피 디자인의 열쇠다. 기초 수준에서의 커닝은 글자 사이의 개별적인
공간을 알려주며, 자간은 단어 및 글자 사이 공간의 흐름과 관련이 있다.

커닝 모드를 '메트릭Metrics'로 설정하면 인디자인이 각각의 폰트에 내장된 커닝 짝에 의존하게 되고,
'시각적Optical' 커닝의 경우에는 소프트웨어가 글자 각각의 형태에 기초하여 공간을 결정한다.
본문에 훌륭한 커닝 짝을 가진 훌륭한 폰트 한 가지를 사용할 경우에는 메트릭 설정이 좋은 옵션이
되겠지만, 여러 폰트를 섞어 쓴다면 시각적 설정이 더 나은 선택일 수 있다. 이 기능은 서체의
전체적인 공간과 느낌이 일관되는지 확인해준다. 또한 음수 혹은 양수 값을 입력하여 자간을
조정할 수도 있다. 값에 따라 글자 사이의 공간이 달라진다. 자간 옵션은 디자인 안에서 서체의
외형과 느낌에 극적인 효과를 부여할 수 있을 뿐만 아니라, 가독성에 영향을 끼치는 중요한
기능이므로 특히 주의를 기울여야 한다.

행간은 텍스트 두 줄의 기준선 사이의 공간이다. 행간Leading이라는 단어는 활자를 손으로
조판할 당시 두 줄의 글자 사이를 늘이기 위해 납 조각을 사용한 데서 유래되었다. 최적의
행간 사이즈는 시간을 충분히 들여 고민해야 한다. 행간이 전체 디자인에 영향을 주기 때문이다.
대부분 행간은 최소한 폰트 크기보다 2pt 정도 높아야 한다. 이렇게 해야 어센더Ascender❷나
디센더Descender❸가 서로 붙지 않는다.

헤드라인이나 리드문 같이 본문 바깥 공간에 들어가는 요소의 커닝을 설정할 때는 항상
인디자인의 자동 설정은 무시하고 수동으로 설정하는 것이 최선이다. 커서를 두 글자 사이에 놓고
Alt+←, →으로 사이 공간을 조절할 수 있다. 헤드라인이 여백 기준선까지 거의 가득 찰 때는
Hair Space[1/10-1/16 공백]❹를 삽입하고 싶을 수 있다. 이 기능으로 글 상자를 넓히지 않고도
수동으로 헤드라인의 커닝을 조절할 수 있다.

Character[문자] 패널에는 서체의 세로나 가로의 크기를 늘려서 형태를 키우거나 의도적인
기울임 효과를 줄 수 있는 기능들이 몇 가지 더 있다. 이런 기능을 사용하면 서체가 왜곡되기 때문에
못마땅하게 생각하는 디자이너들도 꽤 많다. 그래서 폰트에 기울임 효과를 줄 때는 디자인된
이탤릭체를 지닌 서체를 선택하는 것이 최고의 방법이다. 이 패널에서 특히 유용한 옵션은
Baseline Shift[기준선 이동]이다. 이름을 보면 알 수 있듯 이 기능으로 선택한 문자를 기존의
기준선 위 혹은 아래로 이동한다. 저작권이나 상표를 넣을 때 특히 유용하다.

Paragraph[단락] 패널에서는 글을 왼쪽, 오른쪽 혹은 양 끝에 맞게 맞출지 선택할 수 있으며
들여쓰기를 글 전체에 적용하거나 첫 줄에만 적용할 수 있다. 다시 말하지만, 이 선택은 개인의
선호나 작업의 요구에 따라 달라질 수 있다. 단, 높은 가독성을 위해서라면 본문을 왼쪽이나
오른쪽으로 맞추는 것이 좋다. 모든 줄 균등 배치는 종종 어색한 흐름을 만들기 때문이다.
종종 패션 잡지에서는 강제로 모든 줄 균등 배치를 하는데, 가독성보다는 스타일이 더 중시되는 청년
문화와 개성 강한 패션 잡지에 여전히 널리 퍼져 있다.

❶ Windows > Type and Tables >
Character[창 > 문자 및 표 > 문자]/
Type Tool > A[문자 도구 > 字]
❷ 소문자의 엑스 하이트 위로 올라가는
기둥 줄기. 'b', 'd', 'h', 'l'등과 같이
'x' 높이보다 위쪽으로 뻗은 소문자의
윗부분.
❸ 구문활자에서 소문자의 자체가
나란한 수평선보다 아래로 삐쳐 나온
부분을 말한다. 바로 'g', 'j', 'p', 'q',
'y'가 이를 갖는다. 서체에 따라
디센더의 길이가 다른데, 밑변에
가상의 디센더 라인을 만들어 쓴다.
❹ Type > Insert White Space >
Hair Space[문자> 공백 삽입 >
1/10-1/16 공백]

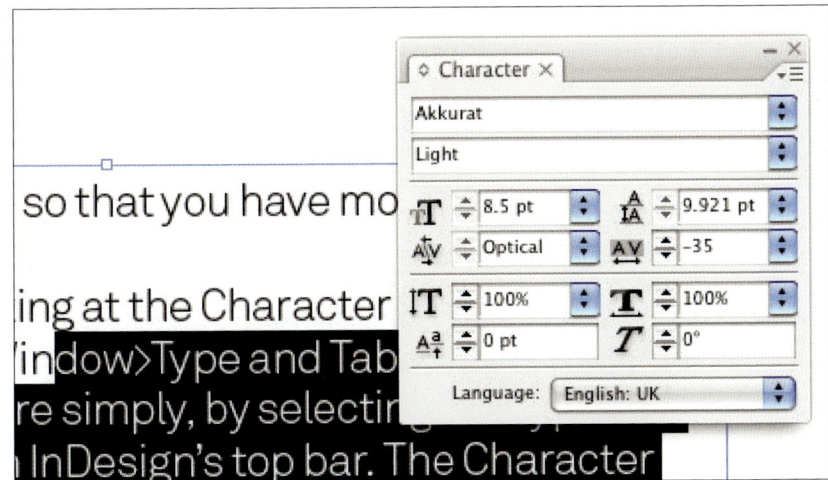

Character[문자] 패널에서 인디자인을 사용하면서 타이포그래피와 관련된 대부분의 설정을 할 수 있다. ▶

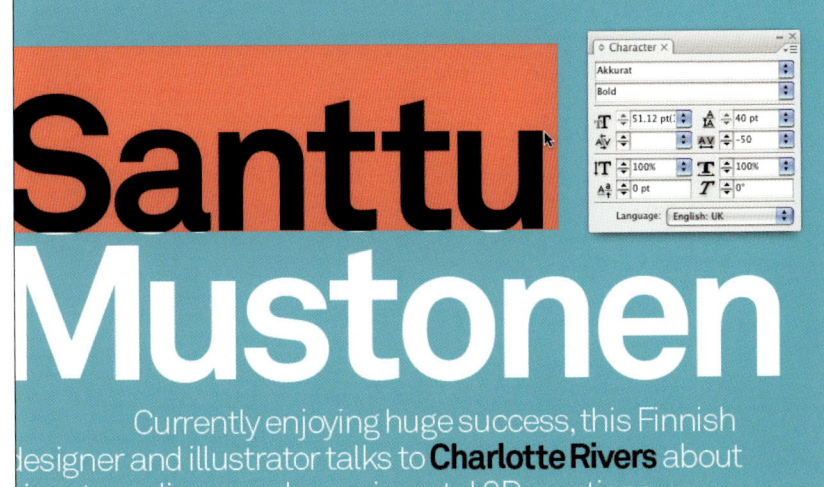

헤드라인의 커닝이 수동으로 조절되었기 때문에, Character[문자]의 Kerning[커닝]은 비어있다. ▶

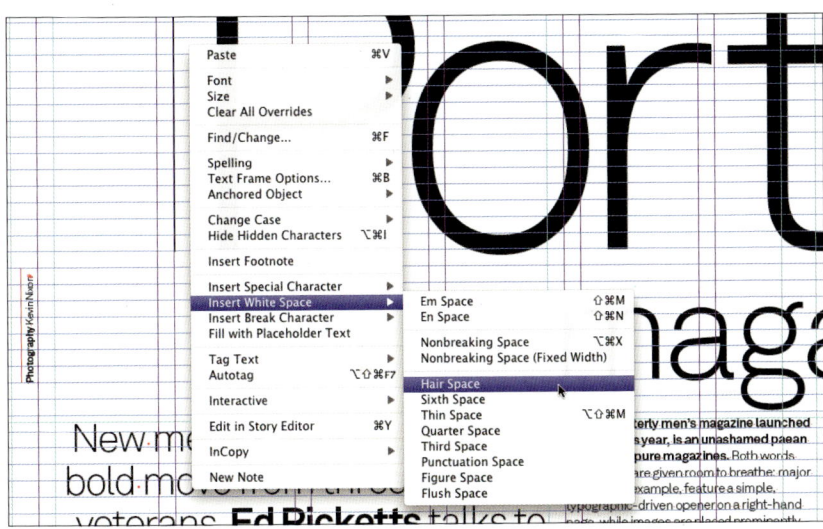

Insert White Space[공백 삽입]는 헤드라인을 위한 공간이 부족할 때 매우 유용하다. ▶

오랫동안 잡지 디자인에 충실히 쓰여온 요소인 머리글자Drop Cap는 문단의 시작 부분에서 입구 역할을 수행한다. 이는 Paragraph[단락] 패널에서 적용할 글자의 개수와 크기를 선택할 수 있다. 인디자인은 자동으로 첫 줄 이후도 적용하므로, 적용할 글자를 잘라내고 복사하여 새로운 글 상자에 개별적인 요소로 만들고, Create Outlines[윤곽선 만들기]❺를 설정하는 것이 더 좋은 방법일 수도 있다. 문자에 이미지를 삽입하여 장식적이게 만들고 싶다면 간단하게 문자를 선택한 상태에서 Open[열기]Ctrl+D으로 적합한 이미지를 선택할 수도 있다.

문자 패널의 가장 오른쪽 위에서 작은 메뉴를 찾을 수 있다. 이 메뉴는 Underline Options[밑줄 옵션] 혹은 Paragraph Rules[단락 경계선]처럼 텍스트의 스타일을 정하는 다수의 옵션을 제공한다. Underline Options[밑줄 옵션] 창에서는 선택한 서체를 기준으로 밑줄을 적용하고 밑줄의 크기와 두께, 위치를 편집할 수 있다. Paragraph Rules[단락 경계선] 역시 단락의 위 혹은 아래에 경계선을 적용할 수 있어서 유용하다.

그 외에도 수많은 타이포그래피 옵션이 있다. 그들 중 많은 수가 디자이너보다는 작가나 카피라이터에 의해 자주 사용되지만, 한 가지 꼭 언급해야 할 기능은 Glyphs[글리프]❻이다. 여기서 해당 폰트의 글리프 세트를 확인할 수 있으며 각각의 글리프를 골라서 삽입할 수 있다. 다른 폰트들에서 모은 글리프로 세트를 구성하는 옵션도 있어서, 좋아하거나 자주 사용하는 글리프를 카테고리별로 분류할 수 있어 유용하다.

지금까지 핵심 기술을 다룬 이 섹션을 통해 인디자인에서 서체를 활용하는 기본 방법과 특정 디자인과 느낌을 연출하기 위해 문자를 적용하고 편집하는 방법을 다루었다. 궁극적으로 타이포그래피의 연출은 디자이너의 몫이지만, 풍부한 적용 방법과 쉬운 사용법을 제공해 디자이너로 하여금 본인이 가장 잘할 수 있는 분야, 바로 디자인을 잘 다루게 해준다는 점이야말로 인디자인의 장점이다.

❺ Type > Create Outlines[문자 > 윤곽선 만들기]
❻ Type > Glyphs[문자 > 글리프]

타이포그래피 최고의 팁

01 문서 양식 가져오기

작가에게서 워드 파일 혹은 인디자인이 지원하는 파일로 원고를 받았다면, 텍스트에서 스타일이나 하이퍼링크 등을 불러올 때 인디자인 스타일시트와 온갖 충돌을 일으키는 상황을 겪게 될 것이다. 하지만 두려움은 금물. 이러한 문제를 피할 수 있는 쉽고 빠른 방법은 Place[가져오기]Ctrl+D❼를 이용하여 텍스트를 불러오면서 Show Import Options[가져오기 옵션 표시] 박스를 체크하는 것이다. 이어지는 대화 상자에서 Remove Styles and Formatting from Text and Tables [텍스트 및 표에서 스타일 및 서식 제거] 옵션을 체크하자.

02 텍스트 흘리기 Autoflow Text

텍스트를 불러올 때 시간을 절약하는 방법이 또 하나 있는데, 바로 자동 텍스트 흘리기Autoflow와 반자동 텍스트 흘리기Semi-Autoflow 기능이다. 가져올 텍스트 파일이 준비되었을 때 Shift를 누른 상태로 단을 클릭하면 자동 텍스트 흘리기가 적용된다. 자동으로 새로운 페이지에 글 상자가 생성되면서 자동으로 문서 전체에 텍스트가 배열되는 것을 확인할 수 있다. 이는 수동으로 글 상자를 연결하는 것보다 훨씬 빠르고 덜 번거롭다. 새 페이지를 생성하지 않는 반자동 텍스트 흘리기로 한 번만 사용하려면 Alt를 누르고 페이지나 단을 클릭하고, 기존에 생성된 페이지에서 연속적으로 사용하려면 Shift+Alt를 이용한다.

03 문자 단축키

폰트 크기 조절 시 시간을 줄여주는 단축키는 Shift+Ctrl+< 및 Shift+Ctrl+>이며, 글 상자의 크기를 함께 조정하려면 Shift를 제외하고 누른다. 이와 비슷하게, 헤드라인이나 본문 글을 전부 대문자로 바꾸고 싶을 때는 Shift+Ctrl+K를 누르면 된다. 하지만 서체가 대문자로 쓰인 경우에는 이 기능이 작동하지 않는다는 점을 알아두자. 이 기능들은 컨트롤 바를 여기저기 이동하며 수동으로 변경하는 것보다 훨씬 빠르다.

04 부분 오른쪽 정렬

왼쪽 정렬이 적용된 본문 중 일부 단어나 문장에만 오른쪽 정렬을 적용하기 위한 단축키는 Shift+Tab이다. 텍스트를 분리하고 싶은 곳에 커서를 두고, 이 단축키를 사용하면 한 단어나 여러 단어가 글 상자의 오른쪽 끝에 맞춰지면서 텍스트 사이에 다양한 크기의 공간이 생긴다. 잡지나 단행본의 바이어 가이드와 유사한 형태의 긴 정보 목록을 작성할 때 무척 간편한 기능이다.

05 개체를 문자처럼 쉽게 다루기

마지막 요령은 매우 확실하지만 간과되곤 하는 기능으로, 글 상자 안에 개체를 붙여넣는 기능이다. 시각적으로 혼란스럽겠지만, 여러 그룹의 글 상자나 개체를 또 하나의 글 상자 안에 붙여넣는 것도 가능하다. 특히 이 기능은 본문 내 줄 바꿈, 시작점, 숫자 등 스타일 요소를 추가할 때 매우 유용하다. 개체가 텍스트처럼 배치되고 조작되기 때문에 텍스트를 편집하고 흘릴 때 Text Wrap [텍스트 감싸기]❽을 적용하거나 작은 개체들을 다시 정렬해야 하는 귀찮은 과정을 줄인다.

❼ File > Place[파일 > 가져오기]
❽ Window > Text Wrap[창 > 텍스트 감싸기]

나만의 장식용 머리글자 만들기

01   실험
이 글에서는 인디자인의 머리글자 옵션을 무시하고 우리만의 머리글자를 만드는 목적을 달성할 것이다. 본문의 첫 글자를 선택하고 복사하여 새로운 글 상자에 붙여넣은 뒤 원래 글자는 지운다. 이제 다른 서체, 크기, 굵기 등으로 만족할 만한 결과가 나올 때까지 실험해 본다.

02   윤곽선 만들기
마음에 드는 서체를 찾았다면 그 글자를 하나의 개체로 만들어두어야 한다. Type[문자]에서 Create Outlines[윤곽선 만들기] 선택. 이제 윤곽선을 만든 머리글자를 조심스럽게 첫 번째 기준선에 배치하여 본문이 머리글자를 둘러쌓도록 한다. Text Wrap[텍스트 감싸기]의 Right Offset[오른쪽 오프셋] 옵션을 조절하여 머리글자와 본문의 시작 부분과의 간격을 조절한다.

03   모두 정사각형 유지하기
그다음, 단마다 정사각형의 그리드들만 있는지 전체적으로 확인하면서 문서 격자와 자신의 그리드를 확실하게 맞춘다. 가장 직접적인 방법은 문서 격자Document Grid와 여백선Margin Line 사이의 간격을 측정하고, 이 수치를 이용해 Margins[여백]의 수치를 조절하는 것이다. 문서 격자의 간격 값은 단의 배열이 정확하지 않거나 수정이 필요한 상황일 때마다 Grids[격자]에서 조정할 수 있다.

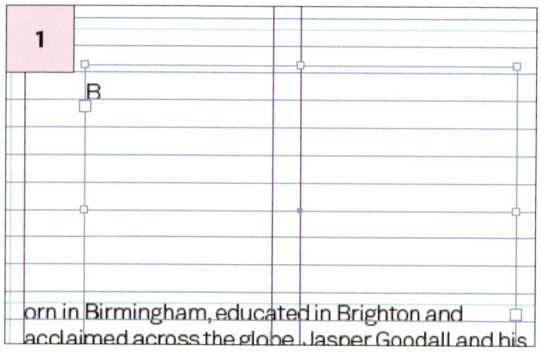

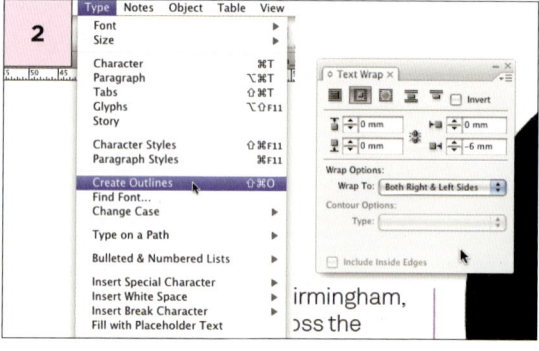

단락 경계선 적용하기

01   단락 경계선
서체에 하이라이트 효과를 추가하는 빠른 방법을 단계별로 알려준다. Type Tool[문자 도구]이 선택된 상태로 본문을 전체 선택Ctrl+A한다. 컨트롤 바 내부 드롭다운 메뉴에서 Paragraph Rules[단락 경계선]를 선택한다. Rule Above On[위쪽 경계선]을 선택하고, Color[색상]를 설정한 다음 Preview[미리보기] 버튼을 누른다.

02   오프셋 조정
이제 Weight[두께]를 조정하여 경계선이 텍스트를 덮게 한다. 각각의 경계선 사이에 공간을 남겨두는 것을 잊지 말자. 그렇지 않으면 효과가 하나로 붙어버릴 것이다. 이어서 텍스트의 위아래 양쪽에 충분한 공간이 생기도록 Offset[오프셋]을 조절한다. Width[폭]로 경계선이 단의 폭을 모두 덮을지, 텍스트만 덮을지도 선택할 수도 있다. 결정은 당신에게 달렸다.

03   경계선 완성
아마도 모든 줄 바꿈의 시작점에만 경계선이 적용된다는 사실을 눈치챘을 것이다. 한 번 경계선을 설정하면 본문 전체에 경계선을 적용하기 위해서는 본문 전체를 훑어보고 각 줄의 마지막에 엔터를 삽입해야 한다. 원한다면 텍스트가 경계선에 딱 맞지 않게끔 Left Indent[왼쪽 들여쓰기] 및 Right Indent[오른쪽 들여쓰기]를 조정할 수도 있다.

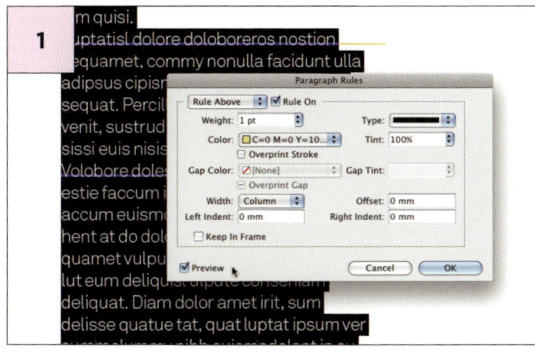

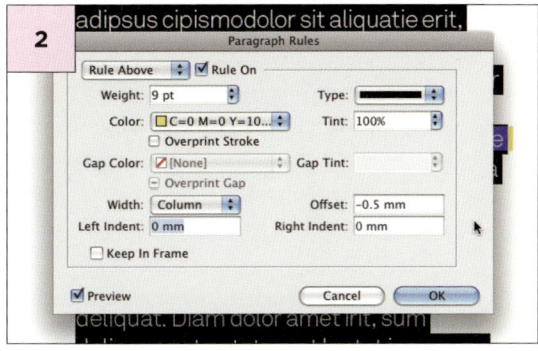

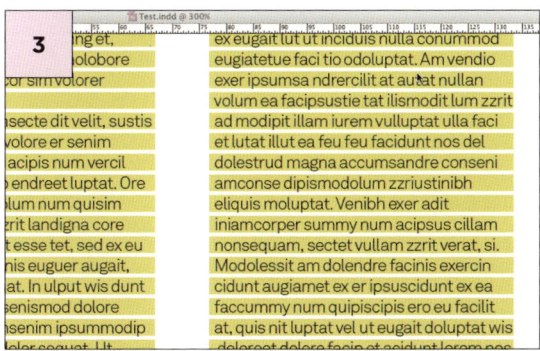

타이포그래피
— 문단 스타일로 시간 아끼기

인디자인에서 책이나 브로슈어처럼 여러 페이지로 구성된 문서를 만들 때는 구성에 신경을 써야 하는데, 가장 좋은 방법은 문자와 단락, 개체 스타일을 작성하는 것이다. 이런 스타일들은 중간 제목부터 복잡한 표를 일관성 있게 만드는 것까지 어떠한 작업에도 도움이 된다. 하지만 스타일 시트에서 최고의 효과를 끌어내려면 사전 계획과 세부사항들을 꼼꼼히 따지는 일이 필요하다. 이 옵션들을 최대한 이용하면 마지막 페이지까지 일관된 스타일을 두루 유지할 수 있으며 레이아웃을 정할 때도 소중한 시간을 아낄 수 있다.

만약 Eyedropper Tool[스포이드 도구]만 잘 활용할 줄 안다면 문자와 단락 스타일을 만드는 것이 불필요하게 여겨질 수도 있다. 하지만 50페이지 전체에 캡션 스타일을 적용해야 하는 상황이라면 스포이드 도구를 사용하기가 매우 모호하다. 게다가 스타일은 예상보다 훨씬 더 유용하고 직관적이다. 문서 전체의 문자 스타일을 전부 바꿀 때도 무척 중요하지만, 여러 스타일을 서로 결합해서 사용할 경우 서식 옵션이 많은 복잡한 중첩 스타일을 만들어 클릭 한 번으로 적용할 수 있다.

단락 스타일도 마찬가지다. 단락을 그룹 지어 세트로 만들면 탐색 시간을 줄일 수 있다. 본문이나 그 외 스타일같이 서체 스타일에 따라 묶을 수도 있고, 아니면 특정 섹션 별로 들어간 모든 폰트를 그룹으로 묶을 수도 있다. 한 문서에서 다른 문서로 스타일을 전송하려면 복사, 붙여넣기보다는 항상 Paragraph Styles[단락 스타일] 패널을 통해 불러들이도록 하자. 만약 스타일에 이름까지 적절하게 붙여준다면 문서 안에 매끄럽게 통합될 것이다. 이름이 없으면 복제된 스타일이 복잡하게 얽히게 되어 문서 전체를 수정할 때 엉뚱한 스타일로 편집하게 될 가능성이 있다.

상세한 스타일 시트 작성에 시간을 투자하여 프로젝트의 일관된 스타일을 유지하자. 그리고 Eyedropper Tool[스포이드 도구]을 활용하여 시간을 아끼자.

쉬운 접근을 위해 Paragraph Styles [단락 스타일]에서 스타일을 그룹으로 묶는다. ▼

스타일은 일관성 유지를 위해 사용하는 기능이므로 서체의 위계질서가 잡힌 문서를 작성할 때는
Paragraph Style Option[단락 스타일 옵션]❶에서 Based On[기준] 드롭다운 메뉴를
사용해보자. 이 기능은 마스터 페이지와 같은 효과를 낼 수 있으므로, 다수의 유사한 스타일 사이에
일관성을 유지하는 데 도움이 된다. 예를 들어, 작업하다 보면 들여쓰기가 적용된 스타일과
적용되지 않은 스타일, 그 외에 머리글자가 필요한 본문 스타일도 사용해야 하는 경우가 생긴다.
이 모든 스타일을 표준 규격화된 본문 원고를 기준으로 작성하면서 한 스타일은 들여쓰기를 빼고
세 개 중 하나의 스타일에는 머리글자를 적용하면, 나중에 웨이트나 커닝, 색상 등의 주된 요소를
편집했을 때 세 스타일에 두루 적용될 것이다. 이 기능은 그때그때 문서 전체적으로 변화를 줄 때
유용하며, Paragraph Styles[단락 스타일] 패널에서 세 가지를 하나의 그룹으로 묶어두면
쉽게 효과를 얻을 수 있다.

단락 스타일에서 주목 받지 못한 또 다른 기능은 Next Style[다음 스타일]이다. Q&A 글과 같이
소제목이나 부제가 다수 포함된 많은 텍스트를 다룰 때 아주 편하다. 부제 및 본문용 단락 스타일을
하나씩 만든 다음 부제용 단락 스타일에서 Next Style[다음 스타일]을 본문으로 정의하고,
본문용 단락 스타일도 같은 식으로 설정한다. 다음 단계로 글 상자를 선택한 후 Paragraph Style
[단락 스타일]에서 해당 스타일을 우클릭한다. 그리고 Apply "Style" and Next Step[스타일
적용 후 다음 스타일]을 고르면, 선택한 텍스트 전체에 두 가지 스타일을 번갈아 적용하여
귀한 시간이 절약될 것이다. 또한, 화면에서 직접 원고를 작성하는 경우에도 부제 뒤에 따라오는
텍스트 스타일이 자동으로 본문으로 설정되어 원고의 스타일을 다시 정의할 필요가 없다는
뜻이기도 하다.

이 스타일 지정 방법은 큰 블록의 텍스트를 통합할 때 어렵게 문자 스타일을 설정할 필요가
없으므로 확실히 편리하기도 하지만, 한 블록의 텍스트 안에서 여러 종류의 문자 스타일을
만들고 싶다면 중첩 스타일을 만들어 단락, 문자 스타일을 용도에 맞게 활용할 수 있다.
중첩 스타일은 탭, 소프트 리턴❷처럼 줄 바꿈 문자를 사용하여 원고 안에서 줄 바꿈된 행에
새로운 문자 스타일을 적용하는 기능으로, 예를 들어 제품 매뉴얼처럼 상세하게 구성되는 텍스트에
사용하면 편하다. 단락에 연속적으로 적용 가능한 다양한 문자 스타일을 구축할 수 있으므로
구성에 짜임새가 생겨 작업이 순조로워질 것이다. 단, 스타일을 불러오기 전에 제대로 정의되어
있는지 확인할 것.

또한, 개체도 같은 방식으로 관리 할 수 있다. 프레임의 형태를 바꾸는 것뿐만 아니라 이미지의
정렬 방식 등 개체의 속성까지도 변경할 수 있다. 이는 여러 이미지를 한 번에 불러올 때 많은 시간이
절약된다. 불러올 때부터 이미지가 배치될 자리를 중앙으로 정하고 프레임에 맞춰 비율의 제한을
둘 수 있으므로 템플릿에 이 기능을 적용하면 편리하다. 이미지의 크기를 다시 조정할 필요 없이
페이지 형태를 빠르게 정돈하는 데에도 도움이 된다.

❶ Type > Paragraph Style >
선택할 스타일 더블클릭
[문자 > 단락 스타일 > 선택할 스타일
더블클릭]
❷ 문서의 줄이 페이지 여백 경계에
이르렀을 때 일어나는 워드프로세서의
동작. 문서 삽입, 삭제, 페이지 여백
변경 등 새로운 위치에서 프로그램이
일으키는 동작을 말한다.

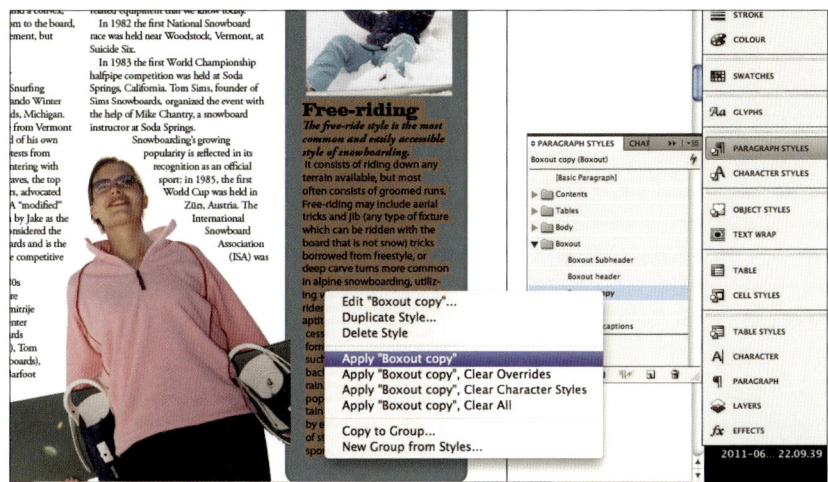

쉽게 찾아볼 수 있도록 박스아웃 문구나 헤더 문구처럼 유형별로 스타일 그룹을 지정할 수 있다. ▶

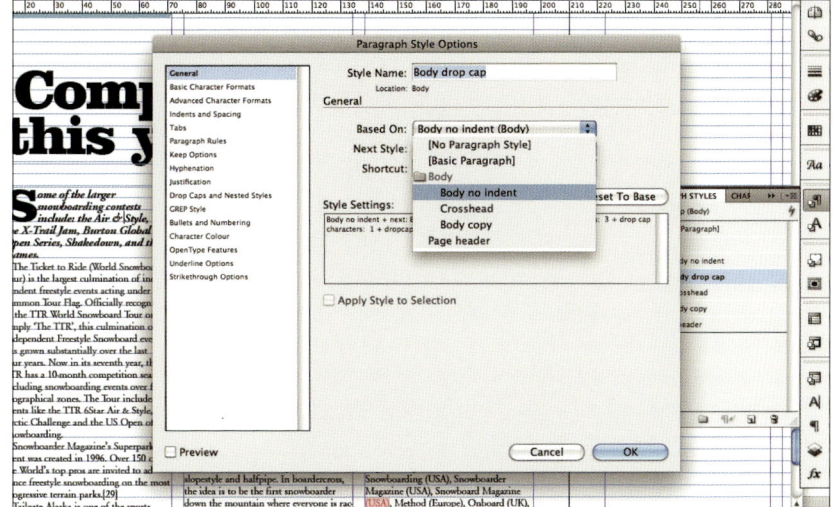

본문의 스타일을 결정하고 전체 문서에 통일성이 있게 적용하였는지 확인한다. ▶

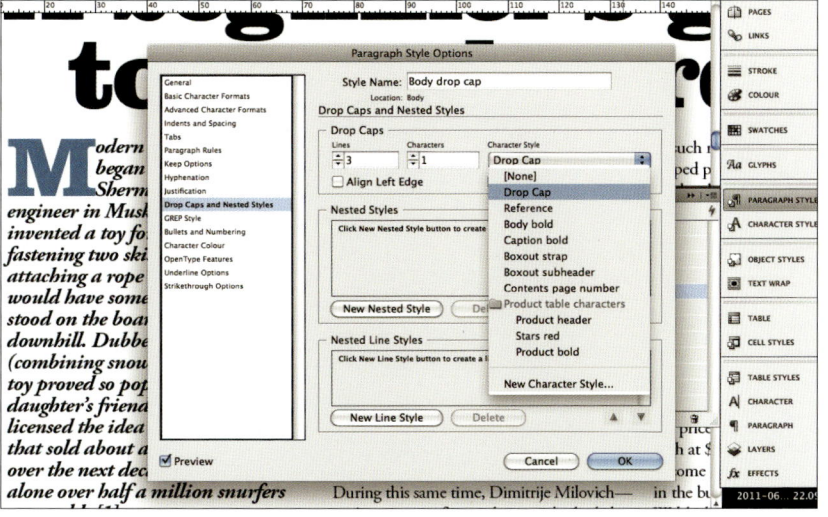

Paragraph Style[단락 스타일]에서는 모든 텍스트 그룹에 대한 스타일을 만들 수 있다. ▶

프레임 스타일을 관리하는 것 외에 표 스타일 관리도 가능하다. 표를 작성하는 일이 복잡하고 어려운 과정이 될 수 있지만, 시간을 들여 스타일을 만들어 두면 그 과정이 훨씬 덜 버겁게 느껴질 것이다. 표 스타일과 셀 스타일의 관계를 단락 스타일과 문자 스타일 사이의 관계와 비슷한 방식으로 생각해보자. 두 스타일을 함께 사용하면 표에 적용할 중첩 스타일을 만드는 것과 효과가 비슷하다. 표 스타일을 설정하고 편집하는 다소 복잡한 내용은 102쪽에서 좀 더 자세히 다룬다.

텍스트, 프레임, 개체의 스타일 설정이 모두 끝났으면 이제 이 스타일의 효과를 더욱 강력하게 만들 수 있다. 예컨대, 부제의 카피와 Table of Contents[목차]❸를 이용해서 목차를 만들어 보자. 이렇게 하면 정의된 단락 스타일 모두를 수용하고, 그것들이 바탕이 된 목차를 만들 수 있다. 페이지를 추가하거나 제거할 때마다 쪽 번호가 업데이트 되므로 항상 정확한 색인이 유지된다. 또한 상호 참조 지면에 단락 스타일을 활용해 역학적인 상호 참조와 각주를 만들어 두면 앞으로 문서 안에서 페이지 참조가 잘못 되는 일이 생기지 않을 것이다.

이런 기능들을 통해 개체의 스타일을 정확하게 정해두는 것이 얼마나 유용한지 이해되기 시작했을 것이다. 앞으로는 인디자인에서 페이지를 설정할 때 처음부터 스타일을 잘 정돈해두자. 그러면 결국 자신의 작업에 도움이 될 것이다.

❸ Layout > Table of contents[레이아웃 > 목차]

스타일 기능의 비밀

01   스타일을 쉽게 재정의하는 법
문자 스타일은 Ctrl+Alt+Shift+C, 단락 스타일은 Ctrl+Alt+Shift+R을 눌러 텍스트 스타일을
새로 지정할 수 있다. 새로운 스타일을 적용할 텍스트를 선택한 후 다음 속성을 변경하고,
새로 지정한다.

02   빠른 적용으로 시간 아끼기
Paragraph Styles[단락 스타일]을 열지 않고도 Quick Apply[빠른 적용]를 이용해서
텍스트 형태를 정할 수 있다. 빠른 적용 기능은 텍스트를 선택한 뒤 Ctrl+Enter를 눌러
단락 스타일을 찾으면 된다. 매우 간편하다.

03   스타일 패널에서 원본 확인하기
텍스트에 새로운 서식이나 원치 않는 형식이 적용되었다면, Alt를 누른 상태로 문자, 단락 스타일의
항목을 선택하여 간단하게 텍스트를 원래 상태 또는 실제 개체 스타일로 강제로 되돌릴 수 있다.

04   스타일 단축키 만들기
제일 많이 사용하는 단락 스타일에 단축키를 지정해두면 시간이 절약된다. 예를 들어, 도입부에
Ctrl+1을 사용하고, 들여 쓴 본문에는 Ctrl+2, 크로스헤드에는 Ctrl+3을 지정하는 식이다.
스타일 패널들의 각 지정 항목 안에서 단축키를 지정할 수 있다.

05   선 스타일로 단락 스타일 정하기
단락 첫 줄의 스타일을 정할 때 머리글자 대신에 단락 스타일에서 선 스타일을 만드는 것도
좋은 방법이다. 스타일 설정 후에 글을 편집할 수 있으며, 선택한 스타일에 맞춰 자연스럽게
적용된다.

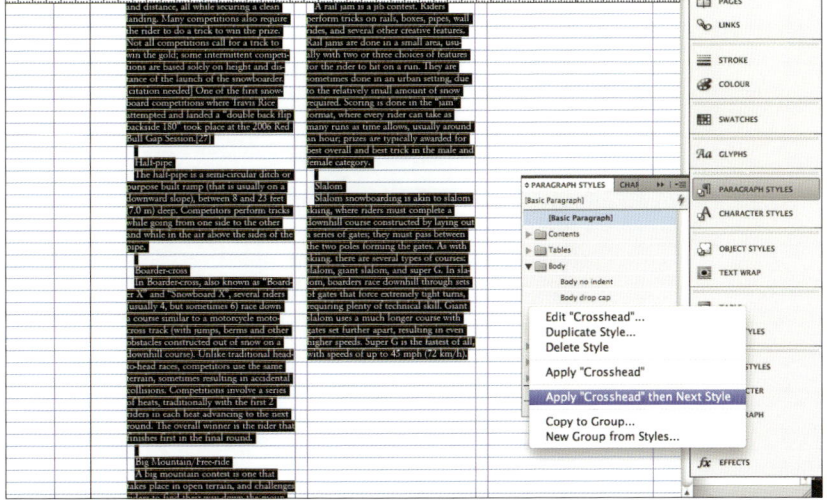

Next Styles[다음 스타일] 기능은 부제나 표제가 많이 포함된 텍스트에 스타일을 입힐 때 유용하다. 본문과 헤더에 각각 다른 스타일을 적용할 수 있다. ▶

쉽게 짓는 표 스타일

O1 스타일 반복
Table Styles[표 스타일]❹과 단락 스타일을 이용해 표 스타일을 만들었다면, 이제 포맷이 정해지지 않은 다른 표에 반복 적용할 차례다. 표 스타일을 선택하기 위해, 텍스트 커서를 하나의 박스에 올린 다음 표 스타일에서 Create New Style[새 스타일 만들기]을 선택한다. 이 서식은 교대 패턴을 포함한 본문 서식을 모두 적용한다.

O2 표 스타일
이제 머리글 스타일을 정하자. 표 스타일을 열어 편집을 시작하기 전에, 표에서 머리글로 지정하고 싶은 행 획을 선택하고 우클릭하여 표 옵션에서 그 줄을 머리글 행 획으로 지정한다. 표 스타일을 열고 표 머리글 단락 스타일을 이용하여 새로운 셀 스타일을 만든다. 머리글 행 획을 이 셀 스타일에 지정하면 자동으로 원하는 헤더 스타일이 적용될 것이다. 그렇지 않으면, 엑셀의 원본 문서의 테이블에 미리 지정된 머리글을 넣은 다음 서식 테이블로 불러들인다.

O3 셀 스타일과 비어있는 표
다음 단계로 바닥 글과 왼쪽, 오른쪽 열 획의 속성을 변경하여 해당 영역의 Cell Styles[셀 스타일]을 추가한다. 클릭 하나로, 더욱 쉽게 서식을 적용할 수 있다. 프로젝트에 쓸 표가 매우 많을 때 이 방법을 사용하면 시간을 엄청나게 절약해줄 것이다. 만약 테이블이 제대로 만들어지지 않았다면 모든 행을 선택한 표 스타일에서 다음 다른 셀 스타일이 표 스타일과 충돌하고 있는지 확인해볼 것.

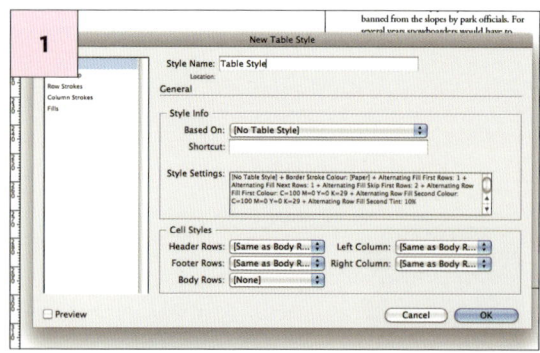

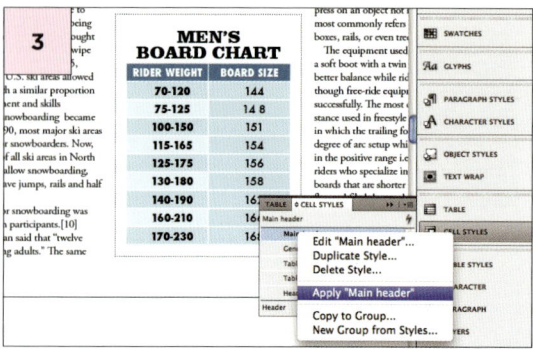

❹ Window > Styles > Table Styles[창 > 스타일 > 표 스타일]

GREP 스타일을 텍스트에 쉽게 적용하는 법

01   텍스트 패턴
GREP 스타일은 텍스트에서 패턴을 찾고 그에 맞는 스타일을 적용한다. 예를 들어, 본문 중에
특정 단어나 문구에 전부 볼드체를 적용하고 싶다면 본문의 Paragraph Style Options
[단락 스타일 옵션]을 열고, GREP 스타일 메뉴 옵션을 찾아가면 된다. 새 GREP 스타일을
추가하고 드롭다운 메뉴에서 미리 정해둔 문자 스타일을 고를 수 있다.

02   자동 스타일
GREP 스타일의 To Text[대상 텍스트] 옆의 '@' 아이콘을 클릭하면 GREP 스타일을 본문 글에
적용할 수 있는 잠재 검색 조건들이 목록에 나타난다. 특정한 문구를 입력하고 싶다면 여기에
추가하면 된다. 예시에는 "snowboard"라는 단어에 모두 볼드체가 적용되었다. 텍스트를
편집할 때, 이 단어가 나타나는 경우에 자동으로 스타일이 적용되어 문구가 바뀌더라도 놓치는
단어가 생기지 않는다. 이 도구는 전체 문서에 텍스트 스타일의 일관성을 유지하는 데 매우 유용하다.

03   특정 문자의 스타일 정하기
특정 단어들을 강조하는 것뿐 아니라 특정 문자나 문자 조합의 스타일을 정하는 것도 가능하다.
예시의 숫자들은 핑크 색상으로 표시되었다. 하지만 모든 숫자를 강조하고 싶지 않다면 필터를
더 추가하여 GREP 스타일의 검색 조건을 더 다듬으면 된다. 예를 들면 전화번호나 지도의
좌표 참조, 각주 괄호 안의 숫자들에 들어가는 여덟 자리 이상인 수치만 하이라이트 표시되도록
선택할 수 있다.

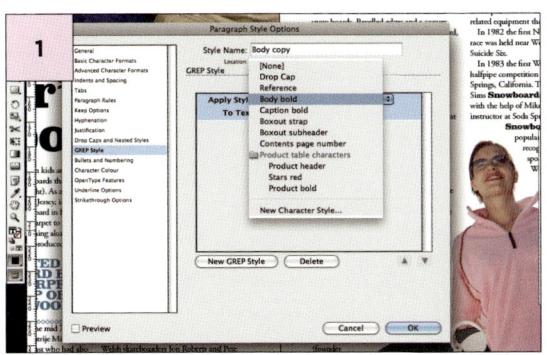

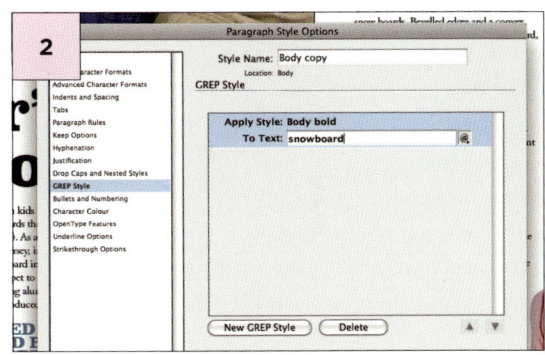

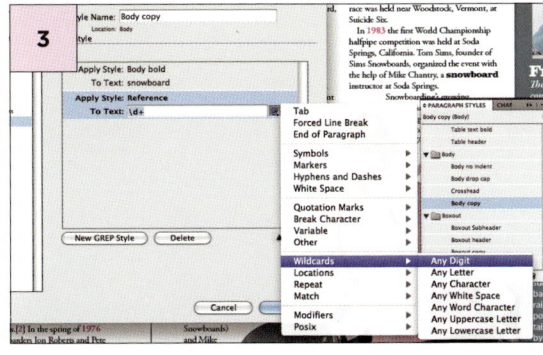

타이포그래피
— 대형 프로젝트의 문단 스타일 관리하기

빠른 작업과 효율적인 작업 사이에는 상당한 차이가 있다. 디자인 업무의 속도를 높이려다가 더 많은 문제를 해결해야 하는 경우가 종종 생기기도 한다. 주로 발생하는 문제는 프로젝트 전체의 일관성이 사라지는 경우이다. 이런 문제가 발생하면 그나마 낙관적인 상황이라면 조금 당황하게 될 테고 최악의 경우엔 고객의 불만을 살 것이다. 단락과 문자 스타일 설정은 최대한 마지막까지 미뤄두고 싶은 사치로 보이겠지만, 디자인 프로세스에 이 과정을 포함하면 빠르고 효율적이며 자신감 있는 디자인 작업이 가능해진다.

앞선 튜토리얼에 이어 이 글에서는 단락과 문자 스타일의 최대 활용법을 단계별로 안내하여 이해를 도울 것이다. 이 두 스타일이 어떻게 대형 프로젝트의 능률을 높이고 작업을 간소화하는지 깨닫게 될 것이다. 만약 팀의 일원으로 작업에 참여하는 중이라면 적당한 스타일 설정으로 혼란을 미리 막을 수 있다. 프로젝트가 시작된 후라면 전체 프로젝트에 변경 사항을 적용할 때 스타일이 도움될 것이다.

— 문자 솔루션 만들기
— 스타일 복제를 통한 디자인 개발
— 문자 스타일 다듬기
— 일관성 유지하기
— 진행 중인 작업 수정하기

스타일 시트는 일관성 유지에 필수적이다. 대형 프로젝트에는 더욱.

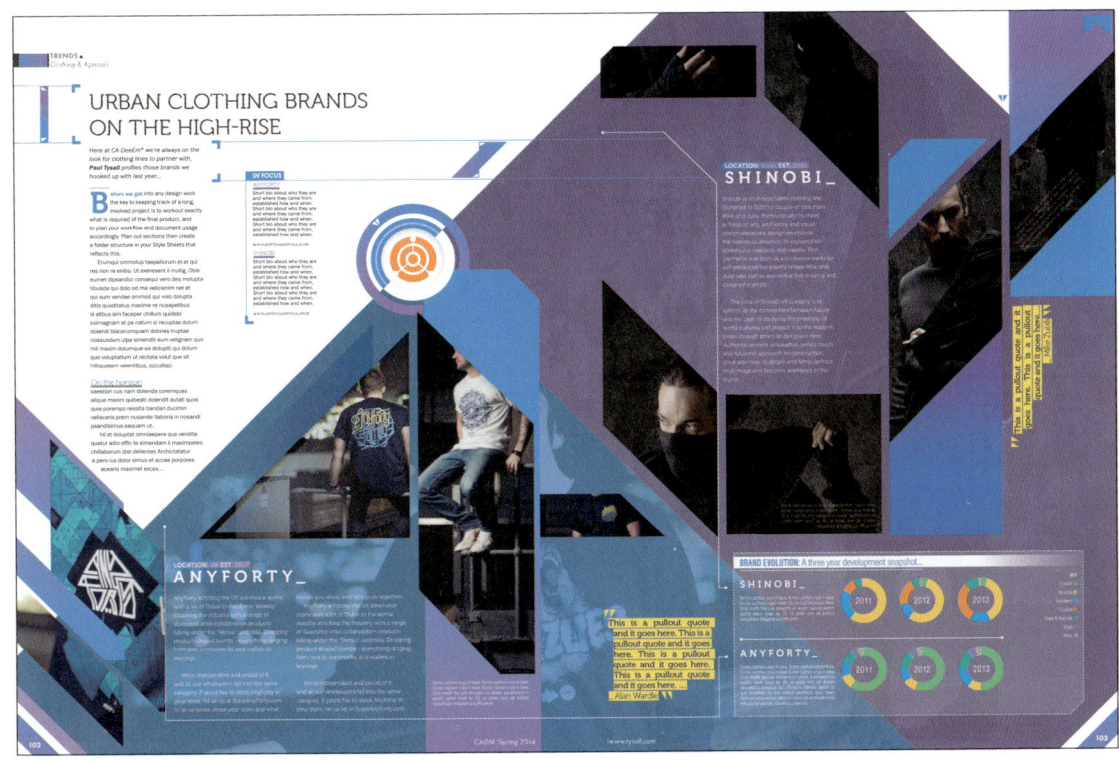

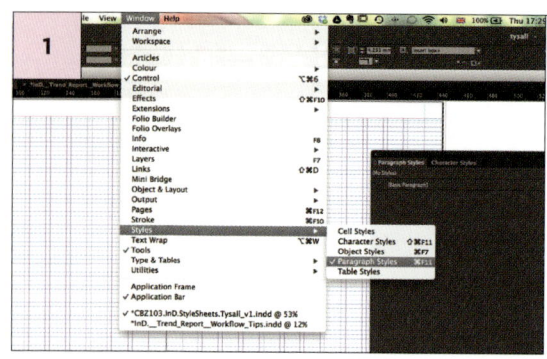

마스터 문서

새 문서를 만들자. 이 문서는 마스터 문서로, 여기에서 문서 스타일과 색상을 정할 것이다. 디자인 개발 과정에서 모든 결정을 확실하게 내려둔 후에만 이 문서에서 라이브 템플릿과 아트워크 문서를 만들어 저장해야 한다. 이제 Paragraph Styles[단락 스타일] 창을 열자.

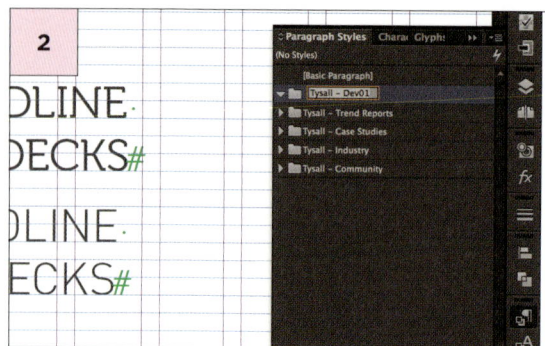

스타일 그룹 만들기

디자이너가 필요한 구역과 재료를 결정한 다음 단락 스타일 창에서 그 부분에 대한 그룹 폴더 구조를 만든다. 개발 단계를 위한 단락 스타일 그룹을 하나 더 추가하고 'Dev01'이라고 이름을 붙인다. 이 그룹을 사용하여 중심 문자 스타일을 결정하고 다양한 개발 단계에서 그룹을 복제할 것이다.

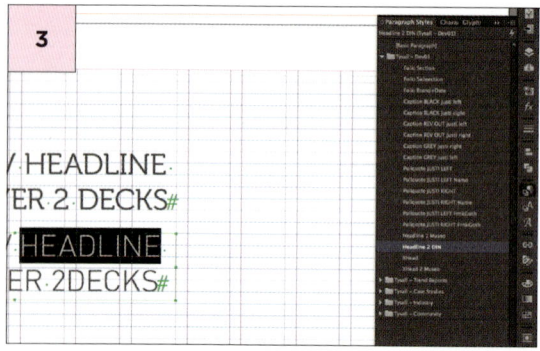

블록 스타일 시트 설정하기

자신만의 스타일을 위한 디자인 요소들이 준비되었다면 각각의 요소에 단락 스타일을 지정해보자. 이 작업은 초기에 미리 해두면 좋다. 문자 스타일을 편집하기 위해 인터페이스를 이리저리 오가지 않고도 Paragraph Style Options[단락 스타일 옵션]에서 디자인을 개선하고 편집을 시작할 수 있다.

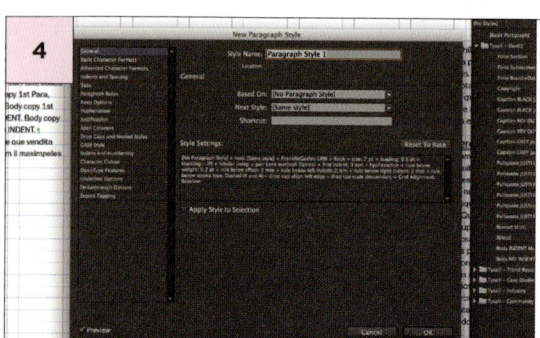

새로운 단락 스타일 만들기

단락 스타일에 스타일을 추가하려면 먼저 원하는 스타일 그룹을 선택했는지 확인하고 문자 도구 커서를 대상 텍스트에 위치시킨다. Alt를 누르고 Create New Style[새 스타일 만들기] 아이콘을 클릭한다. 그러면 스타일이 생성되면서 동시에 New Paragraph Style[새 단락 스타일] 창이 열린다.

기본 문자 서식

그다음 단계로, 본문 스타일을 정한다. 글꼴 이름을 참고하여
스타일을 만들 때는 General[일반] 항목에서 스타일 이름을
'본문 들여쓰기 [폰트명]Body INDENT [Font Name]'처럼 지정한다.
Basic Character Formats[기본 문자 서식]으로 이동한 다음,
Preview[미리 보기]에 체크가 된 상태로 Kerning[커닝]을
'시각적Optical'으로 설정하고 Tracking[자간]의 수치도 입력한다.

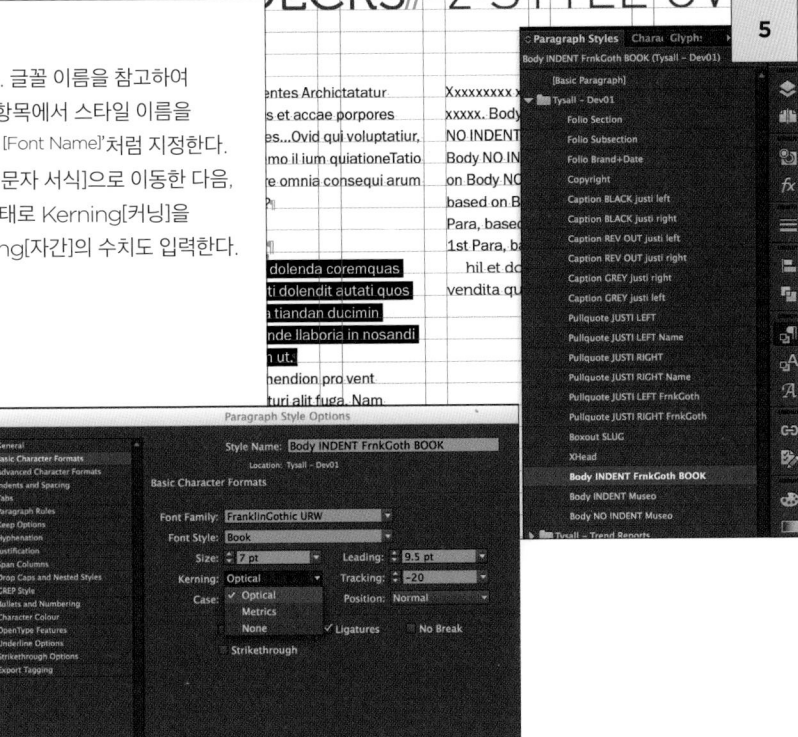

들여쓰기 및 간격

Indents and Spacing[들여쓰기 및 간격] 아래 First Line
Indent[첫 줄 들여쓰기]를 추가한다. 보통 첫 줄 들여쓰기 값은
페이지에 연결된 단의 간격 값을 따르는 것이 정해진 표준이다.
본문이 페이지 기준선에 딱 맞게 고정되어 있는지 항상 확인하자.
그리고 Align to Grid[격자에 정렬] 메뉴의 옵션에서
'모든 줄All Lines'를 선택하고 확인을 누른다. 한글판의 경우,
Grid Settings[격자 설정] 섹션의 Grid Alignment[격자
정렬]의 '기준선Baseline'을 선택한다.

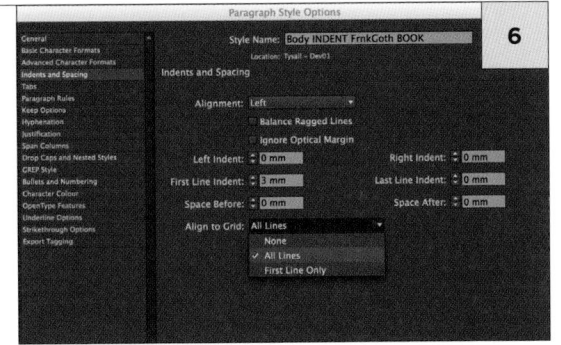

스타일 복제

이 기능은 스타일을 이용해 작업을 간소화할 때 기초적인
내용이다. 들여쓰기가 없는 본문 카피를 만들기 위해 본래의
'본문 들여쓰기Body INDENT' 단락 스타일을 선택한 다음
우클릭하여 메뉴가 나타나면 Duplicate Style[스타일 복제]을
고른다. 그다음 복제된 스타일을 더블클릭하여 Paragraph
Style Option[단락 스타일 옵션] 창을 연다.

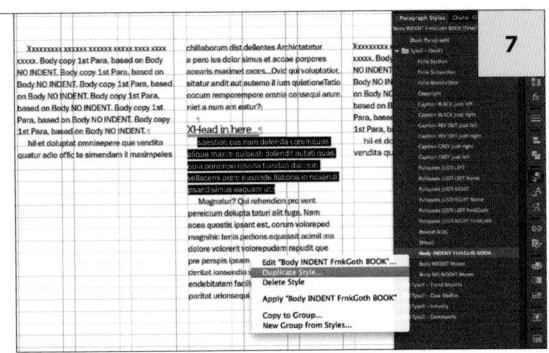

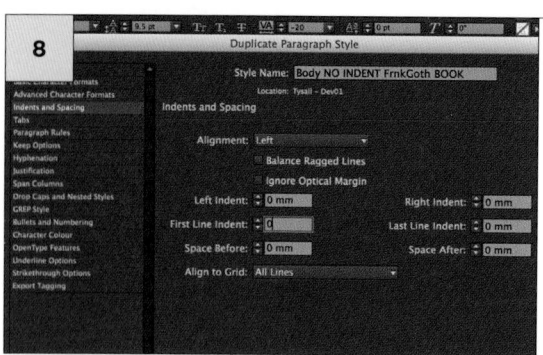

복제된 스타일 편집하기

다음 단계로 '본문 들여쓰기'를 '본문 들여쓰기 해제'Body NO INDENT'로 수정한다. Next Style[다음 스타일] 옵션에서 원본인 '본문 들여쓰기' 스타일로 설정한다. 앞으로 이 스타일 뒤에 따라오는 모든 단락에 들여쓰기가 적용된다. 이제 Indents and Spacing[들여쓰기 및 단락]으로 내려가서 First Line Indent [첫 줄 들여쓰기]의 수치를 지우고 확인을 누른다.

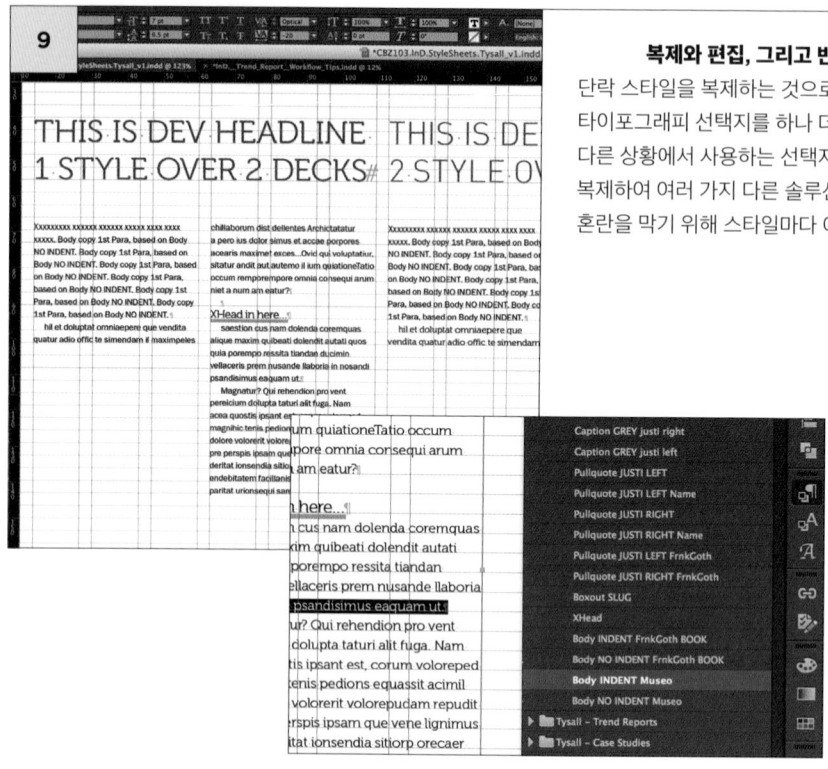

복제와 편집, 그리고 반복

단락 스타일을 복제하는 것으로 일반적인 속성을 공유하는 타이포그래피 선택지를 하나 더 만들 수 있으며 같은 스타일을 다른 상황에서 사용하는 선택지도 만들 수 있다. 이제 스타일을 복제하여 여러 가지 다른 솔루션을 시도해 볼 수 있다. 혼란을 막기 위해 스타일마다 이름을 붙이자.

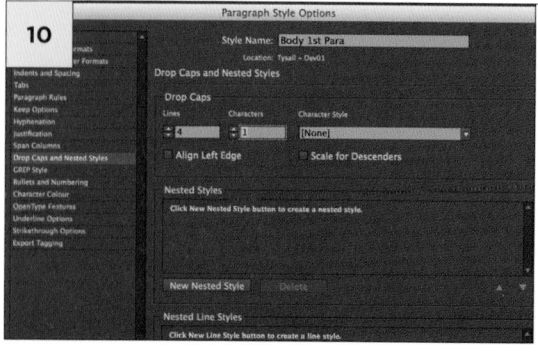

문자 스타일 추가하기

'본문 들여쓰기 해제' 스타일을 복제하고 '본문 문단 1 Body 1st Paragraph'로 이름을 바꾼다. 다시, Based on [기준]을 방금 베껴온 스타일로 설정하고 '본문 들여쓰기'를 Next Style[다음 스타일]항목에 추가한다. Drop Caps and Nested Styles[단락 시작표시문자 및 중첩 스타일]로 이동하여, Drop Caps[단락 시작표시문자]의 Lines[줄 수]에 '4', Characters[문자 수]에 '1'을 입력한다.

미리보기 설정

이 시점에서 Character Style[문자 스타일] 옵션에서 New Character Style[새 문자 스타일]을 선택하여 머리글자에 대한 새로운 스타일을 만들 수 있다. 안타깝게도 편집한 스타일의 내용은 적용 전까지 미리 확인할 수가 없다. 미리 보기 설정이 된 상태여도 마찬가지다. 그러므로 일단은 그냥 확인을 누르자.

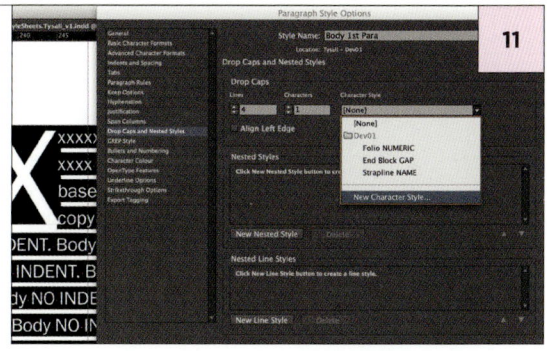

머리글자

페이지의 머리글자 스타일을 정해야 한다. 위 예시에서는 제시된 헤드라인 글꼴을 따르도록 변경했고, 굵기 값만 더했다. 또한, 자형 사이가 너무 가까워지지 않도록 자간 설정이 적용된 곳도 있다.

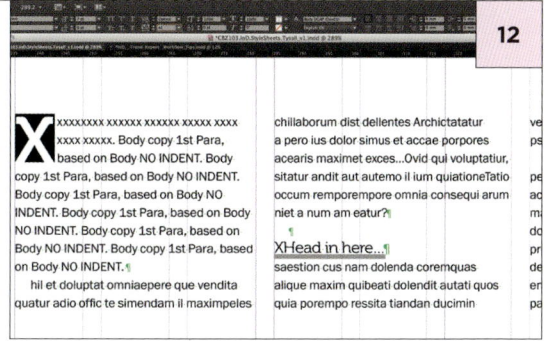

문자 스타일 옵션

Character Style[문자 스타일]을 만들 때는 4단계에서 알려준 Alt+좌클릭을 피하는 것이 좋다. 대신, 적절한 Character Style Group[문자 스타일 그룹]을 선택했는지 확인한 다음 Create New Style[새 스타일 만들기] 아이콘을 클릭하고 새 스타일을 더블클릭하여 Character Style Options [문자 스타일 옵션] 창을 열자. 그리고 문자 스타일의 이름을 '본문 머리글자Body Drop Cap'로 설정한다.

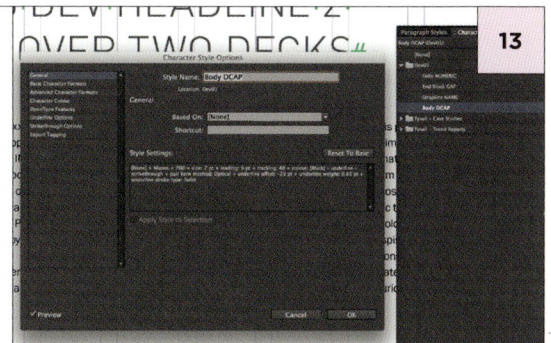

머리글자 다듬기

문자 스타일 옵션에서 스타일의 다른 편집도 가능하다. 자간을 조정하거나, 문자의 색상을 고르고, Strikethrough[취소선]을 설정할 수도 있다. 이런 편집은 모두 실시간 미리보기로 확인할 수 있다. 모든 편집을 마치고 확인을 클릭하면 '본문 문단 1' 단락 스타일의 Drop Caps and Nested Styles[단락 시작표시문자 및 중첩 스타일] 옵션으로 돌아가자.

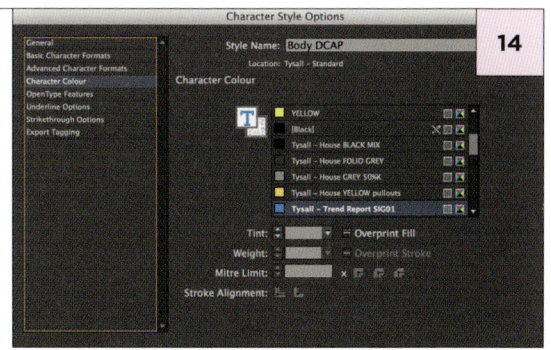

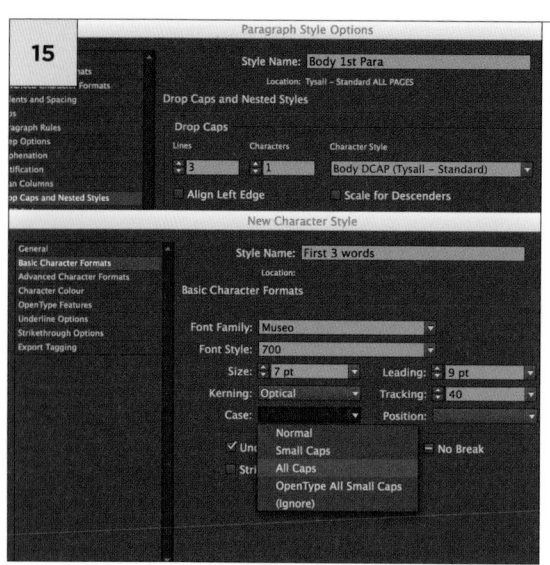

Paragraph Styles[단락 스타일]에 Character Styles[문자 스타일] 추가하기

단락 스타일 메뉴를 클릭한 다음 '새 본문 머리글자' 스타일을 더블클릭한다. 이 단락의 속성을 확장하기 위해 Drop Caps and Nested Styles[단락 시작표시문자 및 중첩 스타일]로 이동한 다음, New Nested Style[새 중첩 스타일]을 클릭한다. 이어서 드롭다운 메뉴에서 New Character Style[새 문자 스타일]을 고른다. 그러면 새 문자 스타일 창이 생긴다.

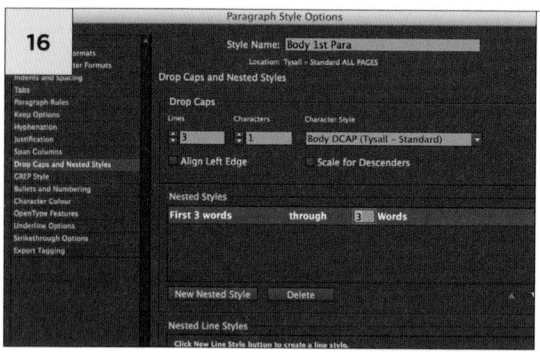

Nested Styles[중첩 스타일] 활용하기

스타일에 '첫 3 단어First 3 words'라는 이름을 붙인 다음, Basic Character Formats[기본 문자 서식] 아래 Font Family[글꼴 모음]와 Font Style[글꼴 스타일]에서 본문 폰트를 지정한다. 예시의 경우, 색상도 머리글자에 맞춰 설정되었다. 확인을 누르고 Nested Style[중첩 스타일]의 속성을 through[까지]로 변경한 다음, 예시와 같이 '3'을 입력하고, words[문자]로 수정한다.

표준 스타일 만들기

기존의 스타일을 복제하거나 그것을 바탕으로 스타일을 구축하는 것이 타이포그래피 요소를 통일하는 데 얼마나 도움이 되는지 확인할 수 있었다. 이제 'Dev01' 그룹 폴더를 선택한 채로 메뉴에서 우클릭하여 Duplicate Style Group[스타일 그룹 복제]을 고른다. 그룹의 이름을 '기본Standard' 혹은 '표준 스타일House Styles'로 수정한다. 이제 개발 스타일을 검토하거나 삭제하는 과정을 시작한다.

Based on[기준] 설정 점검하기

이 스타일의 내용이 만족스럽다면, 같은 근본 스타일의 변형 형태인 '본문 들여쓰기', '본문 들여쓰기 해제', '본문 문단 1'의 설정 창에서 일반 항목의 Based on[기준] 설정을 살펴본다. 이 스타일들은 모두 현재의 단락 스타일을 공유하며, 스타일 하나에 아주 사소한 변화를 만들면, 다른 스타일들도 딱 맞게 될 것이다.

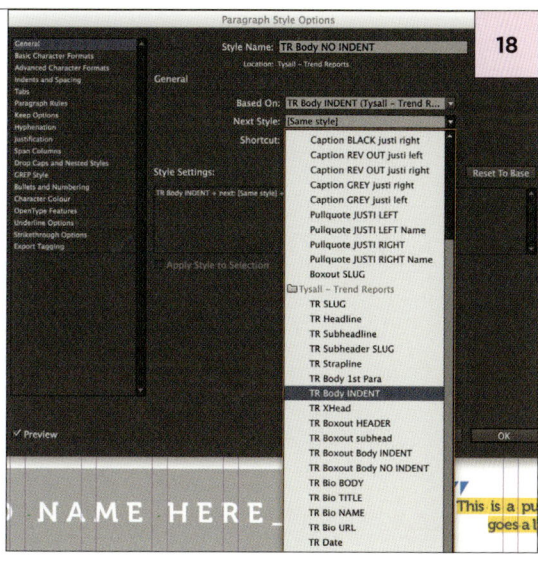

새로운 그룹으로 스타일 복사하기

표준 스타일이 완료되었으면 부분별 스타일 설정으로 이동할 준비가 되었다. 만약 새로운 스타일을 만들 때 그 시작점으로 표준 그룹의 스타일을 복사하고 싶다면, 원하는 스타일을 클릭하고 우클릭하여 Copy to Group[그룹으로 복사]을 선택한다. 이러면 알림창이 뜨는 데, 이 창에 보이는 목록에서 복사할 그룹을 선택한다.

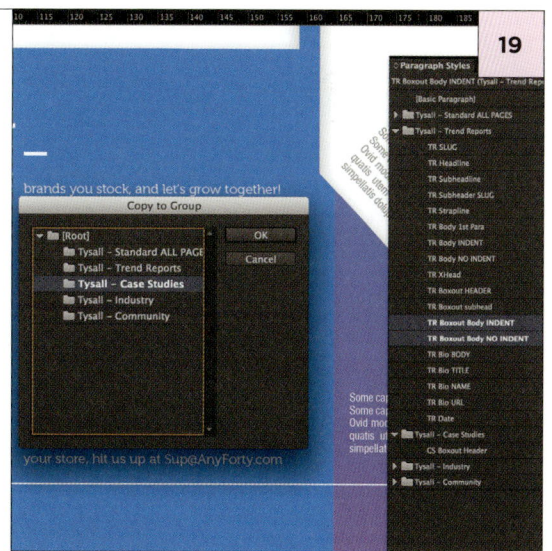

박스아웃 스타일

이 새로운 섹션 그룹에서 각각의 글 상자에서 표시할 본문, 소제목, 머리글 등의 박스아웃 스타일을 설정한다. 기존의 본문 스타일을 편집하여 들여쓰기가 적용된 박스아웃 스타일로 활용한다. 이때 Align to Grid[격자에 정렬]이 All Lines [모든 줄]으로 선택되었는지 확인한다. 한글판의 경우, Grid Settings[격자 설정] 섹션의 Grid Alignment[격자 정렬]의 Baseline[기준선]을 선택한다.

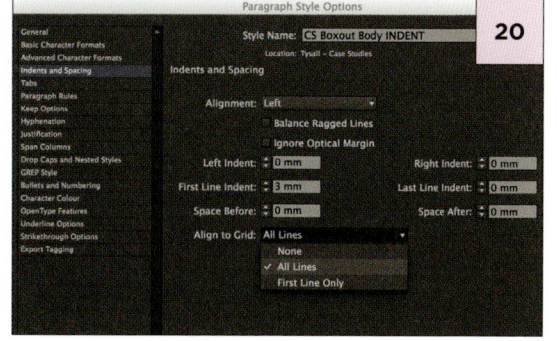

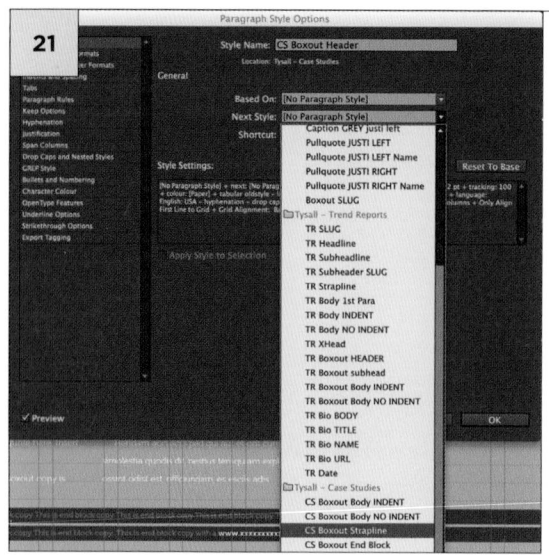

새로운 박스아웃 스타일

새로운 박스아웃 스타일을 활용해 이전의 복제 및 편집 방법을 반복하여 들여쓰기 없는 첫 문단, 소제목, 머리글 스타일 등을 만든다. Next Style[다음 스타일]이 정확한 순서에 맞게 지정되었는지 주의할 것.

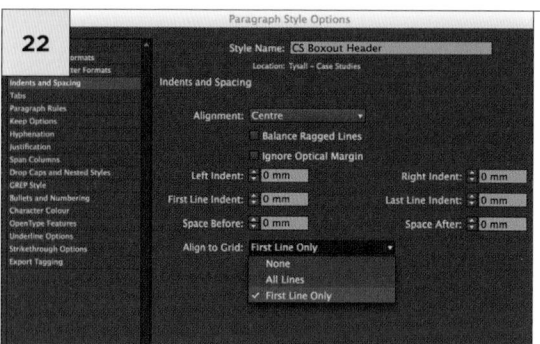

박스아웃 행간 설정

예시 작업에서는 소제목과 머리글은 위계가 드러나도록 크기가 조절되었는데, 박스아웃 글 상자가 12pt의 기준선을 가지고 있다는 점을 고려했다. 소제목은 12pt의 행간에 11pt의 글꼴 크기, 헤더는 22pt에 22pt이지만, Align to Grid[격자에 정렬] 옵션은 '첫 줄만First Line Only'로 설정되었다.

'첫 줄만First Line Only' 기준선 설정

'첫 줄만First Line Only'으로 설정하면 머리말의 행간이 빡빡하게 유지된다. 동시에 글 상자의 크기를 세로로 조정할 때 헤더에서 소제목까지의 행간도 균등하게 유지된다. 다음 단계는 헤더와 소제목을 글 상자의 모든 단에 적용하는 것이다.

Span Columns[열 확장] 설정

이제 Paragraph Styles[단락 스타일] 옵션으로 되돌아가자. 소제목을 위해 Span Columns[열 확장] 영역으로 가서, Paragraph Layout[단락 레이아웃]에서 설정을 Span Columns[열 확장]로 맞추고, Span[확장]은 All[모두]로 설정한다. 이 예시에서는 Space After Span[확장 이후 공백]은 '2mm'로 설정했다. 헤더에도 같은 설정을 적용하지만, 두 스타일 사이의 하드 리턴❶ 때문에 확장 이후의 공백은 두지 않는다.

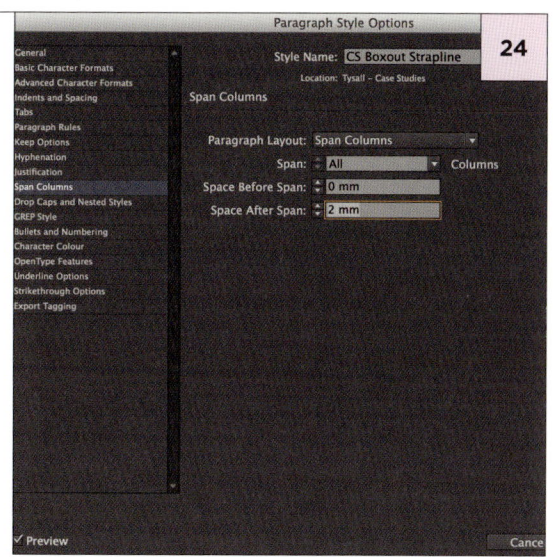

❶ 커서 또는 인쇄기를 다음 행의 선두로 이동시키기 위해 프로그램에 보내지는 신호. 문서 처리 프로그램에서는 행이 자동적으로 페이지의 여백에 맞도록 행이 바뀌어 시작되므로 하드 리턴은 단락을 끝내기 위해 쓰인다. 워드랩 기능이 없는 텍스트 입력 프로그램에서는 각 행을 끝내기 위해 필요하다.

스타일 시트 미리보기

구조와 역할에 맞게 다듬은 다양한 단락 및 문자 설정을 맞춘 스타일 그룹을 완벽하게 갖추고 페이지 디자인에 스타일 그룹을 적용했다면 이제 모든 스타일이 제대로 적용되었는지 확실하게 검토할 차례다.

오버라이드Override❷ 체크하기

문자 도구를 텍스트 영역에 위치시킨 다음, 단락 및 문자 스타일에 잘 맞는지 확인한다. 만약 스타일 이름 옆에 작은 '+' 표시가 보이면 스타일에 완벽히 맞지 않는 변수가 있다는 뜻으로, 이런 변화를 오버라이드라고 한다. 어떤 변화가 일어났는지 알아보려면 스타일 제목 위에 커서를 올리자.

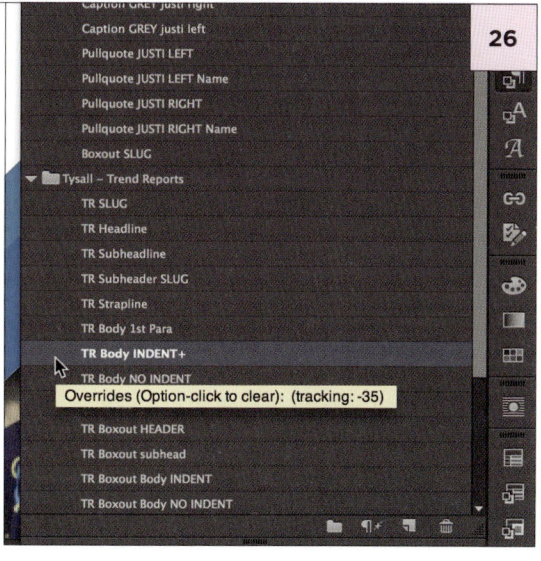

❷ 자동 제어 장치를 수동으로 바꾸기 위해 변경하다. 즉, 지정된 스타일이 적용된 문자 혹은 개체의 설정이 수동으로 변경된 경우를 말한다.

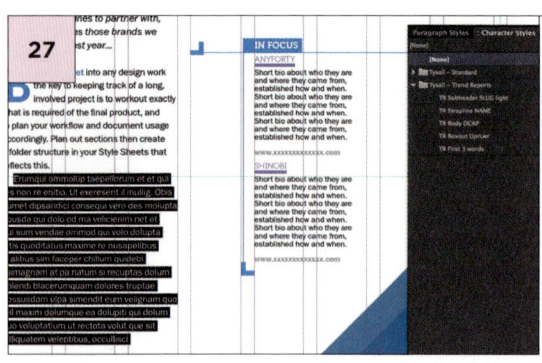

스타일 강제 적용

오버라이드를 제거하고 싶을 때는 단락 스타일 패널에서 Alt를 누른 상태로 클릭만 해도 올바른 속성으로 돌아가도록 할 수 있다. 스타일을 강제 적용한 다음에도 여전히 스타일대로 보이지 않을 경우, 문자 스타일이 추가로 적용된 것은 아닌지 살펴본다. 문자 스타일 패널에서 '[없음][None]'을 선택하는 것이 가장 빠른 방법이다.

스타일과 연결 끊기

대상 단락에 스타일을 적용하기 위해서가 아니라 새로운 단락 스타일을 만들기 위해 오버라이드 설정을 계속 유지하고 싶다면 기존 설정과의 연결을 끊으면 된다. 단락 스타일의 메뉴에서 Break Link to Style[스타일과 연결 끊기]을 고른다. 이제 편집 중인 단락을 이용해 새 단락 스타일을 만들 수 있다.

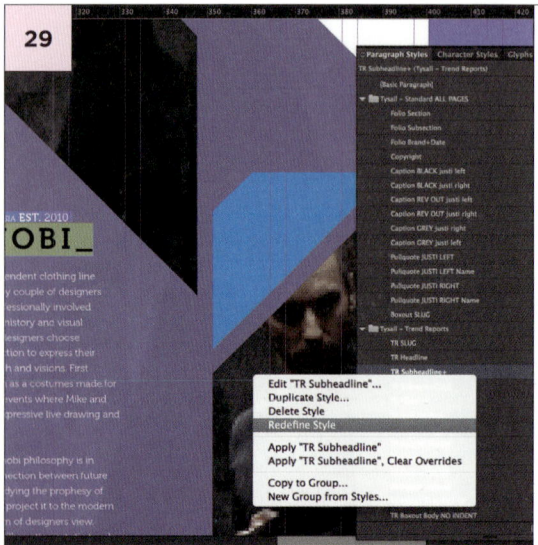

협업 과정에서의 수정 사항

프로젝트 진행 도중, 편집자나 크리에이티브 디렉터와 같은 다른 협업자와 함께 문서를 검토할 필요가 있는데, 그들이 수정을 요청할 때 인디자인에서 실시간으로 수정하는 것이 때로는 훨씬 빠른 방법이 되곤 한다. 이렇게 실시간으로 수정하는 과정에서 필연적으로 오버라이드가 발생하므로 스타일을 재정비해야 한다는 점을 기억해두자. 수정된 텍스트에 문자 도구를 위치시키고 스타일을 우클릭한 다음, 메뉴에서 Redefine Style[스타일 재정의]을 고르기만 하면 된다.

템플릿 만들기

이제 아트워크를 입히거나 섹션 템플릿을 추출할 수 있는 문서가 생겼다. 섹션 템플릿마다 관련이 없는 스타일 그룹은 지우자. 해당 섹션의 의도와 다른 스타일을 사용하지 않도록 확실해 해두는 것이다. 이제 클라이언트의 승인을 얻기 위한 든든한 기초 페이지가 준비되었다.

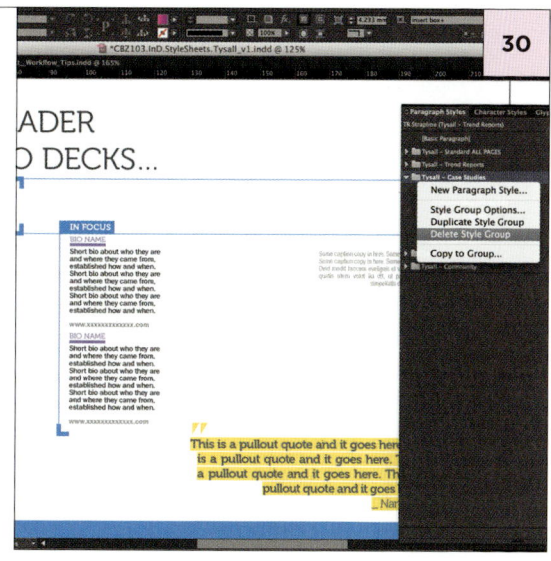

항상 마스터 템플릿을 수정할 것

프로젝트가 실시간으로 진행되고 출간용 페이지를 만들기 시작했더라도 뒤늦게 수정사항이 발생할 수 있다. 클라이언트의 피드백을 받기 전에 작업을 진행해야 하는 경우라면 특히 이런 경우가 많다. 수정사항은 항상 마스터 템플릿의 단락과 문자 스타일에 먼저 적용해두자.

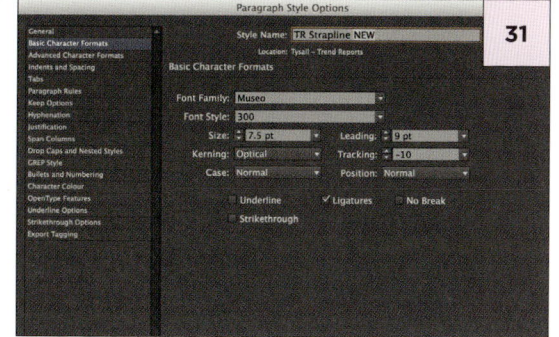

수정사항을 현재 문서에 가져오기

이렇게 하면 템플릿에서 만든 새로운 페이지는 클라이언트가 요청한 수정사항에 맞게 생성될 것이다. 제작 중인 페이지는 펼침 메뉴의 Load Paragraph Styles[단락 스타일 불러오기] 및 Load Character Styles[문자 스타일 불러오기]를 고르면 편집할 수 있다. Uncheck All tick-box[모두 선택해제]를 누른 다음 리스트에서 불러올 스타일을 선택하자.

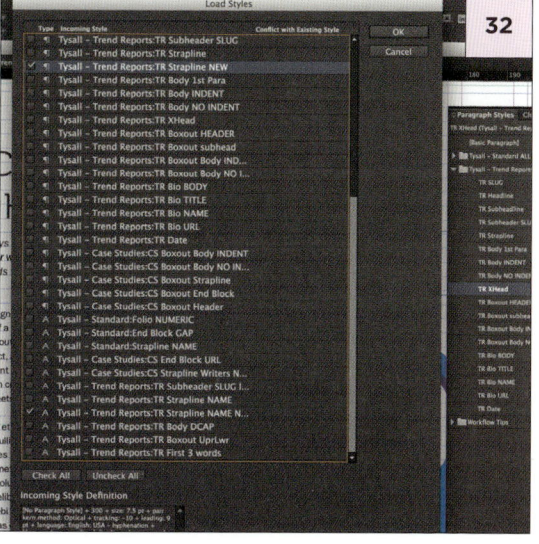

템플릿과 라이브러리

스타일 시트와 마찬가지로 프로세스 시작 단계에서 템플릿과 라이브러리에도 어느 정도 투자를 해두면 일을 하는 과정에서 상당히 많은 시간을 절약할 수 있다. 분명한 과정을 따른다면 틀림없이 성공적인 템플릿을 만들게 될 것이다. 그 과정이 까다로울 수 있지만 투자한 시간과 노력만큼 결실을 거둘 것이다.

목적을 분명하게 설정하고 시작해야 한다. 템플릿을 구축하는 과정에서 선택에 영향을 줄 수 있는 정보들을 최대한으로 모으고 프로젝트의 목적에 대한 개요를 생각한다. 이렇게 하면 의도에 맞는 템플릿을 만들게 되고 후속 단계들도 순조롭게 진행된다. 계획하는 데 몇 시간만 투자하면 몇 주의 시간을 절약할 수 있다.

디자인, 협업과정, 인쇄 등의 정보를 충분히 알아보았다면 이제 시안용 레이아웃을 만들어보자. 시안 작업을 위해 실제 결과물 안에 들어갈 온갖 종류의 요소들이 상세하게 담긴 문서를 만든다. 이 단계에서는 페이지의 뼈대나 마스터 페이지, 스타일 시트, 개체 라이브러리, 색상 견본 등의 다른 템플릿 설정에 신경 쓰지 않는다. 이 요소들은 다음 단계에서 설정할 것이다. 벌써 완벽한 출판물을 만들 필요도 없다. 각 페이지 디자인과 다양한 레이아웃의 시안들만 확실히 포함하면 된다.

먼저, 페이지 크기를 결정하고 여백, 다단 간격, 본문과 행간 값을 결정한다. 076쪽의 '그리드-마스터하기'에서 자세한 정보를 살펴보자. 세로 그리드를 설정했으면, 이제 가로 그리드를 만드는데, 본문 글의 행간과 같은 수치로 기준선을 설정한다. 그리고 본문 외 나머지 타입들의 행간은 본문 행간 값의 배수로 설정하여 기준선에 맞도록 정렬한다. 예를 들어, 본문 글의 행간이 11pt인 경우, 모두 그 배수인 22pt, 33pt, 44pt로 설정한다. 이렇게 하면 문구가 그리드에 완벽하게 들어맞으므로 깔끔하고 체계적인 느낌을 줄 수 있다.

앞으로도 대부분의 시안 단계에서는 최종 원고가 준비되지 않을 것 인데, 그렇다면 Fill With Placeholder Text[자리표시자 텍스트로 채우기]를 이용해 의미 없는 Lorem Ipsum❶ 텍스트로 글 상자를 채운다. 이 단계에서 쏟는 시간과 에너지는 템플릿 설계 과정 내내 많은 시간을 보상받게 될 투자이다.

❶ 출판이나 그래픽 디자인 분야에서 폰트, 타이포그래피, 레이아웃 같은 그래픽 요소나 시각적 연출을 보여줄 때 사용하는 표준 채우기 텍스트.

자세한 템플릿과 라이브러리는 반복 과정을 없애 창의력을 발휘할 시간을 확보해주기 때문에 전체 디자인 과정이 더 매끄러워진다.

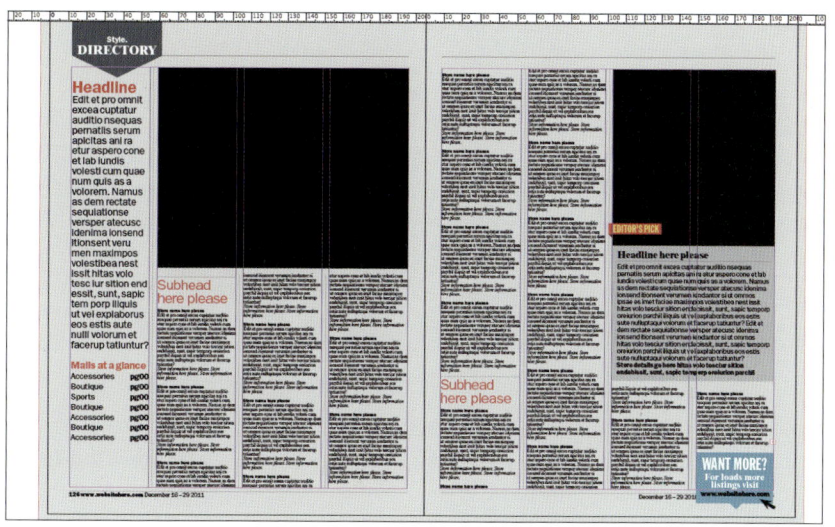

레이아웃을 템플릿으로 변환하기 전에 반드시 유용성을 판단한다. 그럼 앞으로 마스터와 스타일 시트를 계속 변경할 필요가 없을 것이다. ▶

템플릿에 삽입할 실제 원고가 없는 경우가 종종 생긴다. 이럴 때는 자리표시자 텍스트로 채우자. ▶

이제 템플릿을 만들 준비가 됐다. 마스터 페이지를 설정하기 위해 디자인 요소와 글 상자를
레이아웃 그리드의 정확한 위치에 배치한다. 필요한 페이지 요소를 선택 및 복사하여 페이지 패널의
'A-마스터'에 붙여넣는다. 마스터 페이지의 모든 텍스트와 이미지 박스가 비어있는지 확실하게
확인한다. 비어있지 않은 경우 매번 일관성 없는 요소들이 생길 것이다.

문서에 쪽 번호를 넣고 싶다면 Insert Special Characters[특수 문자 삽입]를 이용한다.
마스터 페이지에 글 상자를 만든 다음 Current Page Number[현재 페이지 번호]❷를 선택한다.

다른 인디자인 문서에서 마스터 페이지를 불러올 수도 있다. 페이지 패널의 메뉴에서 Load
Master Pages[마스터 페이지 불러오기]를 선택한 다음 Open[파일 열기] 대화 상자에서
마스터 스프레드를 불러올 인디자인 파일을 선택한다. 만약 선택한 문서의 마스터 페이지의 이름이
현재 사용 중인 문서의 마스터 페이지의 이름과 같으면 Load Master Pages Alert[마스터
페이지 경고 불러오기] 창이 나타난다. 기존의 마스터 페이지를 대신하게끔 지정할 수도 있고,
불러오는 마스터 페이지의 이름을 새로 지정할 수도 있다. 나중에 같은 문서에서 같은 마스터
페이지를 다시 불러온다면 그 페이지는 자동으로 업데이트될 것이다. 이 방법은 Book[책] 기능을
사용할 필요 없이 두 문서 사이의 마스터 페이지를 동기화하는 데 유용하다.

다음으로, 개체들의 Library[라이브러리]❸를 만들어 템플릿과 같은 위치에 저장하자.
작업 문서로 페이지를 재구축할 때 필요한 로고와 그래픽 요소들을 쭉 드래그한 후 이름을 붙인다.
그 중에 글 상자와 같이 다시 만들기 쉬운 요소들은 제외한다. 라이브러리 패널에서 해당 항목을
더블클릭하여 이름을 붙인다. Object Type[개체 유형]도 변경할 수 있는데, 이 옵션은 개체의
종류를 설명해주므로 특정한 요소를 선택하여 배치하는 데 도움이 될 것이다.

필요한 색상 견본을 전부 만들어두면 문서 전체의 색상을 조정할 수 있다. 견본의 유형과 수는
출판물의 디자인 요구사항에 의해 좌우된다. 따라서 모든 견본의 이름을 확실하게 붙여두자.
필요한 문자, 단락 스타일을 만들 때는 시안용 레이아웃의 견본들을 바탕으로 활용하자.

템플릿 구성이 완료되면 본격적으로 사용하기 전에 템플릿을 정리하고 제작에 들어갈 준비를
해야 한다. 여러 요소들이 섞여버리면 혼란스러워지기 때문에, 이 마지막 과정을 거쳐야 템플릿이
확실히 정돈되고 사용하기 쉽다. 템플릿을 활용할 준비가 되었으면 인디자인 템플릿 파일로
저장하고 시험 단계를 시작하자.

제작용 템플릿을 준비하는 것도 몇 가지 중요한 단계로 구성된다. 먼저, 문서의 모든 레이아웃
요소를 지워야 한다. 페이지들을 모두 지우고 깨끗한 마스터 페이지를 기반으로 새로운 페이지를
만드는 것이 가장 좋다. 또한, 새로운 작업을 시작할 때마다 즉각 접근할 수 있는 마스터 항목 선택이
가능한 상태로 바꾸자. Ctrl+Shift를 누른 상태에서 항목을 클릭하거나 드래그하여 여러 항목을
선택하면 된다. 마스터 항목을 선택 가능 상태로 바꾸면, 점선 박스가 직선으로 표시된다.
사용할 계획이 없는 문자, 단락, 개체 스타일은 꼭 지우자. 문자, 단락, 개체의 기본 스타일을
지정해두는 것도 좋다. 이 과정을 진행하려면 Deselect All[모두 선택 해제]❹을 선택하자.
페이지에 선택된 요소가 아무것도 없는 상태에서 템플릿을 열거나 작업할 때 기본 스타일이 될
문자, 단락 스타일을 선택한다.

❷ Type > Insert Special
Character > Markers >
Current Page Number
[문자 > 특수 문자 삽입 > 표시자 >
현재 페이지 번호]
❸ File > New > Library
[파일 > 새로 만들기 > 라이브러리]
❹ Edit > Deselect All
[편집 > 모두 선택 해제]

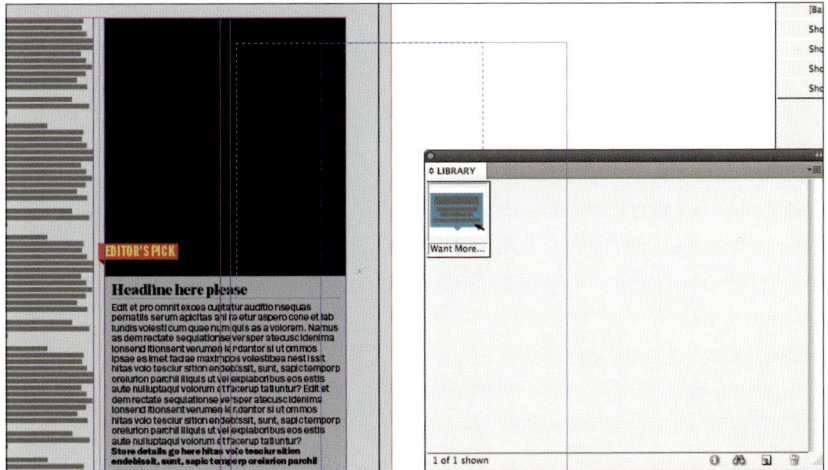

예시의 상자와 같은 디자인 요소는 편하게 이용하고 작업 시간을 줄일 수 있도록 라이브러리에 저장할 수 있다. ▶

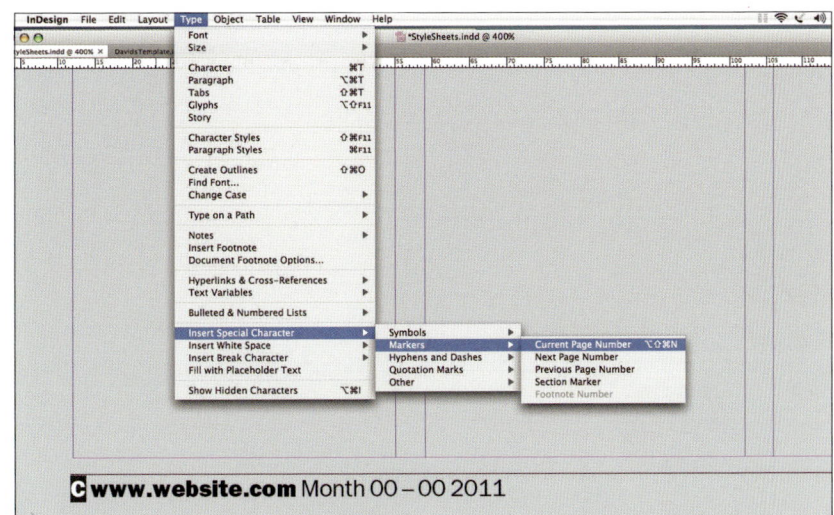

문서에 마스터 페이지를 추가할 때 정확한 쪽 번호를 삽입하려면 Insert Special Character[특수 문자 삽입]을 사용한다. ▶

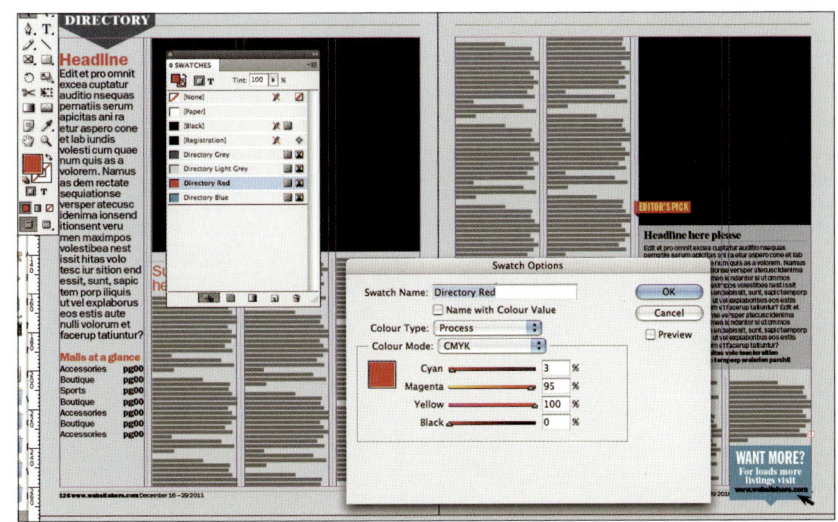

일관성을 위해 명확히 이름 붙인 견본들을 만들어 전체 문서의 색상을 제어한다. ▶

템플릿과 라이브러리 119

글 상자의 기본 스타일을 변경할 때에는 Object Styles[개체 스타일] 패널 메뉴에서 Default Text Frame[기본 텍스트 프레임]을 선택하여 개체 스타일을 결정한다. 그리고 지정되지 않은 프레임의 기본 스타일을 바꿀 땐 개체 스타일 메뉴에서 Default Graphic Frame[기본 그래픽 프레임]을 골라 개체 스타일을 선택한다.

템플릿을 테스트해보면 앞으로 발생할 수 있는 문제들을 미리 파악할 수 있다. 그러므로 실시간 제작 시나리오를 단계별로 밟아보는 것이 항상 중요하다는 것을 기억하자. 템플릿이 완성되면 구성 요소들을 함께 패키지로 묶어 사용할 수 있다. 이 단계의 일부는 인디자인의 패키지 유틸리티로 자동화된다. 개체 라이브러리나 인쇄 사전설정 같은 다른 요소은 반드시 하나하나 수집해야 한다.

디자인 초기에 어떤 문제든 다룰 수 있도록 템플릿을 시연하여 시간을 절약하자.▼

최고의 템플릿 테크닉

01   무방비한 레이아웃 디자인

최고의 디자인을 살펴보면 템플릿에 구성요소를 적용하기 전에 제대로 활용 가능한 레이아웃을 만들어 스타일 시트나 마스터 페이지의 업데이트를 위해 뒤로 돌아가는 일이 없도록 한다는 사실을 알 수 있다. 업데이트 때문에 뒤로 돌아가는 것은 시간 낭비일 뿐 아니라 템플릿과 라이브러리의 목적에도 맞지 않는다. 따라서 정확한, 혹은 어느 정도 정확한 처리 방법을 찾기 전에는 절대로 다시 사용할 요소를 만들지 말 것.

02   모든 요소에 확실하게 이름을 붙일 것

스타일이나 마스터 페이지에 이름을 붙이는 것은 스타일 자체만큼이나 중요하다. 만약 팀과 함께 일하는 중이거나 여러 스타일이 혼재된 프로젝트의 작업을 하고 있다면, 이해하기 쉬운 작명이 필요하다. 각 영역과 관련한 단어로 파악하기 쉽게 이름을 지을 수도 있다. 예시: 'News_Headline 20pt', 'News_Standfirst_14pt', 'News_Body Copy'

03   라이브러리는 선택적으로 구성할 것

모든 글 상자와 그래픽, 그림 등을 라이브러리에 추가할 필요는 없다. 상황이나 주제에 따라, 형태의 변동은 없으나 매번 조금 다르게 배치되는 디자인 요소를 주의 깊게 골라 추가해야 한다. 일관성을 위해 모든 요소는 반드시 작업 마지막 페이지에 나타날 모습 그대로 라이브러리 안에 존재해야 한다. 곧, 그 요소들은 항상 같은 모습이어야 한다.

04   템플릿을 깔끔하게, 그리고 최신 상태로 유지할 것

템플릿은 절대 완벽해질 수 없으며, 디자이너라면 누구나 수정하고 싶어지는 것이 사실이다. 항상 템플릿을 업데이트하자. 레이아웃 디자인을 시작하기 전에 수정해야 하는 상황처럼 기운 빠지는 것은 없다. 작업 시작 전에 매번 미세하게 수정을 한다면 협업 과정에도 안 좋은 영향을 끼친다.

인디자인에서 라이브러리를 활용하는 법

01   라이브러리로 속도 높이기

라이브러리에 여러 개의 요소를 추가해야 하는 디자인을 시작해보자. 위 예시로는 페이지 구성 요소, 박스아웃 등이 포함된 매거진 레이아웃이다. Library[라이브러리]로 이동하여 새 라이브러리를 만든다. 각각을 하나씩 라이브러리로 드래그하는 것이 아니라, 부가 과정을 과감하게 줄여주는 두 가지 방법을 시도해 볼 것이다.

02   아이템 추가하기

라이브러리의 메뉴를 통해 Add Items On Page[페이지의 항목 추가]와 Add Items On Page As Separate Objects[페이지의 항목을 개별 개체로 추가]를 모두 설정하거나 하나만 설정한다. 전자의 경우 Add Items On Page[페이지의 항목 추가]를 선택해 페이지 전체의 모든 개체가 담긴 하나의 라이브러리 개체를 갖게 된다. 즉, 라이브러리에서 개체를 문서로 드래그하면 개체 전체가 함께 따라 나온다. 어떤 경우에는 이 방법이 정확한 솔루션이 될 수 있지만, 대부분은 개체를 하나씩 저장한다.

03   개체를 그룹으로 묶기

만약 후자인 Add Items On Page As Separate Objects[페이지의 항목을 개별 개체로 추가]를 고른다면 예시에서처럼 전체 스프레드의 그래픽 요소들을 자동으로 하나씩 만들 것이다. 만약 예시의 박스아웃처럼 여러 개의 개체가 하나의 박스아웃을 구성하고 있다면, 이 옵션을 사용하기 전에 먼저 그들을 그룹으로 묶어야 한다. 이 그룹을 하나의 라이브러리 개체로 분류하기 때문에 각각의 개별 라이브러리 개체로 쪼개지지 않는다. 이처럼 라이브러리 구축은 참 쉽다.

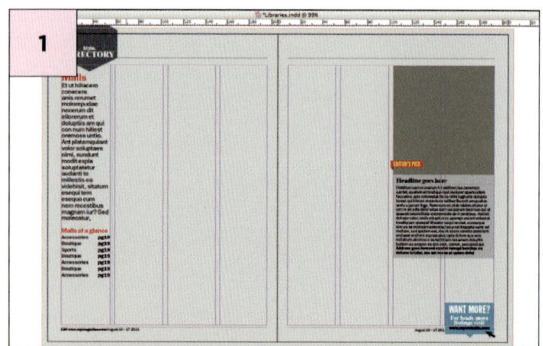

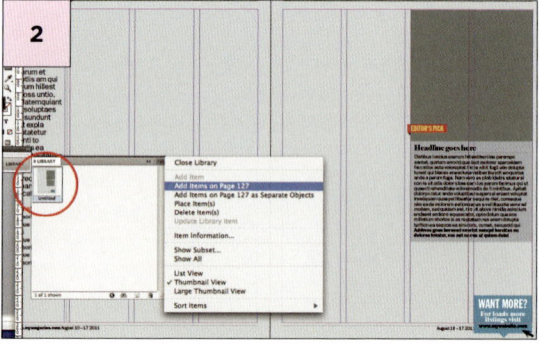

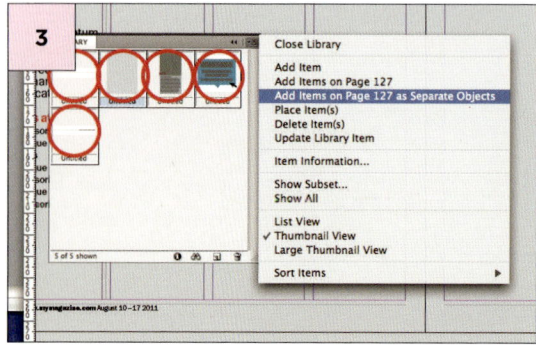

만들기 쉬운 스타일 시트

O1 스타일 지정

레이아웃 조판이 끝나면 이제 스타일 시트를 만들 수 있다. 커서를 스타일 시트가 필요한 원고의 첫 부분에 놓은 다음, Paragraph Styles[단락 스타일] 패널에서 New Paragraph Style [새 단락 스타일]을 선택한다.

O2 스타일에 이름 붙이기

'구매_부제Shopping_SubHead'처럼 특정 영역에 맞게 접두어를 넣어 스타일 이름을 붙인다. 다른 모든 스타일이 '구매_상호명Shopping_StoreName', '구매_본문Shopping_BodyCopy', '구매_본문 기울임Shipping_BodyItalic'과 같은 형식을 따르게 된다. 다른 영역에서는 접두어를 다르게 붙일 것을 권한다. 하지만 접미어는 '스포츠_본문Sports_BodyCopy', '스포츠_본문 기울임Sports_BodyItalic'처럼 일관되게 붙일 것.

O3 스타일 시트 적용하기

새 레이아웃에서 단락, 문자 스타일을 적용한다. Alt을 누르고 스타일을 클릭하면 강제로 적용할 수 있다. 즉, 이전에 적용된 서식은 모두 사라진다는 뜻이다. 문서에서 편한 작업을 위해 Eyedropper Tool[스포이드 도구]을 사용하여 스타일이 적용된 원고를 샘플로 취해 스타일을 적용하고 싶은 텍스트 위로 드래그하면 같은 스타일을 적용할 수 있다. 이 과정은 문자 및 단락 스타일에 똑같이 작용한다.

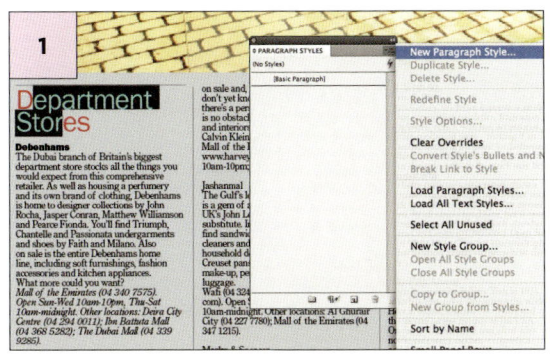

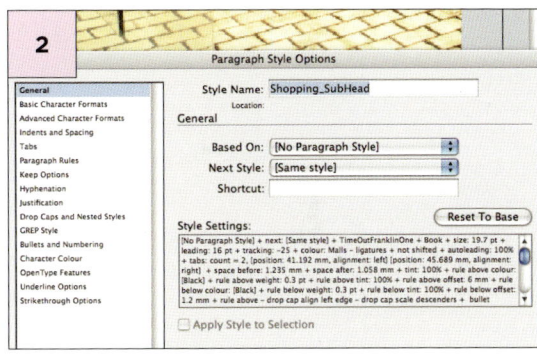

책 디자인과 레이아웃

우리에게 책의 내지 레이아웃은 표지만큼이나 중요하다. 내지가 실질적인 독서를 경험하는 공간이기 때문이다. 이 튜토리얼에서는 책을 디자인하고 텍스트가 들어갈 페이지 레이아웃을 위한 기초를 단계별로 배운다. 보통 책의 표지부터 끝까지 디자인하는 것을 선호하는데, 이로 인해 처음부터 마지막까지 책 전체에 일관된 느낌을 주고, 표지가 내부 레이아웃의 시각적 분위기를 전달하기 때문이다.

튜토리얼을 통해 단순한 텍스트 위주의 책을 디자인하는 방법을 살펴보자. 이 튜토리얼에서는 책 레이아웃에 텍스트를 담고, 서식을 설정하는 기초적인 내용을 다루기 때문에 기초적인 디자인 뿐만 아니라 좀 더 복잡한 레이아웃에도 이 노하우를 적용할 수 있다.

텍스트를 레이아웃 위에 얹어보자.
책 디자이너가 본문에 어울리는 아름다운
페이지를 인디자인으로 구성하는 방법을
알아본다.

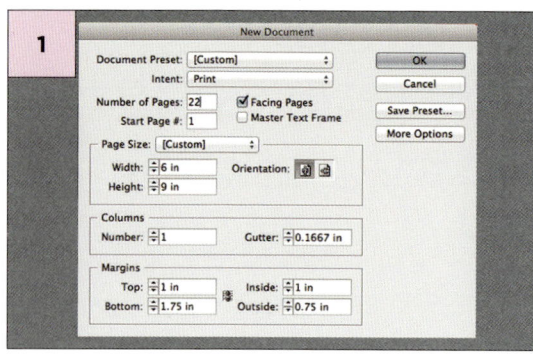

반드시 계획부터

먼저 레이아웃 계획부터 시작할 것. 클라이언트에게 물어보거나, 표준을 확인하기 위해 리서치를 통해 예시들을 참고하자. 또한, 제공 받은 원고에 강제서식이 적용되었는지 확인할 것. 강제서식이 적용된 경우에는 이를 제거하기 위한 시간이 필요할 것이다. 서식이 과한 텍스트는 독자에게 혼란을 준다. 이제 인디자인을 실행한 다음 New Document[새 문서]❶로 이동하자.

❶ File > New > Document
[파일 > 새로 만들기 > 문서]

페이지 비율 정하기

Facing Pages[페이지 마주보기]을 선택한 다음, Bleed and Slug[도련]를 설정하고, Margins[여백]과 Columns[단]을 설정한다. 안쪽 여백에 신경을 쓰자. 책을 제본할 때 스프레드의 중간 범위의 일부가 책등 영역으로 들어가기 때문이다. 따라서 2-3cm 정도로 두껍게 설정할 것. 눈금자 위에서 Ctrl+우클릭하면 단위를 변경할 수 있다. Margins[여백]에서 자물쇠 아이콘을 선택 해제하여 여백을 각각 설정할 수 있게 바꾼다.

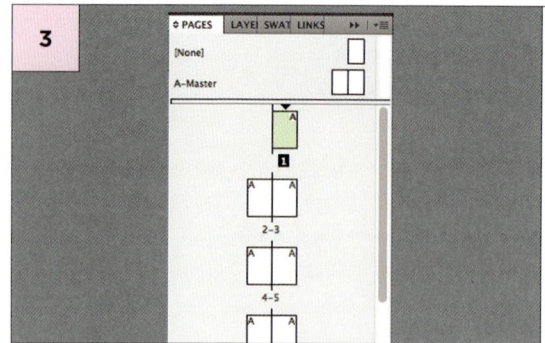

안내선 드래깅하기

눈금자에서 레이아웃을 위한 안내선을 끌어올 수 있다. 눈금자를 클릭하고 아래 혹은 대각선으로 드래그만 하면 된다. Pages[페이지] 패널을 활용하여 레이아웃을 썸네일 이미지로 확인하는 것과 쪽 번호 등의 공통 요소를 마스터 페이지를 통해 적용하는 것도 가능하다. 이 작업을 하려면 페이지 창 상단에 있는 'A-마스터 A-Master'를 선택하면 된다.

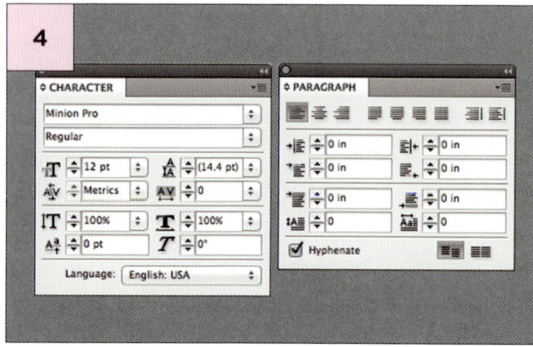

마스터 페이지 작업하기

마스터 페이지에 들어가면 여백에 맞춰 글 상자를 만들 수 있고 쪽 번호나 다단 같은 요소들을 설정할 수 있다. 마스터 페이지의 설정 사항은 문서 전체에 반영된다. Type[문자] 도구로 글 상자 두 개를 판면에 배치하자.

페이지 간 텍스트 연결하기

Direct Selection[직접 선택] 도구로 왼쪽 글 상자를 선택하고 글 상자 오른쪽 아래의 사각형 포인트를 선택하자. 직접 선택 커서가 '텍스트 연결Text Flow' 커서로 바뀐다. 커서로 오른쪽 글 상자를 클릭하면 커서가 '연결Link' 커서로 바뀌는 것을 볼 수 있다. 이렇게 하면 두 페이지의 텍스트를 서로 연결하여 자연스럽게 흐르게 할 수 있다.

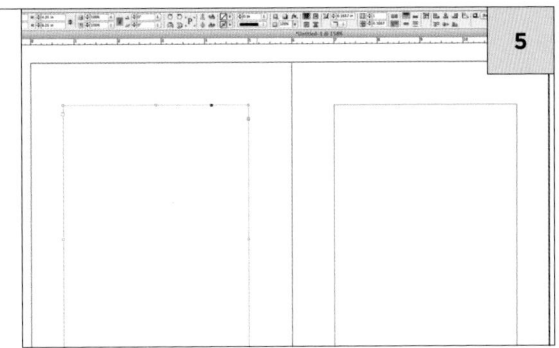

자동 쪽수 표시

쪽수를 기재하고 싶은 위치에 페이지별 쪽수를 자동으로 매길 수 있다. 숫자를 입력하고 선택한 다음, 우클릭 메뉴에서 Current Page numbers[현재 페이지 번호]❷를 고른다. 마스터 페이지에서는 숫자가 "A"로 변경되는데, 쪽 번호가 자동으로 모든 페이지에 적용될 것이라는 뜻이다.

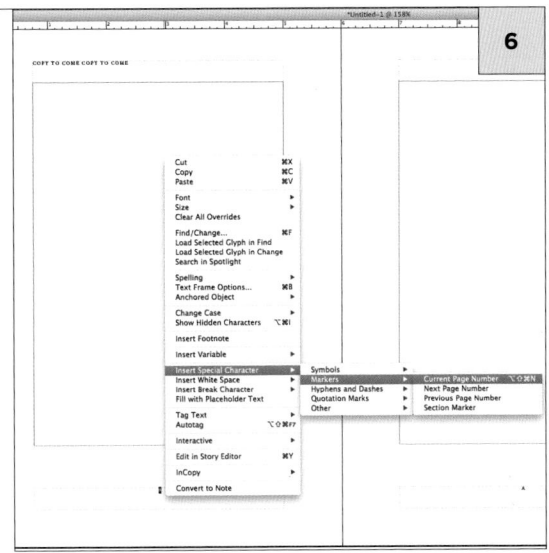

❷ Insert Special Characters > Markers > Current Page numbers[특수 문자 삽입 > 표시자 > 현재 페이지 번호]

권두 페이지 작업 먼저

Pages[페이지] 패널에서 가장 첫 페이지를 선택하면 마스터 페이지 설정이 적용된 모습을 확인할 수 있다. 첫 페이지는 속표지 페이지인 경우가 많으며, 뒤이어 부제와 판권을 보여주는 전체 표제 페이지가 뒤따른다. 본문 텍스트를 적용하기 전에 속표지와 판권, 그리고 목차 페이지를 만든다.

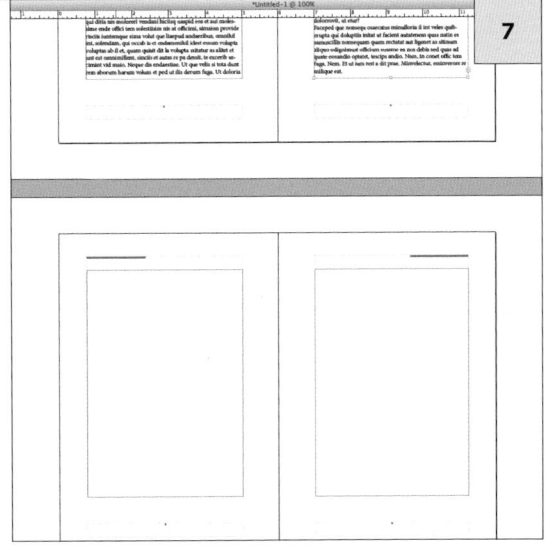

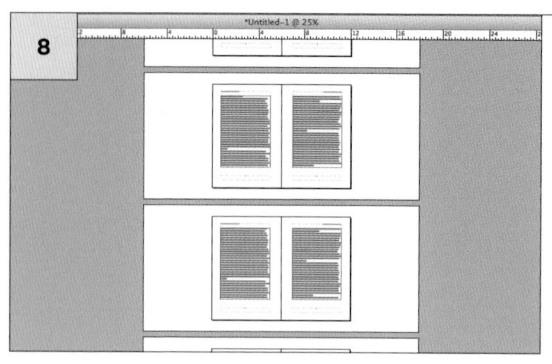

본문 삽입하기

이제 본문 텍스트를 얹을 차례다. 첫 번째 글 상자를 선택하고 텍스트 파일을 불러온다Ctrl+D. 텍스트 파일이 첫 스프레드에 삽입될 것이다. 두 번째 글 상자를 선택하고 텍스트 연결 포인트를 클릭한다. Shift를 누르고 있으면 텍스트 자동 흘리기 커서가 나타난다. 다음 스프레드의 첫 글 상자를 선택하면 문서 마지막까지 텍스트가 자동으로 흐른다.

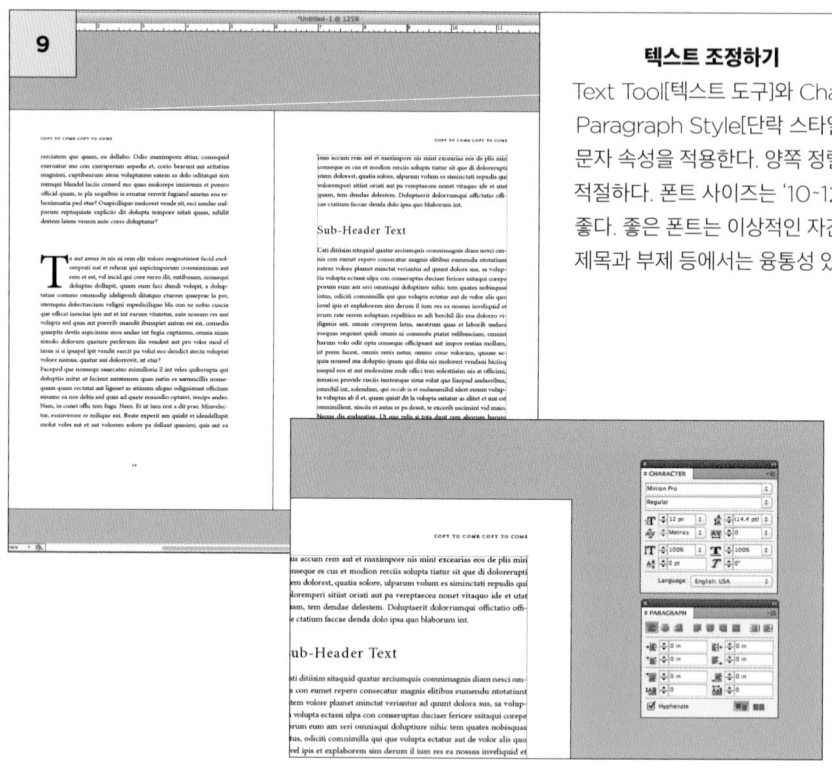

텍스트 조정하기

Text Tool[텍스트 도구]와 Character Style[문자 스타일], Paragraph Style[단락 스타일] 패널을 활용하여 필요한 문자 속성을 적용한다. 양쪽 정렬은 단행본의 본문 구성에 적절하다. 폰트 사이즈는 '10-12pt', 행간은 '13-15pt' 정도가 좋다. 좋은 폰트는 이상적인 자간 값을 갖게끔 디자인되어 있지만, 제목과 부제 등에서는 융통성 있는 위계에 좀 더 주의를 기울이자.

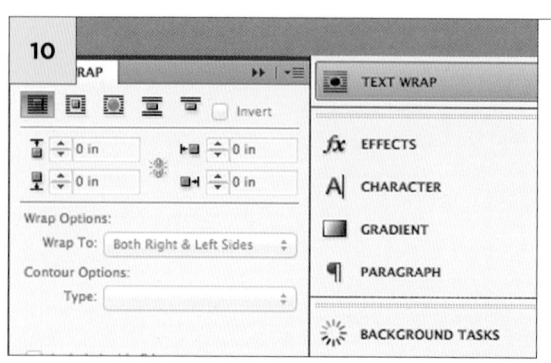

인쇄용 파일 내보내기

이미지를 가져오거나 페이지에 다양한 텍스트 효과를 알맞게 처리한다. Text Wrap[텍스트 감싸기]❸ 패널에서 텍스트가 이미지 주위를 감싸며 흐르도록 설정할 수 있다. 설정을 마치면 문서를 Package[패키지]❹ 처리하고, Export[내보내기]❺에서 'Adobe PDF(인쇄)Adobe PDF (Print)'나 'EPUB' 형식으로 저장한다.

❸ Window > Text Wrap [창 > 텍스트 감싸기]
❹ File > Package[파일 > 패키지]
❺ File > Export[파일 > 내보내기]

TIP

여지를 적게 혹은 많게 남기기

200페이지 분량의 텍스트로 150 혹은 300페이지 분량의 디자인을 요청하는 경우가 있다. 텍스트 흐름은 매우 중요한 요소이면서도 공간 구성에 융통성을 주는 데 도움이 되는 요소이다. Paragraph Styles[단락 스타일]을 이용하여 제목과 부제, 단락 같은 구성 요소들 사이에 Space Before[이전 공백], Space After[이후 공백]❻을 설정하는 것이 좋은 방법이다. 물론, 행간을 조절함으로써 글의 간격을 넓히거나 줄일 수도 있고, 공간을 채우기 위해 단의 폭과 텍스트 크기를 조절할 수도 있다.

❻ Paragraph Style > Paragraph Style Options > Indents and Spacing[단락 스타일 > 단락 스타일 옵션 > 들여쓰기 및 간격]

인쇄 준비

디자이너로서, 늘 클라이언트의 요구를 만족하게 하고 기대를 뛰어넘기 위해 프로젝트의 질을
향상할 방법을 찾는다. 인쇄에서 이 목표를 성취할 방법은 모두의 짐작대로 다양하다. 부분 코팅,
모양 따기, 다양한 질감의 종이, 팬톤 잉크 등 다양한 방법이 최종 결과물의 질을 높인다. 그러나
이 모든 방법은 기술적으로 다양한 기량을 요구한다. 결과물이 잘못 나오면 클라이언트가 불필요한
비용을 치르게 되고, 전문가라는 명성에도 흠집이 생길 것이다. 하지만 작업 파일을 넘기기 전에
Preflight[프리플라이트]를 확인한다면 인쇄소에서 일어날 수 있는 문제를 사전에 방지할 수 있다.

훌륭하지만 종종 간과되는 도구가 바로 Preflight[프리플라이트]❶ 기능이다. 이는 작업의 각각의
요구사항에 맞는 프로필을 만들어 과정 내내 프로젝트를 관리할 수 있도록 도와준다. 따라서
이 기능은 실시간 에러 리스트의 역할을 하며 사전에 정의했던 범주에서 결과물이 멀어지면 경고를
보낸다. 이 기능을 목록에 추가해놓으면 작업하는 동안 중요도가 최상으로 유지되어 프로젝트
마감일이 다가오고 일분일초가 소중한 때에 해결할 문제가 적어진다.

프리플라이트에는 이름만으로도 기능이 이해되는 항목들이 있으므로 이 예시에서는 핵심적인
옵션만 집중적으로 살펴보겠다. 이것들은 프로젝트에 직접 적용할 수 있을 만하다. 인쇄 광고용
A1 포스터를 위한 Preflight Profile[프로필 정의]을 연습해보겠다.

❶ Window > Output > Preflight
[창 > 출력 > 프리플라이트]

인쇄에 문제가 생기면 당혹스럽거니와 비용마저 더 들어간다. 프리플라이트 기능으로 작업의 질을 높이고 클라이언트의 기대를 뛰어넘어 보자.

작업 시작 전에 각 프로젝트의 규칙을 정해두면 디자인 작업에 집중하는 데 도움이 된다. ▶

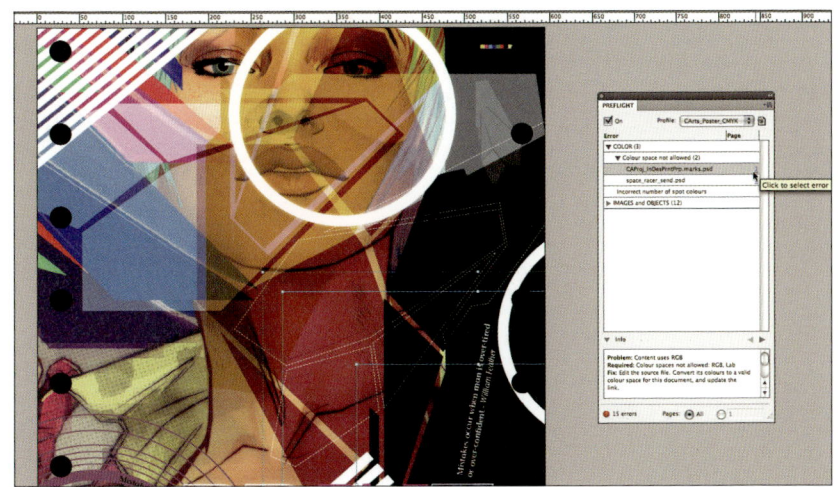

프리플라이트에서 경고하는 모든 문제를 해결할 필요는 없다. 파일 용량이 줄면서 색상에 왜곡이 생길 수도 있지만, 예시에서처럼 PDF 단계를 통해 RGB 파일을 CMYK로 전환할 수 있다. ▶

먼저 LINKS[링크] 항목을 살펴보자. 내부 메뉴의 프로필 정의로 들어가, '+'를 선택하여 새로운
프로필의 정의를 시작한다. 링크에서 Links Missing or Modified[링크 누락 또는 수정됨]
상자를 체크해서 삽입된 그래픽에 문제가 없는지 확인한다137쪽, '꼼꼼한 인쇄 준비를 위한 링크 패널 조정'.
예시의 경우, 모든 요소를 하드디스크에 있는 파일 그대로 패키지 할 것이기 때문에 인쇄소에서는
OPI❷가 필요하지 않으므로 OPI Links[OPI 링크]는 체크하지 않았다.

다음 단계는 COLOR[색상] 패널이다. Transparency Blending Space Required[필요한
투명도 혼합 공간] 상자를 체크하여 인디자인 효과를 사용할 때 발생하는 래스터화Rasterizing 관련
문제를 바로잡을 수 있다138쪽, '인쇄 시 반드시 도움이 될 조언, 2.타입 래스터화'. 진행 중인 작업이 인쇄용,
CMYK 모드라면 RGB 모드나 LAB 모드 이미지에 주의를 기울이고자 할 것이다. 이때엔
Color Spaces and Modes Not Allowed[색상 공간 및 모드가 허용되지 않음] 상자를
체크하자.

색상 내 Spot Color Setup[별색 설정]에서, Maximum Spot Colors Allowed[허용되는
최대 별색]를 체크하면 필요한 별색의 수를 지정할 수 있다. 예시의 경우, 디자인 과정 중에
팬톤 색상을 몇 개 추가하거나 별색 채널이 필요한 PSD 이미지를 불러올 가능성이 있으므로
수치를 '2'로 지정할 것이다136쪽, '잉크의 관리와 배합'. 또한 별색 검정에 필요한 UV인쇄를 별도로
설정한다.

이제 IMAGES and OBJECTS[이미지 및 개체]를 살펴볼 차례다. 첫 번째 옵션인 Image
Resolution[이미지 해상도]은 매우 중요하다. 여기에서 해상도가 낮은 이미지를 놓치지 않도록
확인한다. 포스터 제작을 위해 Color Image Minimum Resolution[컬러 이미지 최소 해상도]에
이미지를 삽입할 때절대 100% 초과로 확대하지 않는다. 안전하다고 여겨지는 최소 해상도 수치인 '180'을
입력했다.

Image ICC Profile[이미지의 ICC 프로필]은 색상 입력 및 출력 장치나 색상 범위❸를 알려주는
데이터 집합이다. 중요한 것은, 인디자인이 ICC 프로필 충돌에 대해 경고해준다는 점인데,
그렇다고 해도 이후 단계에서 문제가 일어나지 않게 하려면 항상 인쇄기에 가장 잘 맞는 ICC를
알아보는 것이 좋다. 균등한 결과물을 유지하고 싶다면 출력 장치와 완전히 같은 언어로 전환하길
원할 것이다.

다음으로 Minimum Stroke Weight[최소 획 두께]가 '0.125pt'보다 낮은 수치로 설정되지
않도록 확인한다. 기본 수치보다 낮을 경우, 금속판에서는 보이지 않게 된다.

Bleed/Trim Hazard[도련/재단 오류]에서 판면 영역 지정에 보편적인 수치인 '5mm'를
상하좌우 모두에 입력한다. 잘린 이미지나 판면에 넘치는 텍스트를 디자인의 일부로 허용할 수도
있지만, 지금은 독자를 위한 정보를 훼손하진 말자.

❷ Open Prepress Interface,
저해상도의 프리뷰 파일을
출력 단계에서 고해상도 데이터로
대체하는 것
❸ 프린터, 모니터와 같은
디스플레이 장치의 색상 재현 범위.
RGB 방식의 모니터는 일반적으로
CMYK 잉크를 사용하는
프린터보다 더 넓은 색상 범위를
갖고 있으며, 색상 범위를 일탈하면
목표 장비에 맞게 색을 변환할 수
없게 된다.

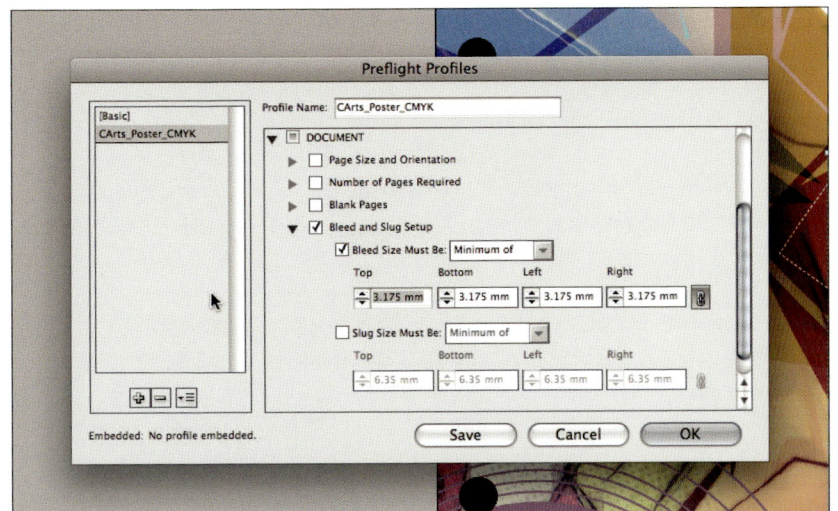

이미 인쇄 중인 작업의 문제를 해결하려 되돌아가는 것은 대부분 시간 낭비다. 프로젝트 시작 전에 인쇄소와 함께 인쇄 조건에 관해 확인하자. ▶

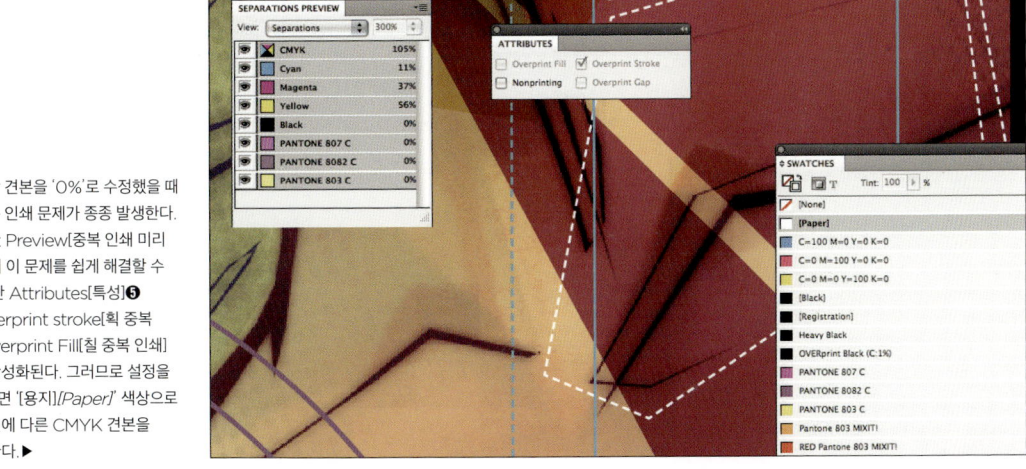

불러온 색상 견본을 '0%'로 수정했을 때 흰색의 중복 인쇄 문제가 종종 발생한다. Overprint Preview[중복 인쇄 미리 보기]❹에서 이 문제를 쉽게 해결할 수 있다. 하지만 Attributes[특성]❺ 메뉴의 Overprint stroke[획 중복 인쇄]와 Overprint Fill[칠 중복 인쇄] 항목은 비활성화된다. 그러므로 설정을 무효화하려면 '[용지]*[Paper]*' 색상으로 돌아가기 전에 다른 CMYK 견본을 선택해야 한다. ▶

기본 색상 중, '[검정]*[Black]*'은 중복 인쇄❻가 기본 설정인 것처럼, '[용지]*[Paper]*'는 녹아웃❼이 기본 설정이다. Separations Preview [분판 미리 보기]를 체크하여 수시로 확인하자. ▶

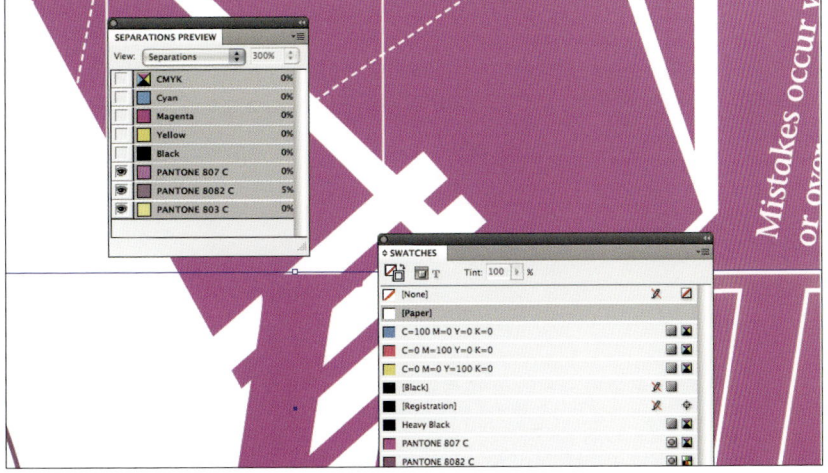

❹ View > Overprint Preview
　[보기 > 중복 인쇄 미리 보기]
❺ Window > Output > Attributes
　[창 > 출력 > 특성]
❻ Over-Printing, 같은 위치에 겹쳐진
　개체들의 데이터에 따라 두 번 이상
　같은 곳에 반복 인쇄하는 것.
❼ Knock-Out, DTP 이전에는
　오려내기라 불렀던 방법으로,
　DTP에서 다색 인쇄 시에 검정판과
　겹치는 부분에 있는 다른 색을 빼내는 것.

인쇄 준비

TEXT[텍스트] 메뉴는 넘치는 텍스트, 글꼴 및 글리프 누락을 포함한 다양한 문제를 확인하는 기능을 제공하며, 최소 문자 크기를 파악할 수 있도록 해준다. 인디자인의 최소 문자 크기 기본값은 '4pt'인데, 전단이나 잡지에는 알맞지만 포스터에 사용할 크기로는 다소 작은 감이 있다. 포스터의 캡션으로 쓰기에도 작다. 따라서 '10pt'로 변경했다.

DOCUMENT[문서]에서 검토해야 할 가장 중요한 속성은 Bleed and Slug[도련 및 슬러그] 설정이다. 이 기능이 활성화 되어있고 원하는 수치로 설정되어 있는지 확인하자. 기본 도련 설정은 산업 표준인 '3.175mm'이다.

프로필 작성을 마치면 이 내용을 IDPP 파일로 내보내어 백업해둔다. 문서를 열 때마다 프리플라이트에서 On[켬]을 체크한 뒤 Profile[프로필] 메뉴에서 해당 프로필을 선택하자. 이렇게 하면 해당 문서에서 생길 수 있는 문제점을 확인할 수 있으며 문제가 되는 위치를 모두 클릭해 볼 수 있다. 인디자인은 문제점의 내용도 알려주고 바로잡을 수 있는 옵션도 조언해준다. 게다가 나중에 진행될 프로젝트를 위해 프로필을 내보내고, 불러오고, 편집할 수도 있다. 이 과정이 처음에는 매우 소모적으로 느껴질 수도 있지만 결국 편안하다는 것을 느낄 것이다.

자신이 작성한 파일을 인쇄소에 전달할 때 가장 좋은 방법은 어도비 PDF 파일형식으로 전달하는 것이다. Export[내보내기]Ctrl+E에는 선택 가능한 다양한 옵션들이 있다. 하지만 여기에서 우리는 포스터를 내보내기 위해 우리만의 방식을 만들었다. 'PDF/X-1a:2001'이 표준으로 모든 투명 설정을 병합하고 이미지를 CMYK로 변환했다. RGB를 CMYK로 바로 변환하면 특정 색상의 인쇄 방식이 크게 변할 수 있다. 그러므로 항상 포토샵에서 색상을 변환하고 조정해야 한다. 또한, 'PDF/X1-a' 옵션으로 작업하기 전에 이 인쇄와 관련하여 생길 수 있는 문제들을 파악할 수 있도록 먼저 인쇄소와 늘 대화를 나누도록 하자.

PDF 사전설정을 만들기 위해, 파일 메뉴 내 Adobe PDF Presets[Adobe PDF 사전 설정]의 Define[정의]으로 이동한 다음 'PDF/X-1a:2001'을 고르고 New[새로 만들기]를 클릭한다. Type[유형]은 Default[기본값]로 설정하고, All Printer's Mark[모든 프린터 표시]의 항목들을 포함하기 위해 Marks and Bleeds[표시 및 도련]를 수정해야 하는데, 오프셋은 '4.234mm', 도련은 모두 '3.175mm'로 조정한다. Output[출력]에서는 Colour Conversion[색상 변환] 설정을 Convert to Destination(Preserve Numbers)[대상으로 변환(번호 유지)]으로 남겨두어, 견본의 모든 색 수치가 출력과정에서도 유지되도록 한다. 그리고 Destination[대상]도 Document CMYK[문서 CMYK] 그대로 남겨둔다. 설정을 저장하면 PDF 내보내기 목록에 추가되며 인쇄소에 전달할 PDF를 생성할 수 있다.

마지막 단계는 어도비 아크로뱃Adobe Acrobat❽에서의 소프트-프루핑Soft-Proofing❾과정이다. 파일을 열고 Preflight프리플라이트, Ctrl+Shift+X를 누르고 PDF Analysis TabPDF 분석을 열어 해당 옵션을 찾는다.

❽ 이도비 사에서 작은 파일 크기로 그림이 첨가된 문서를 읽을 수 있게 만든 문서 읽기 전용프로그램으로, PDF 형식의 문서를 읽기 위해 개발하였다.

❾ 모니터를 통해 사전 인쇄 색상을 확인 하는 방법

검정색 텍스트가 예시에서는 또렷하게 보이지만, 팬톤 색상이 검정색 다음에 인쇄될 경우 인쇄물에서는 빠질 수 있다는 점을 명심하자. 특히 형광이나 금속 잉크에서는 흔하게 일어나는 일이다. ▶

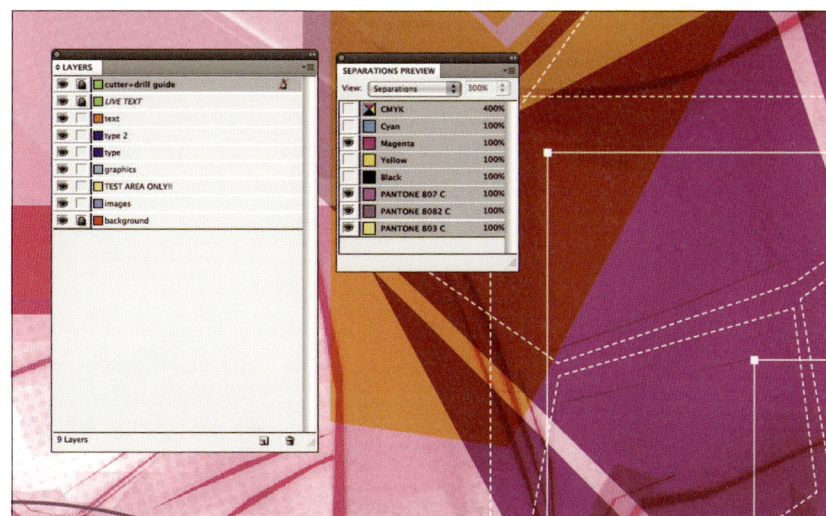

재단선 혹은 타공 표시를 배치할 때, 주로 가장 마지막에 표시의 위치를 잡을 것이다. 이때, 녹아웃 잉크를 사용하는 것은 흔한 실수이다. Registration[맞춰찍기]를 사용하여 이 문제를 방지한다. ▶

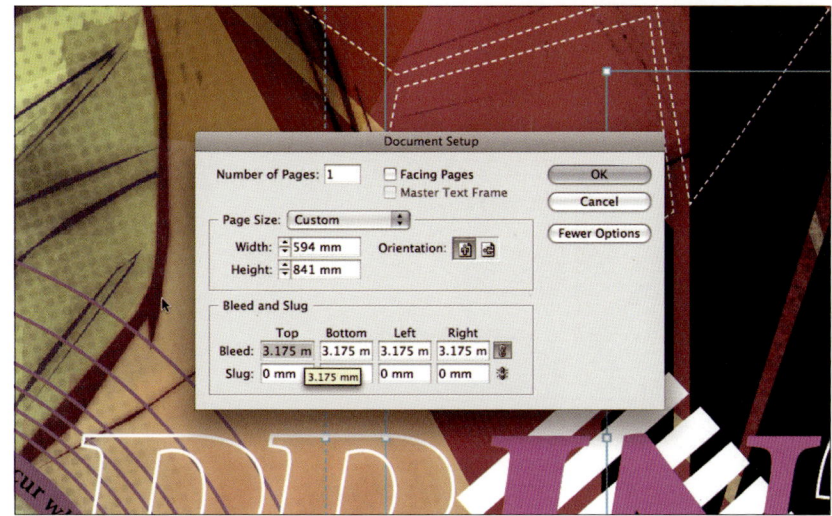

재단 표시가 인쇄 영역 안으로 들어올 수 있는 위험성이 있으므로 표시가 여백 기준선에 가까워지기를 원하지 않을 것이다. 접는 선 표시를 새로 추가할 때도 마찬가지로, 두 경우 모두 산업표준인 '3.175mm'를 입력한다. ▶

잉크의 관리와 배합

01 정확한 잉크를 사용하고 있는지 확인할 것
인쇄용으로 출력물을 내보내기 전에 정확한 잉크를 사용했는지 확인하자. 디자인 과정 내내 우리는 다양한 별색들을 시도해보았으며, 파일을 불러와서 새로운 견본을 만들 수도 있다. Separations Preview[분판 미리보기]❿혹은 Swatch Options[색상 견본]를 통해 Ink Manager[잉크 관리자]를 열어 사용되지 않은 잉크를 파악하고 교체한다. 불필요한 잉크를 클릭한 다음, 복제본을 이용해 원하는 색상으로 교체하면 된다.

02 불필요한 잉크 사용으로 비용을 낭비하지 않을 것
Separations Preview[분판 미리보기]에서는 잉크가 필요 이상으로 사용되는 경우와 같은 비용을 낭비하게 되는 문제를 바로잡을 수 있다. Separations Preview[분판 미리보기]의 View[보기]에서 Ink Limit[잉크 제한]을 선택한 다음 한계치 '320%'로 입력한다. 이제 주의가 필요한 곳을 알리는 적색 상자와 함께 이미지가 표시될 것이다. 해당 영역에 커서를 두고 어떤 원색의 수치를 줄일 수 있는지 정확히 파악하면 된다. 삽입된 PSD 파일을 수정할 때에는 이미지를 Alt+더블클릭하면 자동으로 실행되는 포토샵에서 커브 기능을 이용한다.

03 색상을 일정 비율로 혼합할 것
때론 별색에 원색 잉크를 추가하면 도움이 된다. Swatch Options[색상 견본]에서 새 혼합 잉크 견본을 만들기를 선택하면 '사이언Cyan', '마젠타Magenta', '노랑Yellow' 등을 비율에 추가한 색상을 적판에 우선적으로 인쇄하도록 할 수 있다. 팬톤 색상을 대신 사용하는 것도 가능하다예시, 팬톤 노랑(Pantone Yellow). 팬톤 노랑 '100%'와 마젠타 '100%'를 혼합하여 빨강을, 팬톤 노랑 '100%'와 마젠타 '40%'로 주황을 만들었다.

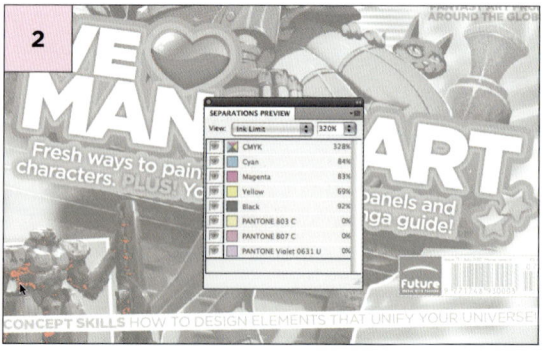

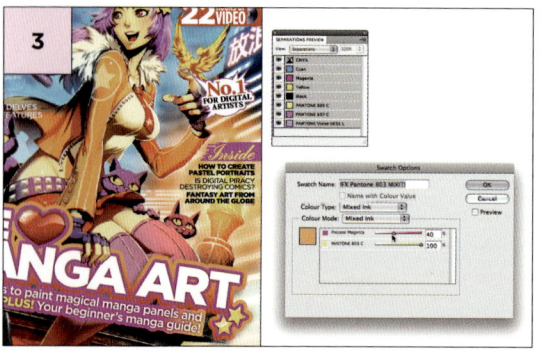

❿ Window > Output >
Separations Preview
[창 > 출력 > 분판 미리 보기]

꼼꼼한 인쇄 준비를 위한 링크 패널 조정

O1   Links[링크]
링크 패널을 맞춤화하는 것은 인쇄에 필요한 부분들을 레이아웃 및 디자인 작업을 하면서
이해하게끔 한다. 링크 패널 내 메뉴에서 Panel Options[패널 옵션]를 선택하면 색상 공간,
ICC 프로필, 실제 ppi, 유효 ppi, 투명도, 크기 등의 유용한 항목을 링크 패널에 추가할 수 있다.
이런 옵션들을 조정한 후에는 링크 패널에서 상단 아이콘을 드래그하여 필요에 따라 순서를
재정렬한다.

O2   유효 해상도
인디자인에서 이미지의 크기를 조정하면 Effective Resolution[유효 해상도]이라고 부르는
출력 해상도에 영향을 끼칠 수 있는데 때때로 이것이 유리하게 작용하기도 한다. 예시의
Links[링크] 패널을 보면, 이미지 파일의 실제 해상도가 인쇄 기준인 144dpi 이하라고
보여주지만, 페이지 상에서는 40% 줄어든 크기로 354dpi의 유효 해상도를 얻게 되었다는
사실을 보여준다. 물론, 우리는 해당 이미지를 포토샵으로 불러와서 크기를 조정하고
Sharpen[선명효과]⓫모드를 적용하여 다시 인디자인에 100% 이미지로 링크할 수 있다.
그래도 알아두면 도움이 되는 기능이다.

O3   퍼센티지값
일러스트레이터에서와같이 벡터 그래픽 소스를 불러들여 작업할 때, 파일이 독립적인 해상도를
갖기 때문에 크기 비례 조정이 되지 않는 경우가 있다. 이미지를 확대할 때에는 괜찮지만 문제는
줄일 때로, Links[링크]에 표시되는 비율을 확인하자. 항상 원본 소스의 선 굵기와 텍스트 크기를
확인하여 그것들의 값이 0.125pt 아래로 내려가 금속판에 적용되지 않는 것을 방지하자.

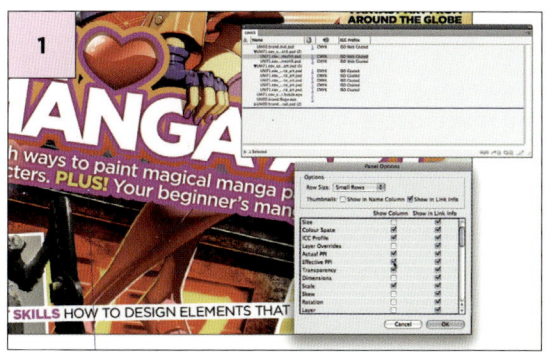

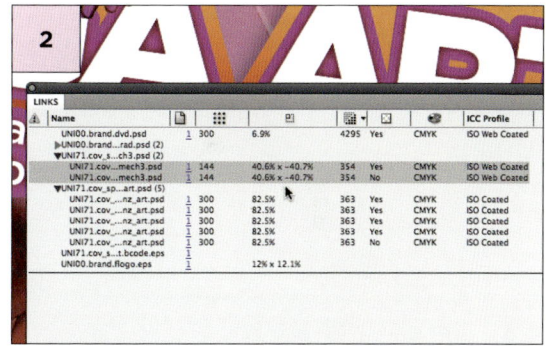

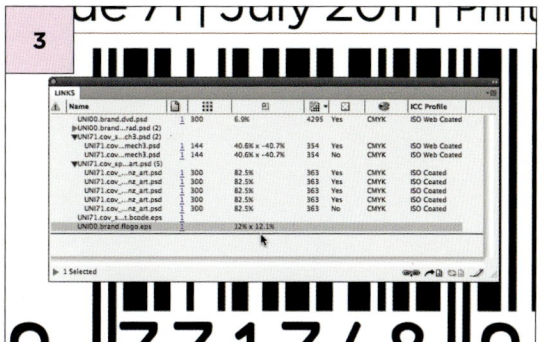

⓫ Adobe Photoshop®, Filter >
   Sharpen[필터 > 선명 효과]

인쇄 시 반드시 도움이 될 조언

01   흰색 텍스트를 놓치지 말 것

인쇄 시 흔히 발생하는 문제 중 하나는 흰색 혹은 색상의 중복 인쇄이다. 주로 이 문제는 인디자인으로 불러온 중복 인쇄 설정의 잉크를 '0%'로 수정하고 Swatches[색상 견본] 패널에서 '[용지]Paper]'로 바꿨을 때 발생한다. 이 문제를 막을 수 있는 간단한 방법은 무작위의 CMYK 인디자인 색상 견본을 적용하고 다시 '[용지]'를 선택하는 것이다. 이미지와 마찬가지로 개체나 텍스트에 적용된 중복 인쇄 설정이 해제된다.

02   타입 래스터화

인디자인에서 투명도가 적용된 같은 공간의 서체들은 전부 래스터화된다. 즉 공간이 벡터 데이터에서 픽셀 데이터로 전환되기 때문에 두 공간 사이에 행간 혹은 자간의 불일치가 발생할 수 있다는 것이다. Flattener Preview[병합 미리보기]❿의 Highlight[강조] 메뉴에서 Raster-fill Text and Strokes[래스터 칠 텍스트 및 획]를 선택하여 그런 공간을 표시할 수 있다. 가장 간단한 방법은 텍스트 레이어가 투명 효과가 적용된 개체 위에 배치되었는지 확인하는 것이다.

03   별색 녹아웃

불투명한 별색 중에는 긴 건조 시간 때문에 중복 인쇄 설정된 검정이 적용된 다음에 마지막으로 인쇄되어야 하는 경우도 있다. 반드시 중복 인쇄로 설정된 검정색 잉크가 이 별색을 통해 녹아웃된다는 점을 확인할 것. 환경설정에서 중복 인쇄 검정에 관해 다시 설정할 수도 있지만, 더욱 안전한 C: '1%', K: '100%'로 설정한 검정을 쓰는 것이 낫다. Separation Preview [분판 미리보기]를 열고 CMYK를 해제하면 흰 글씨나 개체가 별색을 뚫고 녹아웃된 것을 확인할 수 있다.

04   레이어를 가이드로 사용하기

레이어를 사용하면 흔히 생기는 인쇄 문제를 막는 데 도움이 된다. 판면 영역이 가이드로 효과가 있는지 확인하기 위해 마스터 페이지나 레이어에 획 두께 '1pt'의 박스를 만든다. 해당 레이어로 이동한 다음 Lock Layer[레이어 잠그기]에 체크하고, Print Layer[레이어 인쇄] 옵션을 끄면 이 레이어는 인쇄되지 않는다. 필요하다면 별도의 접힘선 및 절개선 가이드를 위한 레이어를 만들고 '맞춰찍기'[Resgistration]' 색상 견본을 이용하여 녹아웃되지 않도록 할 수도 있다.

❿ Window > Output > Flattener Preview[창 > 출력 > 병합 미리보기]

전자 출판

만약 당신이 인쇄물을 주로 디자인했다면, 디지털로의 변화가 벅차고 부담스럽게 느껴질 수도 있다. 디지털이라는 단어만으로 대부분의 인쇄물 디자이너들이 꺼리는 악몽, 끝없는 코딩의 세계가 실제 눈앞에 펼쳐질 수도 있다. 거기다 몇 년간 몸에 배온 인쇄 디자인 과정과 기술을 놓기란 쉽지 않을 것이다.

하지만 어도비 DPS Digital Publishing Suite를 약간 다룰 수 있다면, 인쇄물 작업을 인터랙티브한 디지털 작업으로 바꾸는 것은 식은 죽 먹기일 수도 있다. 또 하나 장점을 언급하자면 코드 편집기 근처에도 갈 필요가 없다는 것이다.

인디자인에서 작업하는 것이 익숙하다면 DPS를 이용해 프로젝트를 진행하는 것도 크게 어렵지 않을 것이다. 페이지 규모에 약간의 차이와, 인터랙션을 위해 추가된 몇 가지 패널 정도만 익히면 된다. 이 튜토리얼에서 우리는 화면을 위해 디자인하는 기본 컨셉에 대해 훑어 볼 것이다. 우리의 주 초점은 아이패드에 맞춰져 있지만, 여기 나오는 기술들을 이용해 다른 기기에도 적용할 수 있다.

우선 디지털 환경에서 페이지와 기사를 배치하는 방법부터 알려주고, 기본적인 인터랙션 요소를 추가하는 방법을 소개하고자 한다. 시작해보자.

지면에서 스크린으로 넘어가는 과정을 도와줄 어도비 DPS의 기본을 훑어보자.

지면이 아니다, 스크린이다.

인쇄물 디자이너들이 태블릿 콘텐츠를 디자인할 때 하는 기초적인 실수는 매체를 빛으로 정보를 전달하는 스크린이 아닌 단순한 지면이라고 생각하는 것이다. 무엇이든 배치하기 전에 스크린 환경에서의 효과적인 디자인 방법을 고민해보아야 한다. 그리고 디자이너의 선택이 독자의 여행에 영향을 미친다는 것 또한 명심하자.

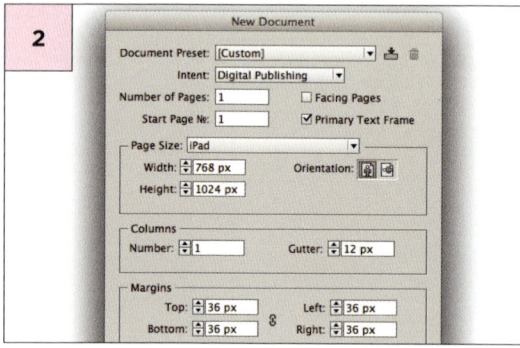

크기와 문서 설정

Document[문서]의 Intent[의도]에서 Digital Publishing [디지털 출판]을 선택한다. Page Size[페이지 크기]는 'iPad Retina'를 선택하여 레티나 및 비레티나 디스플레이 기기용 각각을 작업하는 번거로움을 던다. Orientation[방향]은 '세로', Width[폭]와 Height[높이]는 '2048px', '1536px'로 설정되어있을 것이다.

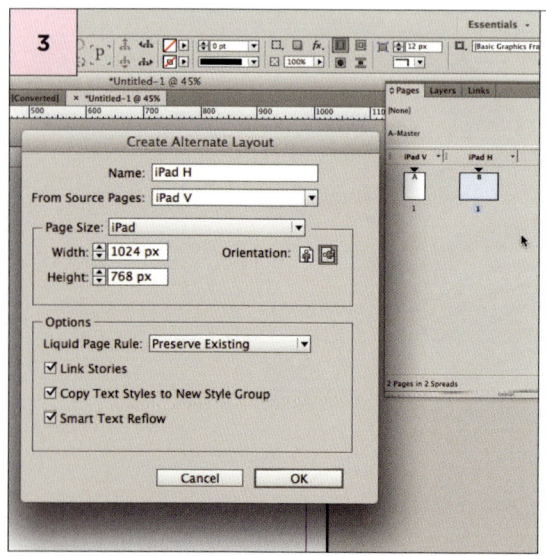

레이아웃, 가로 혹은 세로

물론 태블릿 기기의 화면은 가로, 세로 양방향에서 볼 수 있다. 하지만 당신의 조직 규모를 고려했을 때 하나의 디자인으로 두 가지 모두에 만족하게끔 하는 것이 좋을 것이다. 단순히 시간과 비용이 절약되니까. 이 책의 154쪽, '다양한 레이아웃 간단히 만들기'를 보면, Pages[페이지]와 Creative Alternate Layout[대체 레이아웃 생성]으로 대체 가능한 레이아웃을 추가하는 것을 배울 수 있다. 그것들을 페이지에서 나란히 보면서 함께 작업할 수도 있다.

폴리오와 개별 문서

폴리오는 출판물 전체를 말하며, 단순히 인디자인 파일로 구분된 문서들의 모음 구조를 말한다. 그 각각의 문서에 따라 가로 혹은 세로, 그리고 인터랙티브한 고정 페이지 혹은 긴 스크롤 페이지 중 선택하여 구성할 수 있다. 우리의 폴리오엔 얼마든지 많은 글을 구성할 수 있다.

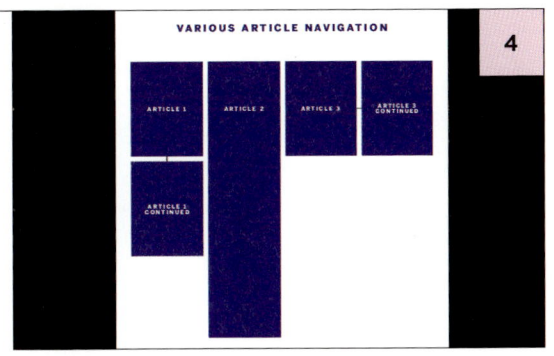

긴 스크롤 페이지 만들기

스크롤 가능한 긴 페이지를 만들기 위해서는 Document Setup[문서 설정] 패널을 열어 Height[높이]값을 늘리면 된다. 문서에서 무엇을 먼저 나타나게 할지 가이드를 움직여 선택한다. 여기서는 메인 이미지가 첫 화면을 채우고, 스크롤 동작을 안내하는 화살표를 표시했다. 이어지는 스크린에서 내용이 넘치지만, 페이지가 자연스럽게 넘어가기 때문에 문제가 되지 않는다.

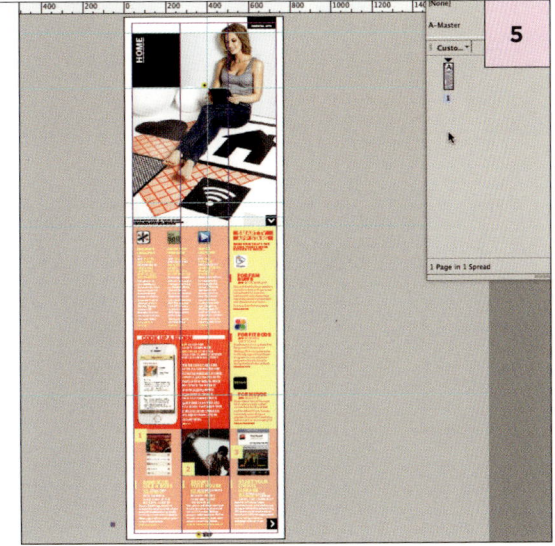

익숙하지 않은 폰트 크기

스크린에 알맞은 크기에서 작업을 하다 보면 여태껏 익숙하게 사용해온 폰트 크기와는 차이가 있다는 것을 느낄 수 있을 것이다. 예를 들어 설명하면, 인쇄물에서는 항상 '10pt'에서 '12pt'로 본문 글을 작업했다면, 스크린에서는 '18.20pt'를 써야 할 수도 있다. 왼쪽의 강조 표시한 제목도 인쇄 작업에는 너무 큰 '40.32pt'를 사용하고 있다.

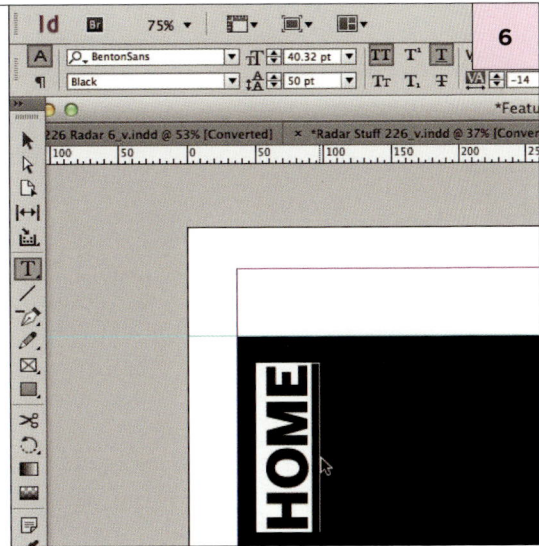

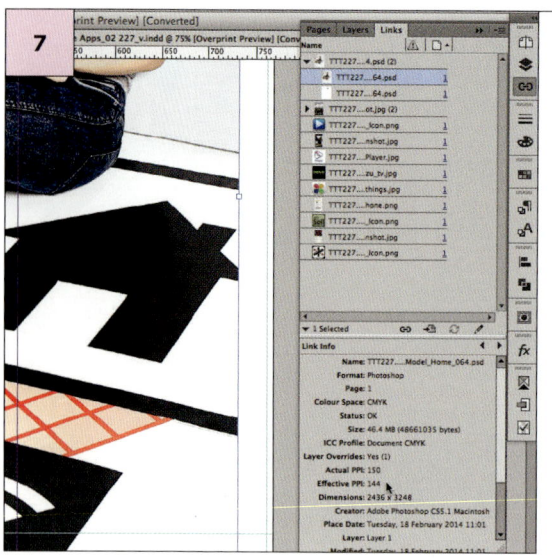

파일 종류와 효과적인 ppi

어도비 DPS에서는 인쇄 작업과 같은 파일 포맷을 사용할 수 있다. 내보내기를 하면 큰 이미지는 용량을 줄일 수 있기 때문이다. 하지만 몇몇 인터랙티브 개체들은 픽셀이 깨지는 것을 방지하기 위해 정확한 사이즈의 이미지를 사용해야 한다. 따라서 효과적인 해상도를 위해 108ppi 이하의 이미지는 사용하지 않는다 Links[링크] 패널에서 확인.

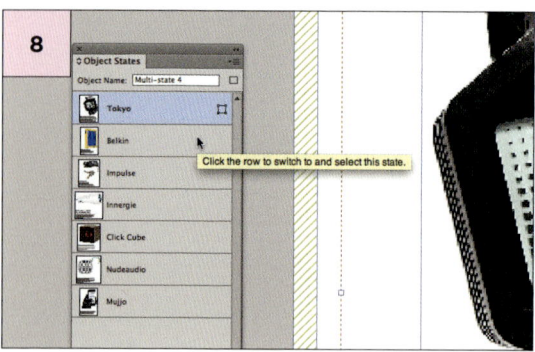

개체 상태 만들기

다중 상태 개체Multi-state Object는 레이어와 비슷한 방식으로 개체와 인터랙티브 요소를 결합한다. 여러 개의 개체를 선택하고 Object States[개체 상태] 패널에서 '새로운 상태New State' 아이콘을 클릭한다. 페이지상에는 가장 위의 항목만 보이지만, 개체 상태 패널에서 레이어와 같은 방식으로 하나씩 골라 볼 수 있다. 개체를 슬라이드쇼로 만들기 위해서는 Folio Overlays[Folio Overlays] 패널을 열고 슬라이드쇼 패널의 옵션을 조정하면 된다.

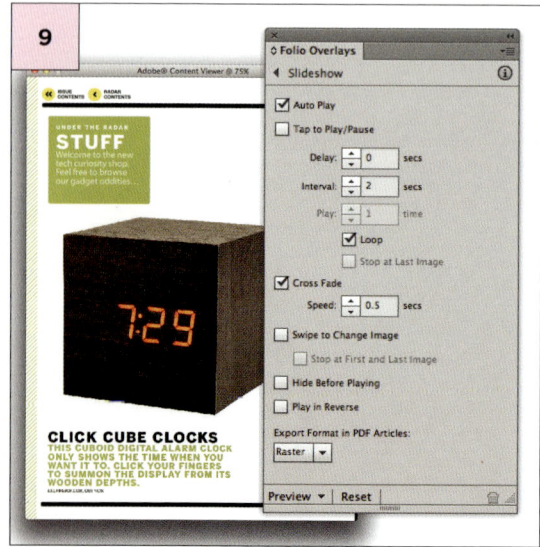

슬라이드쇼 추가하기

슬라이드 전체에 걸쳐 적용되는 개체를 만들기는 매우 쉽다. 다중 상태 개체를 선택하고, Folio Overlays[Folio Overlays]의 Slideshow[슬라이드쇼]에서 Auto Play[자동 재생]를 선택하거나 Tap to Play/Pause[누르면 재생/일시 정지]를 선택하는데, 후자라면 Interval[간격] 값을 입력한다. 그리고 Cross Fade[크로스 페이드] 효과를 추가한다. 아래 Preview[미리 보기]에서 'Adobe Content Viewer'를 선택하고, 슬라이드쇼가 어떻게 구현되는지 확인한다.

버튼 사용하기

이미지를 슬라이드쇼 형식으로 구성할 수도 있지만, 사용자가 원하는 이미지를 선택하여 볼 수 있게끔 할 수도 있다. 이미지에서 보듯, 이미지들은 그대로 사용했지만 크기는 더 작고 오른편에 리스트 형식으로 구성했다. 버튼으로 사용하고자 하는 이미지 위 개체의 크기를 이미지보다 좀 더 크게 배치한다. 그리고 Buttons and Forms[단추 및 양식]❶ 패널을 띄워 놓는다.

❶ Window > Interactive > Buttons and Forms[창 > 대화형 > 단추 및 양식]

개체를 버튼으로 만들기

버튼에 새로운 이벤트를 추가하기 위해 '+' 아이콘을 선택하고, 열리는 드롭다운 메뉴에서 '상태로 이동Go To State'을 선택한다. 다음 Object[개체]에서 원하는 다중 상태 개체를 선택하고, State[상태]에서 개체 내 버튼으로 작동하길 원하는 상태를 선택한다. 여기서 개체들의 상태 별로 이름을 지어 놓고 정리를 해두는 것이 좋다.

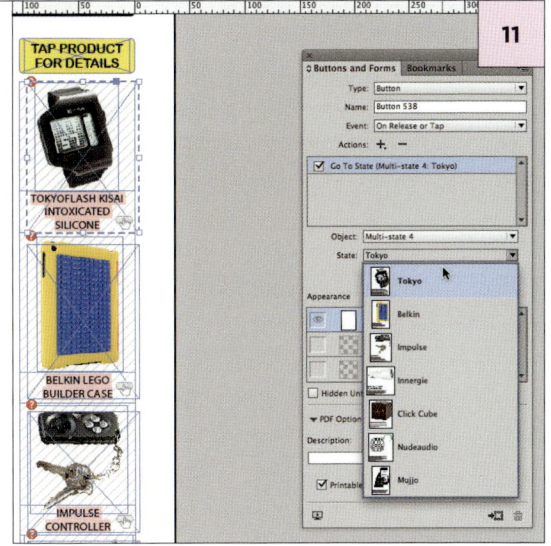

하이퍼링크와 비디오 콘텐츠 추가하기

이미지와 같은 방식으로, 불러오기 기능을 통해 영상을 포함시킬 수 있지만, 폴리오의 무게를 줄이기 위해 외부 링크를 이용할 수도 있다. 적절한 비디오 재생 아이콘을 간단하게 만들고 그 위에 박스를 하나 더 그려 버튼을 만든다. 개체 상태에 링크를 걸기보다는 '+' 아이콘에서 발생하는 드롭다운 메뉴에서 'URL로 이동Go To URL'을 선택하고 URL: [URL:]의 주소를 입력한다.

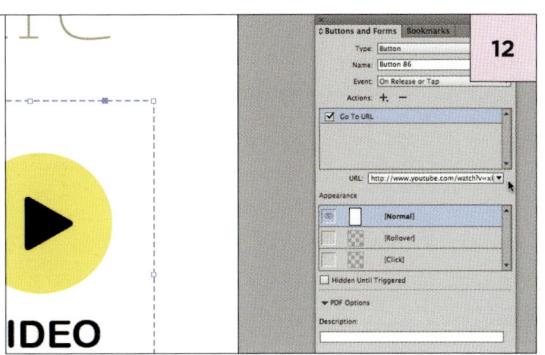

크리에이티브 트레이닝
CREATIVE TRAINING

하나의 문서에서 다양한 규격의 페이지로 작업하기   148
다양한 레이아웃 간단히 만들기   154
QR 코드 제작하고 활용하기   160
글리프 활용하기   162
인디자인 하나로 해결하기
—   질감 표현하기   168
—   벡터 그래픽이 있는 커버 페이지 만들기   174
—   팝업 카드 만들기   180
다른 툴과 응용하기
—   손 그림 스타일의 다이어그램 만들기   186
—   파이차트 디자인하기   188
—   목업 이미지 만들기   190
—   글자에 질감 표현하기   192

크리에이티브 드레이닝

하나의 문서에서 다양한 규격의 페이지로 작업하기

인디자인에서 각각 다른 규격의 페이지 작업이 필요할 때, 여러 개의 문서를 따로 만들 필요가 없다. 즉, 이 튜토리얼에 하나의 문서 속에 여러 다양한 크기의 템플릿을 만드는 방법이 담겨있다.

스타일 시트를 활용해 다중 페이지로 설정한 문서는 모든 페이지를 한번에 수정할 수 있어 매끄럽게 작업할 수 있다. 또한, 프로젝트에서 일관성을 유지하는 데에도 도움이 된다. 추가적으로, 단락 스타일과 비인쇄 레이어 설정에 대해서도 배울 것이다.

첫 단계는 작업에 필요한 디자인 요소들과 문구를 모으는 것이다. 그리고 작업의 초기 단계에서 충분한 시간을 들여 문서의 구조를 잡는 것이 중요하다. 그래야 나중에 시간을 아낄 수 있다.

브랜드 아이덴티티 작업 시, 한 문서에
다양한 규격의 페이지를 모아서 작업하면
시간을 절약할 수 있다.

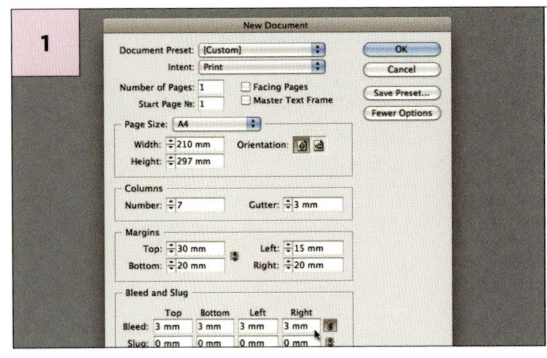

문서 설정하기

새로운 문서를 생성하고 편지지부터 만들어보자. 문서 크기는 'A4'를 선택하고, Facing Pages[페이지 마주보기] 박스는 체크하지 않는다. Margins[여백]는 위 '30mm', 왼쪽 '15mm', 아래 '20mm', 오른쪽 '20mm'로 설정한다. 또한 도련은 모두 '3mm' 씩, 그리고 Columns[열]의 Number[개수]는 '7', Gutter[간격]는 '3mm'로 설정한다.

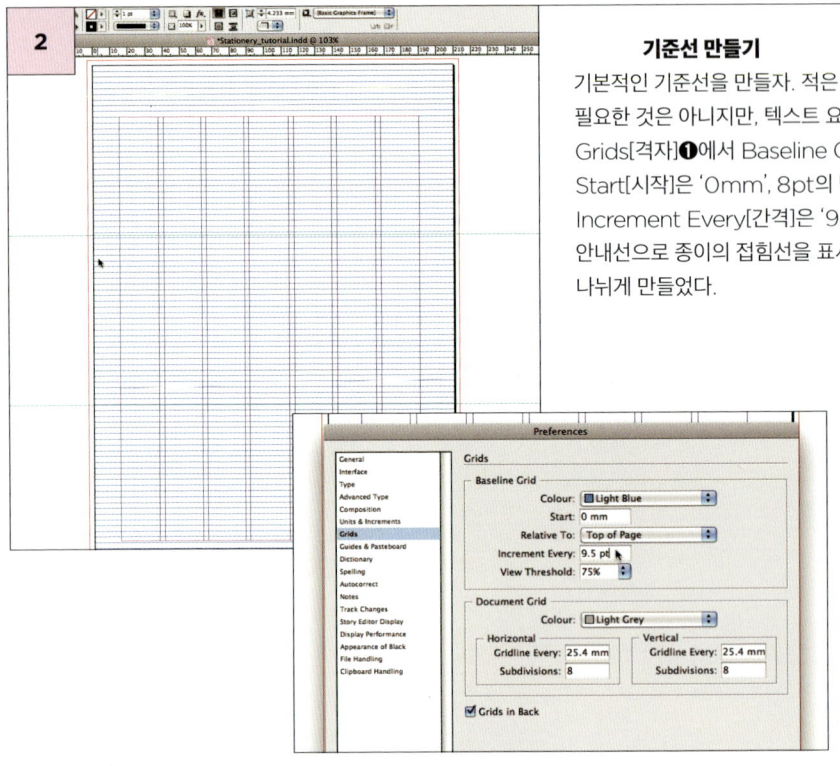

기준선 만들기

기본적인 기준선을 만들자. 적은 텍스트의 문서에는 반드시 필요한 것은 아니지만, 텍스트 요소들의 정렬에 도움이 된다. Grids[격자]❶에서 Baseline Grid[기준선 격자]의 Start[시작]은 '0mm', 8pt의 텍스트를 사용하기 위해 Increment Every[간격]은 '9.5pt'로 설정한다. 또한 눈금자 안내선으로 종이의 접힘선을 표시하자. 여기서는 세 부분으로 나뉘게 만들었다.

❶ Edit/InDesign > Preferences > Grids[편집/InDesign > 환경설정 > 격자]

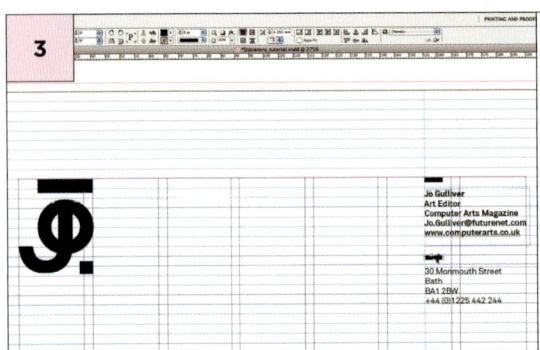

편지지 만들기

눈금자 안내선을 고정해두고 편지지에 필요한 요소들을 추가한다. 디자인 요소와 레이아웃으로 여러 시도를 해보자. 유념해야 할 것은 전달해야 할 정보의 위계질서인데, 당연히 로고가 가장 눈에 잘 띄는 것이 좋고, 주소와 같은 부수 정보들은 그다음 순위로 보여야 한다. 다른 디자이너의 작업을 살펴보는 것도 좋다.

스타일 시트 만들기

스타일 시트를 만들어 두면 모든 페이지를 한 번에 수정할 수 있다. 텍스트를 선택하고 Paragraph Style[단락 스타일] 패널에서 '새 스타일 만들기New Paragraph Style' 아이콘을 클릭한 다음, 이름을 지어주자. Swatches[색상 견본] 패널에는 새로운 검은색을 추가해 로고에 적용했다. 이 과정은 나중에 로고 색상에 대한 전체적인 수정을 해야 할 때 유용하다.

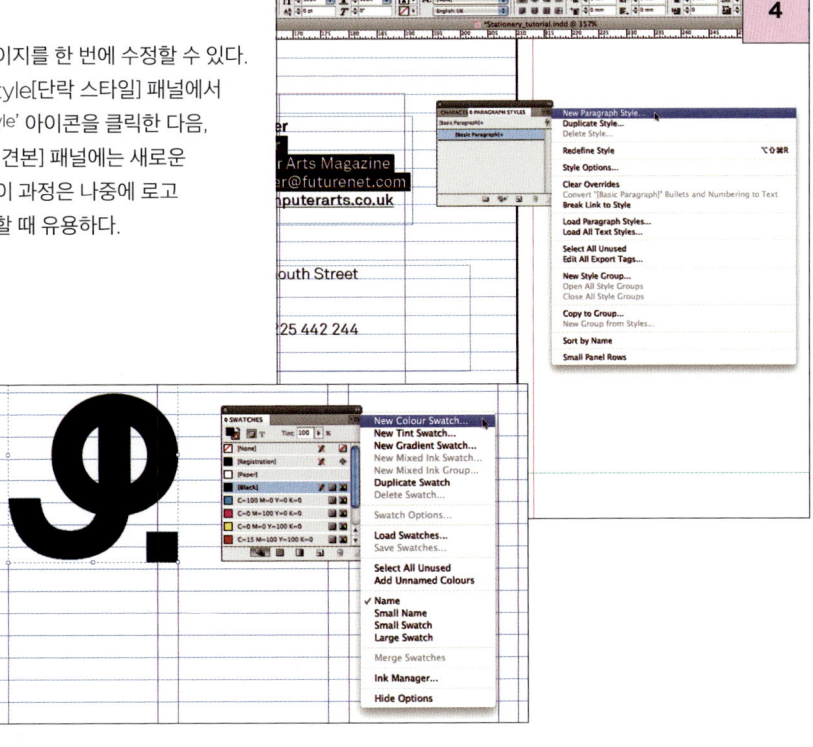

비인쇄 레이어 만들기

작업을 하다 보면 임시 글을 넣어놓고 결과물이 어떻게 보이는지, 레이아웃의 균형이 잡혀있는지 확인해야 할 것이다. 새로운 레이어를 만들고 '비인쇄 레이어'라 이름 붙이자. 해당 레이어를 우클릭하면 나타나는 Layer Options for "Non-printing Layer"["비인쇄 레이어" 옵션]를 선택하고 Print Layer[레이어 인쇄] 박스의 체크를 해제하자. 해당 레이어의 이름은 이탤릭체로 표시될 것이다. 이 방법은 정보와 수치를 계산할 때 유용하게 쓰일 수 있다.

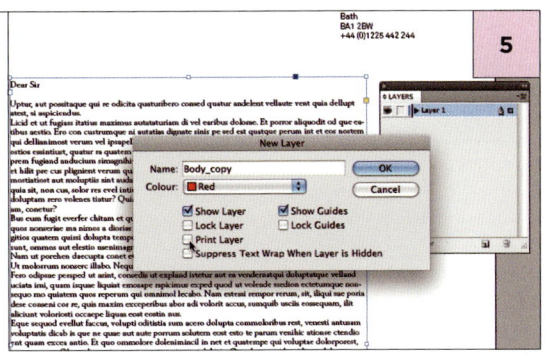

근정표 만들기

페이지를 복사하고 페이지 도구를 선택하자. 새로운 페이지를 클릭하고, 위 컨트롤바에서 새로운 페이지 규격을 선택하거나 수치를 입력한다. 근정표의 세로폭은 편지지의 1/3로 줄이고, Margins and Columns[여백 및 단]❷에서 Enable Layout Adjustment[레이아웃 조정 사용] 박스를 체크하자. 이는 페이지 사이즈가 바뀔 때 레이아웃을 조정할 수 있게 한다.

❷ Layout > Margins and Columns[레이아웃 > 여백 및 단]

하나의 문서에서 다양한 규격의 페이지로 작업하기 151

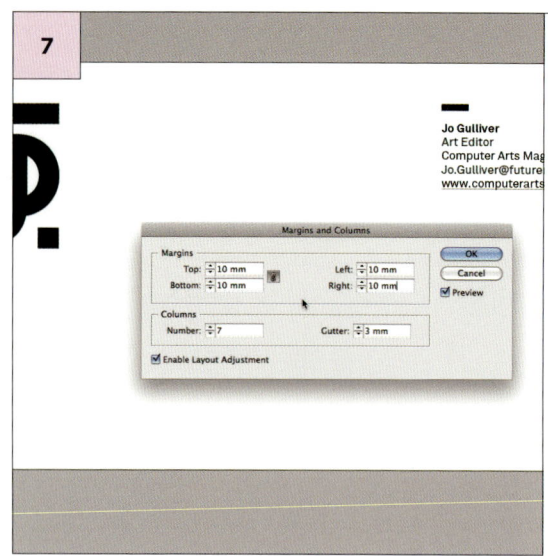

여백 새롭게 조정하기

다음은 새로운 페이지의 작아진 사이즈에 맞게 여백을 조정해야 한다. Margins and Columns[여백 및 단]의 Margins[여백]의 모든 항목에 '10mm'를 입력한다. 레이아웃과 요소들의 위치를 조정해 근정표가 잘 완성되도록 만들어주자.

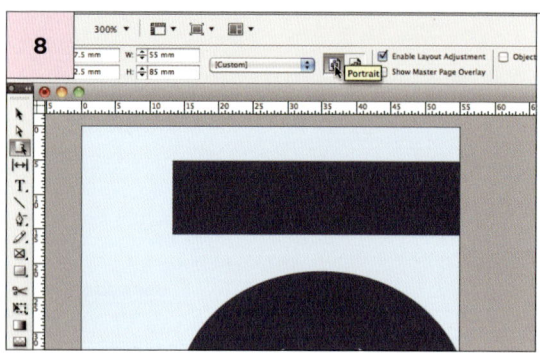

명함 만들기

명함을 만드는데 같은 과정을 반복하자. 크기는 가로 '85mm', 세로 '55mm'로 설정한다. 양면 명함을 위해 페이지를 한 장 더 복사하고 한 쪽에는 로고를, 반대쪽에는 정보를 입력하자. 세로 형태의 명함도 제작하고자 한다면, 페이지들을 복사하고 페이지 도구를 선택한 다음, 컨트롤 바에서 세로 아이콘을 클릭한다.

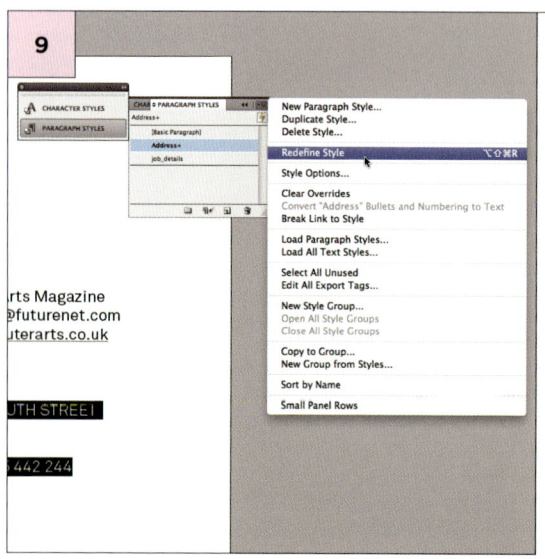

간단한 조정

전에 새로운 색상 견본을 만들고 스타일 시트를 미리 만들어 놓은 것이 이 단계에서 유용하다. 요소들에 변화를 주고 싶다면, 텍스트를 원하는 대로 조정한 후 Paragraph Style [단락 스타일] 패널의 내부 메뉴에서 Redefine Style[스타일 재정의]를 선택한다. 로고에 다른 색을 넣어주기 위해서는 Swatches[색상 견본] 패널에서 해당 색상을 조정한다. 마지막으로 PDF 형식으로 저장하면 완성이다.

PDF로 추출

문서를 인쇄하기 위해 PDF 파일을 만들 때는 프린터의 요구사항을 파악하고 PDF 파일에 적용해야 한다. Export Adobe PDF[Adobe PDF 내보내기] 패널에서 쉽게 지정할 수 있다. 파일명을 다르게 지정해서 이전 파일을 덮어쓰지 않도록 저장하자.

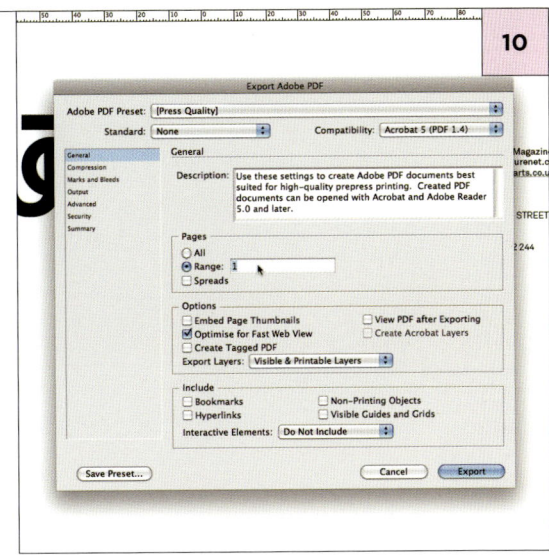

비인쇄 레이어

TIP

비인쇄 레이어는 아주 유용한 추가 메모장 역할을 한다. 하지만 표준 보기 모드에서만 확인할 수 있고, 미리 보기 모드에서는 확인할 수 없다.

다양한 레이아웃 간단히 만들기

CS6부터 도입된 Liquid Layout[유동적 레이아웃] 도구는 사용자가 새로운 문서 규격에 맞게 콘텐츠를 조정하는 방식을 지정하여 페이지 위의 개체에 여러 원칙을 추가할 수 있도록 한다.

콘텐츠가 반응하는 방식을 조절하기 위한 여러 옵션들이 있다. 이 도구가 주요 개체의 배치에 도움을 주지만 대신하여 완벽한 디자인을 제공하지는 않는 것을 명심하자. 원칙을 정하기 위해 시간이 좀 필요하지만 레이아웃을 위해 여러 크기의 페이지를 제작하기 위한 계획을 세운다면 인쇄물이든 디지털이든 시간을 투자할 가치가 있다.

Liquid Layout[유동적 레이아웃] 도구를 활용하여 프로젝트에 필요한 다양한 레이아웃을 효율적으로 만들어내는 방법을 알아본다.

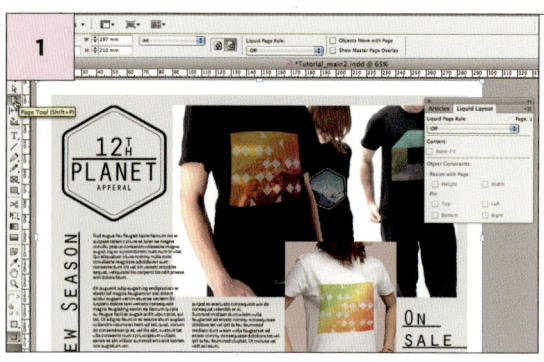

대지 방향 조정하기

기존에 가로로 제작된 페이지를 세로 형식으로 바꿀 것이다. Liquid Layout[유동적 레이아웃]❶을 선택하여 대화상자를 연다. 자동으로 페이지 도구가 선택되고, 페이지의 모서리에 핸들이 생길 것이다. 나중에 적용할 것이지만, 페이지 도구로 Liquid Page Rules[유동적 페이지 규칙]가 어떻게 새로운 페이지 크기에 반응하는지 확인하면서 페이지 크기를 바꿔볼 수 있다.

❶ Layout > Liquid Layout
[레이아웃 > 유동적 레이아웃]

Liquid Page Rule[유동적 페이지 규칙]

핸들 하나를 드래그하여 페이지 크기를 조정한다. 유동적 페이지 규칙 메뉴는 '끔Off' 상태가 기본 설정이기 때문에 내용은 고정된 채로 페이지 크기가 변하는 것을 확인할 수 있다. 드래그 커서를 놓자마자 페이지는 자동으로 기존 크기로 돌아간다.

'크기 조정Scale'

이제 Liquid Layout Rules[유동적 페이지 규칙]를 추가해보자. 패널의 유동적 페이지 규칙 메뉴에서 '크기 조정'을 선택한다. 핸들 가운데 하나를 선택하면 콘텐츠가 새 페이지 크기 기준인 그룹 개체로 정해진 것을 확인할 수 있다. 이 기능은 문서의 크기를 줄일 때 좋지만, 페이지의 방향을 바꿀 때에는 적합하지 않다.

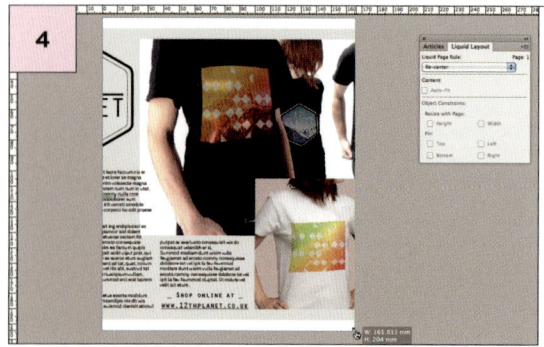

'가운데로 다시 맞춤Re-center'

다음으로, 메뉴에서 '가운데로 다시 맞춤'을 선택하면 모든 요소를 페이지 중심으로 유지해주지만, 개체의 크기를 조정하지는 않는다. 이 옵션은 페이지의 크기를 키울 때에만 쓰이는 편이다. 개체의 위치는 변경되지만, 상대적인 기준으로는 같은 위치를 유지할 것이다.

'안내선 기반Guide-based'

'안내선 기반' 옵션을 선택한다. 이 옵션은 디자인 작업 시 더 세밀한 조정을 할 수 있도록 한다. 규칙은 안내선을 추가함으로써 작동한다. 눈금자에서 드래그하는 방식으로 안내선도 추가할 수 있다. 삽입된 이미지 중 하나를 관통하는 가로 안내선을 드래그하여 배치한다. 이 안내선은 점선으로 표시되며 이 안내선과 접해 있는 개체는 페이지 크기를 조정할 때 영향을 받는다.

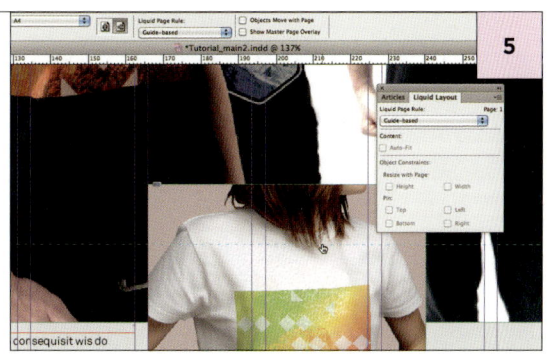

비율에 맞게 스케일 조정

페이지의 크기를 조정하면 이미지 프레임은 세로로 길어질 것이다. 가로 안내선을 추가하면 프레임이 넓어진다. 개체와 접해있는 세로 및 가로 안내선과 프레임의 크기가 비례적으로 변화하도록 해준다. 이 안내선이 벡터 그래픽과 닿아있을 때 문제가 생기는데, 페이지의 크기를 변경하면, 그래픽이 늘어나거나 찌그러진다.

'개체 기반Object-based'

'개체 기반' 옵션을 살펴보자. 이 기능을 사용하면 각각의 개체가 새 페이지 규격에 따라 크기 변경되는 방식에 제약을 걸 수 있다. 메뉴에서 '개체 기반Object-based'을 선택한 다음 이미지를 고른다. 이미지 모서리에 안내선과 원형 표시가 생기는 것을 확인할 수 있으며, 패널에 더 많은 옵션이 생긴다.

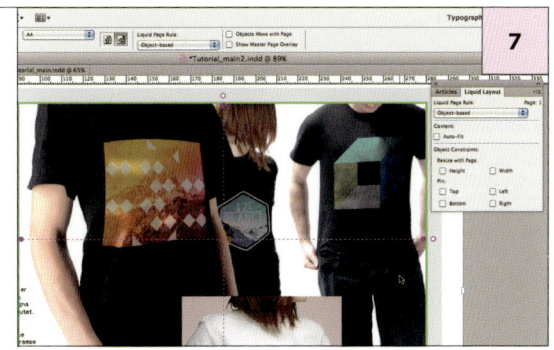

개체 고정

외부 원형 표시 가운데 하나를 클릭하면 그 표시가 이미지를 페이지 모서리에 고정하면서 페이지에 맞게 잠긴다. 이 기능의 단점은 개체를 페이지에 고정하는 것이 전부라는 점이다. 개체를 서로 고정하는 것은 불가능하다. 또한 이제 패널의 Object Corresponding[개체 제한] 체크박스가 선택되는 것도 확인할 수 있다.

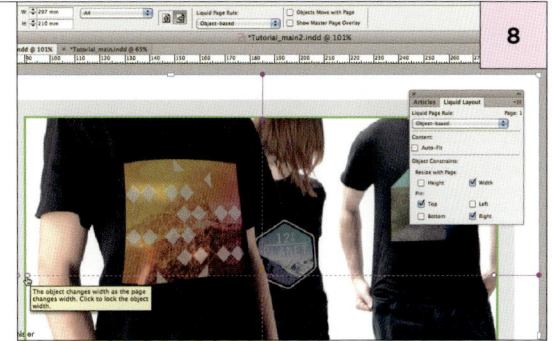

잠금 아이콘

기본 설정으로 이미지의 가로와 세로는 잠겨있다. 그래서 페이지 크기가 변경될 때에도 프레임은 사이즈를 바꾸지 않는다. 이 잠금 상태를 풀기 위해서는 안내선의 자물쇠 아이콘을 클릭하면 된다. 그 대신에 패널에 있는 Resize with Page [페이지에서 크기 조정] 옵션의 상자를 체크하면 이미지의 가로와 세로를 페이지 비율에 맞게 변경시킬 수 있다.

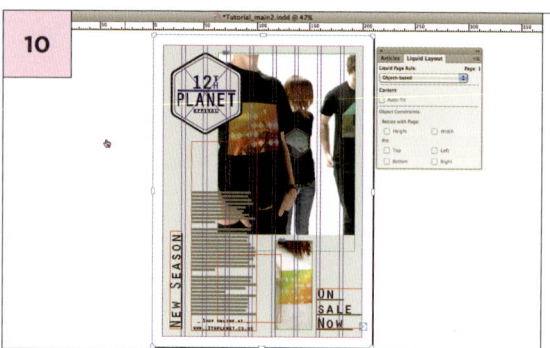

손질 마무리하기

최고의 결과를 얻기 위해 개체에 올바른 규칙을 적용하려면 여러 번의 시험을 거쳐야 할 것이다. 개체 고정으로 시도하는 동안 컨트롤 바에서 용지 방향을 가로와 세로로 변경해보는 데 도움이 된다. 결과에 만족한다면 시간을 들여 레이아웃을 정리하자. 페이지를 저장하면 적용한 규칙도 함께 저장되며 나중의 사이즈 변경을 위해 사용할 수 있다.

새로운 안내선

선택 도구를 활용하여 안내선의 아이콘을 클릭하여 안내선을 일반 안내선으로 변경할 수 있다. 이 것의 장점은 디자인 레이아웃을 하는 동안 안내선을 추가하여, 나중에 페이지 도구를 사용할 때 안내선을 변경할 수 있다는 점이다.

QR 코드 제작하고 활용하기

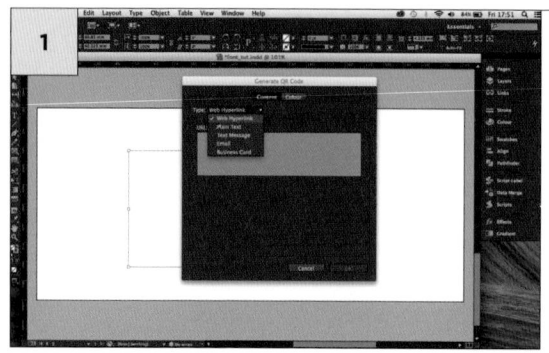

QR 코드 제작 기본 설정
CC 2015에서는 QR 코드를 개체로 만들 수 있다. 프레임을 그린 다음 우클릭하고 Generate QR Code[QR 코드 생성]를 선택한다. Generate QR Code[QR 코드 생성] 대화상자가 열린다. 예시에서는 웹 링크를 사용할 것이기 때문에 Type[유형] 드롭다운 메뉴에서 '웹 하이퍼링크Web Hyperlink'를 선택한다. 이 외에도 '일반 텍스트Plain Text', '문자 메시지Text Message', '전자 우편Email', '명함Business Card' 등의 옵션을 고를 수 있다.

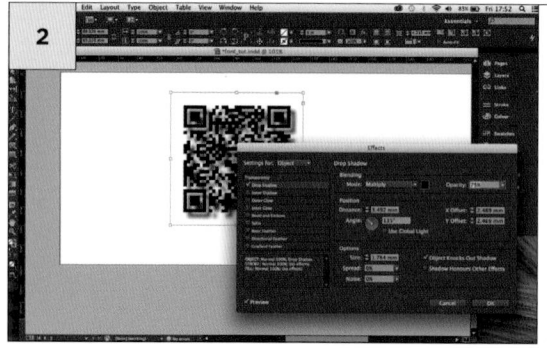

QR 코드 편집
링크 주소를 URL 필드에 입력하고 확인을 누른다. QR 코드는 인디자인의 다른 벡터 오브젝트와 비슷하다. 품질의 손상 없이 크기 조절이 가능하고, 그림자 적용 같은 효과를 추가하거나 색상을 바꿀 수도 있다. 효과를 추가하려면 프레임을 우클릭한 다음 Effects[효과]로 가서 관련 메뉴에서 원하는 효과를 선택한다.

빠른 테스트
QR 코드를 테스트하는 가장 쉬운 방법은 스마트폰을 활용하는 것이다. 아니면 직접 선택 도구를 선택 후 코드 위로 이동하여 QR 코느의 목적지를 빠르게 확인할 수도 있다. QR 코드를 편집해야 한다면, 프레임을 우클릭한 다음 메뉴에서 Edit QR Code[QR 코드 편집]를 고른다. 그러면 Generate QR Code [QR 코드 생성] 대화상자가 다시 열린다.

QR 코드는 이제 트렌디한 요소가 아닐지 모르지만, 아직 요구하는 클라이언트들이 있다. 인디자인에서는 QR 코드를 직접 만들고 편집할 수 있다.

실험하기

이제 다른 QR 코드 유형을 시도해보자. 관련 메뉴에서 문자 메시지를 선택한다. 전화번호와 메시지 필드를 입력할 수 있는 창이 뜬다. 세부 내용을 알맞게 입력하면 누군가 QR 코드를 스캔 했을 때 문자 메시지가 해당 전화번호로 전송될 수 있다. 전자우편 옵션도 비슷한 방식으로 작동되며, 명함 옵션을 사용하면 자신에 대한 세부 정보를 보낼 수 있다.

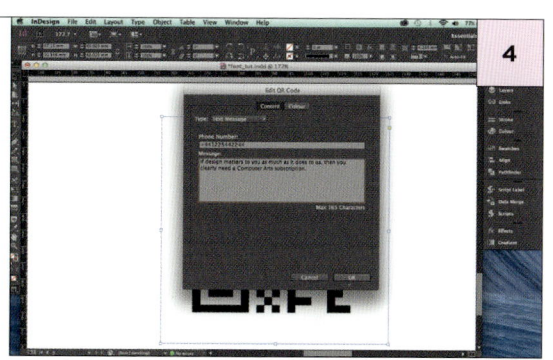

디자인 요소 추가하기

QR 코드의 좋은 점은 코드의 70%의 정보만 보여도 스캔이 가능하다는 점이다. 따라서 디자인의 일부로 합치거나 커스터마이징할 수 있다. 여기에서는 새 프레임에 그래픽을 붙여 넣고 가독성을 위해 흰색 획을 더하는 방식으로 코드 위에 로고를 추가했다. QR 코드가 여전히 작동하는지 확인하자.

콘트라스트를 확인

QR 코드의 색상을 편집할 때에는 코드와 배경 사이의 콘트라스트를 유지할 필요가 있다. QR 코드를 더 조정하고 싶다면 파일을 일러스트레이터에서 열어 편집한다. 편집을 마치면 인디자인으로 붙여넣는다. 하지만 이렇게 붙여넣은 그래픽은 이제 더 이상 내용을 편집할 수 없다는 점을 기억하자.

글리프 활용하기

글리프가 무엇일까? 기본적으로는 문자를 표현할 수 있는 그래픽 형태이자 문자의 일부이다. 숫자, 글자, 구두점과 장식 요소를 표현할 수 있다. 글리프는 또한 분수, 통화, 강조 기호가 포함된 알파벳처럼 키보드에는 없는 그래픽 심벌을 보여주기도 한다.

하나의 문자를 대신하여 무수한 다른 형태를 표현하는 무척 다양한 글리프를 선택할 수 있는 오픈타입 서체가 많다. 이런 오픈타입 서체를 작업에 활용하면 타이포그래피를 커스터마이징하고 서체 디자인에 풍부함을 추가하는 좋은 방법이 된다. 이 튜토리얼을 통해 글리프 패널을 살펴보면서, 글리프 사용법과 작업 속도를 높일 수 있는 모든 방법을 살펴보자.

글리프, 그리고 인디자인의 Glyphs[글리프] 패널은 디자인에 무수한 가능성을 열어준다. 그 가능성을 최대한 활용할 수 있는 방법을 알아보자.

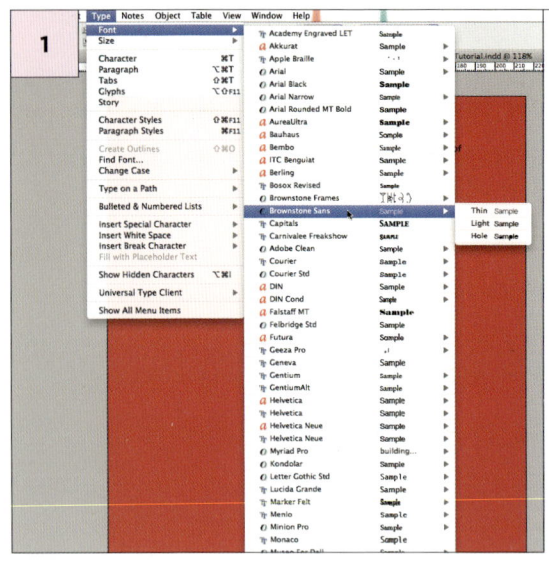

현명한 폰트 선택

어떤 문구와 서체를 사용할지 결정하자. 이 튜토리얼에선 비교적 많은 글리프가 포함된 오픈타입 폰트를 사용하는 것이 좋다. 폰트 종류를 보려면 Font[글꼴]❶로 이동한다. 리스트에서 서체 이름의 왼쪽 심볼을 보면 폰트 타입을 알 수 있다. 미리보기도 확인 가능하다. 이 정보가 보이지 않을 경우, Preferences [환경 설정]Ctrl+K❷의 Type[문자] 메뉴에서 Font Preview Size[글꼴 미리 보기 크기] 상자에 체크 표시한다.

❶ Type > Font[문자 > 글꼴]
❷ Edit/InDesign > Preferences
[편집/InDesign > 환경 설정]

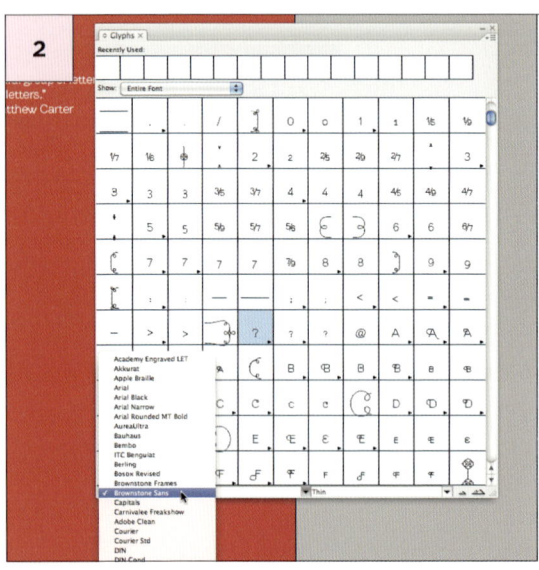

사용 가능한 글리프 확인하기

이 예시에서 우리가 사용한 서체는 Brownstone이다. 굵기마다 1,500개의 글리프가 들어 있어 활용 폭이 넓다. Glyphs[글리프]❸에서 폰트 내 사용 가능한 글리프의 종류를 확인한다. 패널 하단의 드롭다운 메뉴를 이용해 폰트를 선택할 수 있다.

❸ Windows > Type & Tables >
Glyphs[창 > 문자 및 표 > 글리프]

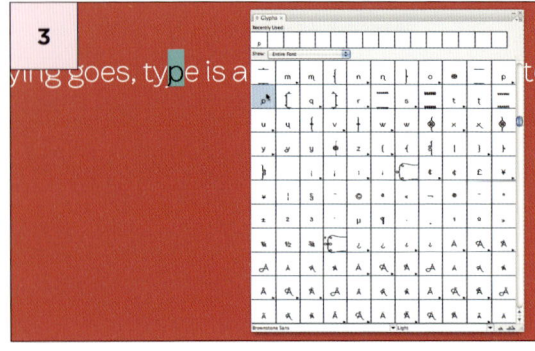

글리프 이용하기

사용 가능한 모든 글리프를 보고 싶다면, Show[표시] 메뉴가 '전체 글꼴Entire Font'로 설정되었는지 확인한다. 메뉴에서 다양한 글자체와 키보드에 없는 다양한 문자를 확인할 수 있다. 글리프를 사용하고 싶을 때는 문자 도구를 선택한 후 문서의 적당한 사리에 배치한 다음 선택할 글리프를 더블클릭하면 된다.

유니코드 표준

패널에서 글리프 하나를 골라 마우스를 올리면 해당 글리프의 정보를 보여준다. 표시되는 정보는 글리프의 유니코드 값으로, 문자 하나에 숫자를 매긴 표준 유니코드를 말한다. 유니코드 표준은 각각의 글자가 다른 폰트에서도 같은 값을 갖도록 한다. 예를 들어, 쉼표는 언제나 002C라는 유니코드 값을 갖는다.

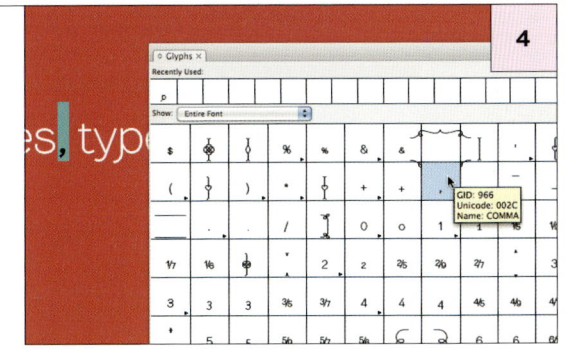

검색 속도 높이기

많은 수의 글리프를 가진 폰트의 경우, 일일이 내리면서 글리프를 찾기에는 오랜 시간이 걸린다. 때문에 문자의 검색을 편하게 해주는 옵션이 있다. 글리프 중 각 문자의 칸에 작고 검은 화살표가 뜨는 것들이 있는데 이는 문자의 대체 항목이 있음을 의미한다. 화살표를 클릭하고 있으면 그 글리프를 대신할 수 있는 다른 옵션이 나타나기 때문에 더 빠르게 글리프를 결정할 수 있다.

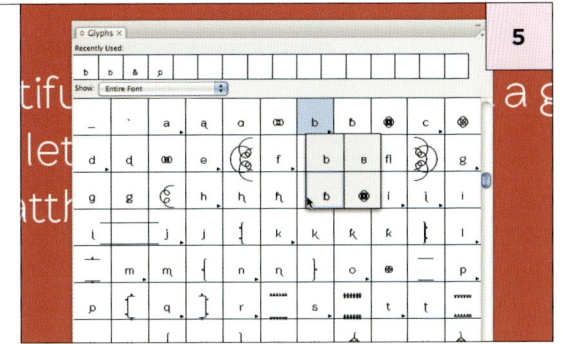

Alternates for Selection[선택 항목의 대체 항목]

그 외에도, 패널 내 Show[표시] 메뉴가 검색 폭을 좁혀줄 다양한 옵션을 제공한다. Alternates for Selection[선택 항목의 대체 항목]은 선택한 문자의 대체 항목을 보여주는 매우 유용한 기능이다. 이 기능을 고른 다음, 텍스트 박스의 해당 글자를 드래그하면 패널에 대체 항목들을 표시한다. 예시에 적용된 서체의 경우 장식적인 문자를 볼 수 있었다.

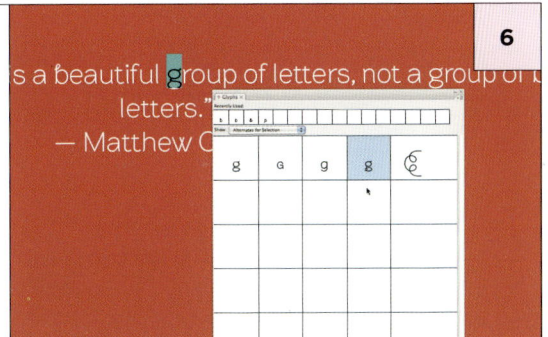

서체 별 맞춤형 합자

많은 오픈타입 폰트에는 'fi'와 'fl' 같은 표준 합자 외에도, 서체별 맞춤형 합자들이 있을 수 있다. 그러므로 글리프를 둘러보며 어떤 글자 조합이 가능한지 살펴볼 만하다. 예시의 경우, Show[표시] 메뉴에서 Access All Alternates[모든 대체 항목 엑세스(aalt)]를 선택하니, 검색 결과를 좁혀줄 예시들이 많았다.

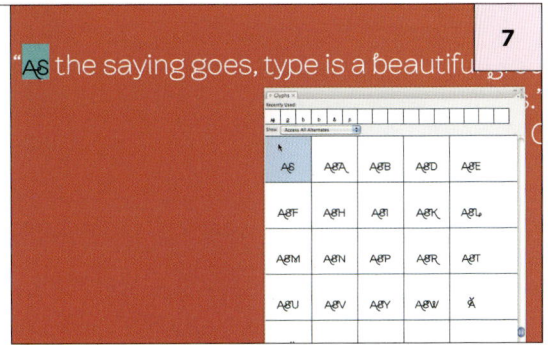

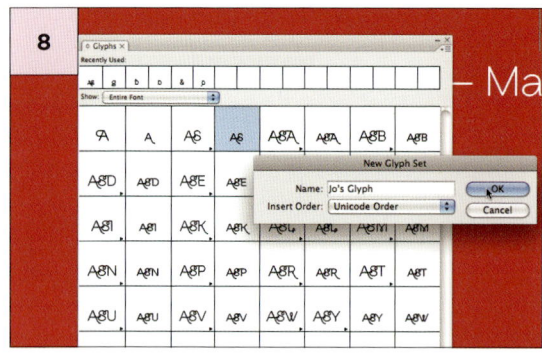

맞춤형 글리프 세트

패널에서 최근 사용한 10개의 글리프를 볼 수 있다. 맞춤형 글리프 세트를 만들고 싶다면 패널 내 메뉴에서 New Glyph Set[새 글리프 세트]를 선택한다. 글리프 세트의 이름을 정하고 확인을 누른 다음, 선택할 글리프를 우클릭하고 Add To Your Set[글리프 세트에 추가]를 선택하여 세트에 추가할 수 있다. 여러 폰트의 글리프를 하나의 세트로 저장할 수도 있다.

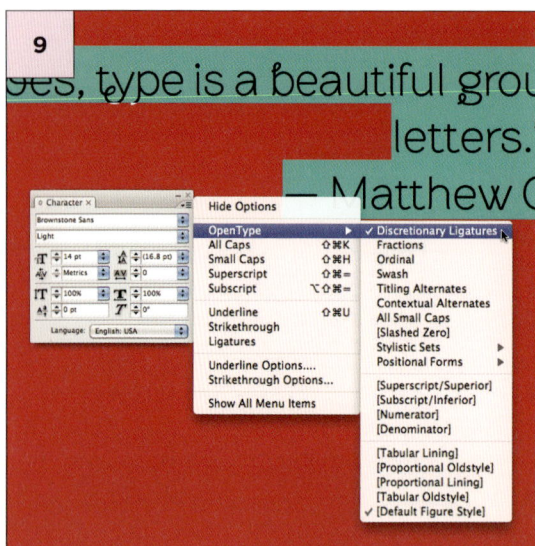

오픈타입 폰트의 대체 항목

글리프를 활용하는 또 다른 방법은 Character[문자] 패널에서 OpenType[오픈 타입]을 선택하여 고르는 것이다. 이 방법은 글리프 패널의 Show[표시] 메뉴와 비슷한 리스트를 보여준다. 만약 선택한 폰트가 이 대체 항목들을 지원하지 않을 경우, 메뉴 이름이 대괄호 안에 표시된다. 이 방법은 단 하나의 대체 항목을 가지며 텍스트 본문 전체에 변경사항을 적용할 때 더 적합하다.

텍스트의 윤곽선 넣기

이제 글리프 창을 살펴보았으니 글리프와 폰트 크기를 조합하여 다양한 실험을 해볼 수 있다. 크기가 큰 텍스트로 작업할 때는, 각각의 문자나 그룹을 윤곽선으로 표시하면 작업이 훨씬 쉬워진다. 텍스트의 윤곽선을 표시하려면 글 상자를 선택한 다음 상위 메뉴 Type[문자]의 Create Outlines[윤곽선 만들기]Ctrl+Shift+O를 선택한다.

TIP

오픈타입 폰트
오픈타입은 트루타입과 관계가 있지만, 더 많은 글리프를 65,000자까지 저장할 수 있다. 다시 말해 오픈타입 폰트는 소문자와 합자부터 장식적인 문자들을 포함한 부수적인 요소를 많이 담고 있다.

글리프 설정 살펴보기
Composition[컴포지션]❹에서 Substituted Glyphs[대체 글리프]를 선택하면 본문에 추가된 글리프를 빠르게 볼 수 있다. 글리프를 노란색으로 강조하여 보여주기 때문에 본문 작업 시 대체 항목을 쉽게 확인하기 좋은 방법이다.

❹ Edit/InDesign > Preferences > Composition[편집/InDesign > 환경설정 > 컴포지션]

인디자인 하나로 해결하기
— 질감 표현하기

매끈한 디자인이 대세이긴 하지만 이런 디자인은 지나치게 인조적 느낌을 주어 거부감이 드는 경우가 있다. 삶이란 얼룩과 균열이 함께하므로 그런 흔적을 디자인 작업에 드러내면 친화적인 느낌을 주는 데 도움이 된다.

질감 표현은 실재와 가상의 영역 사이에 미묘한 다리 역할을 할 수 있다. 손으로 만질 수 있을 것 같은 표면을 보면 사연스레 손을 뻗게 될 것이다. 이는 본능에 따른 매우 위력적인 행동이다. 태블릿 PC와 같은 사용자의 촉각을 이용하는 기기의 인터페이스 디자인이라면 더욱 그렇다.

이미지에 질감을 적용할 수 있는 Effects[효과] 패널의 설정들을 살펴볼 것이고, 투명도를 활용하여 다양한 사진의 매력적인 특성을 활용하고 시각적으로 향상 효과를 줄 방법도 알아본다.

캔버스 질감을 활용한 개체 활용부터 질감을 더한 버튼의 위력까지, 인디자인으로 표현할 수 있는 촉각적 표현 요소를 익힌다.

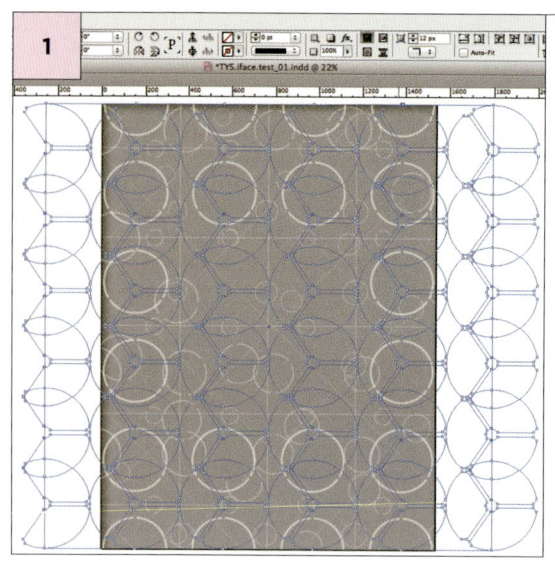

기초

디자인에 질감을 더하는 가장 간단한 방법을 살펴보자. 바로 질감 이미지를 활용하는 것이다. 배경 패턴은 벡터 패스를 그대로 유지하도록 일러스트레이터에서 만들어 인디자인으로 불러왔다. 즉, 이 이미지를 나중에 활용하여 질감을 곧바로 특정 형태로 불러들일 수 있다는 뜻이다. 배경 개체를 위한 새로운 레이어를 추가한다.

구축 시작하기

배경 질감을 추가하면서 다양한 대비 효과 만들기 위해 먼저 이 프레임에 대각선 방향의 그레이디언트를 추가한다. 명암이 교차하는 영역이 흥미로운 요소를 만들어낼 것이다. 첫 번째 질감을 가져오고 Ctrl+D, 직접 선택 도구로 이미지를 선택한다.

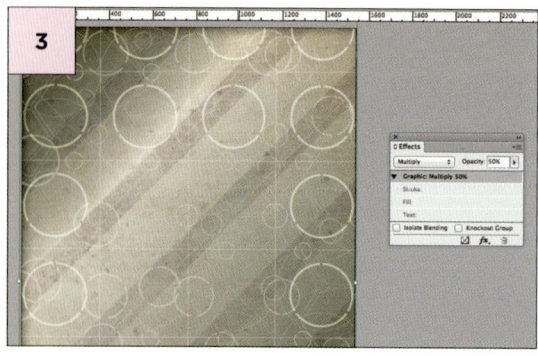

미묘한 레이어 작업

포토 텍스처링을 성공으로 이끄는 열쇠는 미묘한 레이어링에 있다. Effects[효과] 패널 Ctrl+Shift+F10에서 혼합 모드 메뉴의 '곱하기 Multiply'를 선택하고 Opacity[불투명도]를 '50%'로 줄인다. 그러면 그레이디언트가 뒤로 비쳐 보이게 된다.

스크래치 효과

닳은 느낌을 위해 스크래치 효과를 더해보자. 첫 번째 프레임을 복제하고, 현재 이미지를 삭제한 후 새로운 질감 이미지를 불러온다. 우리가 고른 사진은 명암 대비가 매우 강하며, 긁힌 자국이 이미지에서 가장 밝은 부분이 될 것이다. 직접 선택 도구로 이미지를 선택하고, Opacity[불투명도]를 '100%'로 설정하면 눈에 띄는 스크래치가 남는다.

하드 라이트

다음에 추가할 질감은 점점 어둡게 미묘한 차이로 변화하도록 하면서 동시에 채도를 높일 수 있도록 돕는 것이다. 그리고 괜찮은 먼지 텍스처를 추가해서 더욱 효과가 드러나게 한다. 이전의 두 단계에서 했던 같은 과정을 반복하고 Effects[효과] 패널에서 이미지의 혼합 모드를 '하드 라이트Hard Light'로, Opacity[불투명도]를 '100%'로 변경한다.

개체에 질감 입히기

개체에 질감을 적용하는 단계로 넘어가자. 버튼 구성에 미세한 질감을 입히고자 한다. 포토샵에서 Pattern Overlay[패턴 오버레이] 기능으로 만든 질감이미지의 왼쪽 개체을 형태에 맞게 불러들이고 혼합 모드를 '소프트 라이트Soft Light'로 설정한다. 드러나는 효과는 눈에 띄진 않지만, 색상으로만 이루어진 단조로운 느낌은 줄어든다.

질감 추가하기

질감을 더욱 효과적으로 만들기 위해 포토샵에서 만든 사선 패턴을 하나 더 얹는다. 버튼 형태를 복제한 후 프레임 형태가 투명인지 확인하고 처음의 질감을 떨어뜨려 놓은 다음 새로운 질감을 불러와서 반으로 크기를 줄이고 Opacity [불투명도] '60%', 혼합모드 '곱하기Multiply'로 바꾼다.

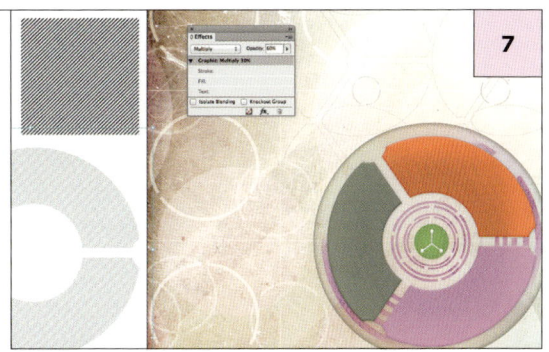

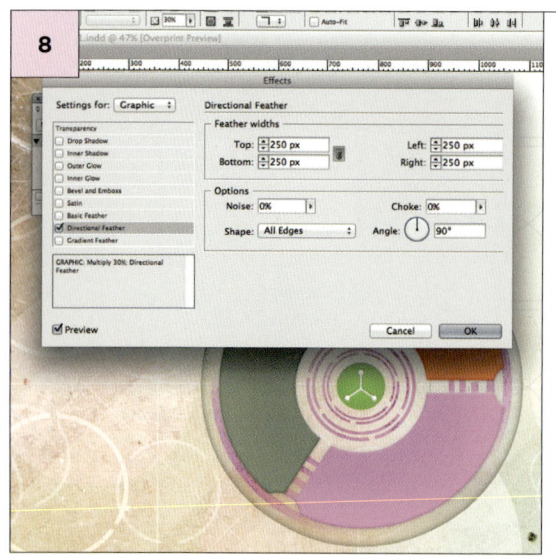

실감 나는 조명 효과

개체의 표면에서, 조명이 어두운 곳에서 밝은 곳으로 넘어가는 부분의 질감이 더욱 분명하게 살아난다. 우리는 이 질감이 그림자를 통해 내부 가장자리에 나타나길 바랐다. 질감의 각각의 예를 고르고 Effects[효과]Ctrl+Alt+M 패널에서 Transparency[투명도] 메뉴의 '방향 페더Directional Feather'를 선택한다. Directional Feather[페더 폭]는 모두 '250px'로 설정하고, Options[옵션]의 Shape[모양]은 '모든 가장자리All Edge', Angle[각도]은 '90°'로 설정한다.

그레이디언트 페더링 Gradient Feathering

Effects[효과] 패널의 Transparency[투명도] 메뉴에서 Gradient Feather[그레이디언트 페더]를 선택해 Options[옵션]의 유형을 Radial[방사형]으로 설정한다. 중심에서 바깥으로 뻗어 나오는 그레이디언트 효과가 나올 때까지 여러 시도를 해보자. 패턴이 들어간 내부 그림자가 만들어지면서 처음 만든 버튼 세트 위에 곧바로 적용되도록 형태가 재정렬된다.

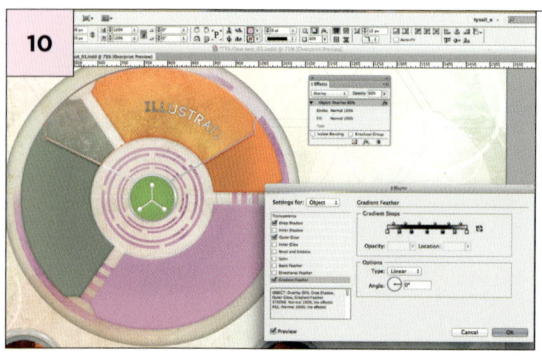

마무리

마지막 질감은 버튼 위에 유리 질감의 효과를 주는 것이다. 질감 이미지의 혼합 모드를 '하드 라이트Hard Light'로 바꾸고, 프레임은 '60%' 불투명도를 가진 '오버레이Overlay' 모드로 설정한다. 효과 패널에서 Gradient Feather[그레이디언트 페더]를 이용하여 투명도를 좀 더 자연스럽게 만든다. 마지막으로 약간의 노이즈와 함께 '65%' 불투명도의 Outer Glow[외부 광선]을 설정하면 반투명 효과를 더하는 데 도움이 된다.

TIP

낮은 채도의 활용

가져온 질감 이미지를 활용하여 색상 테마를 만들 때 채도가 과도하게 강할 수 있다. 특히 혼합 모드 혹은 불투명도를 하드라이트나 오버레이로 설정했을 땐 더욱 그렇다. 물론, 포토샵으로 가서 톤을 조절하는 것도 하나의 해결책이 될 수 있지만 인디자인에서 바로 할 수 있는 방법이 있다. 질감 배경 전체를 덮는 프레임을 만든 다음, 색을 검정으로 채우고 Effects[효과] 패널에서 Color[색상]로 설정하는 방법이다. 이렇게 하면 아래에 있는 배경 소스가 회색조로 보이게끔 바뀌고, 불투명도를 조절해 색상의 채도를 낮출 수 있다. 손쉽게 활용할 수 있는 팁이다.

인디자인 하나로 해결하기
— 벡터 그래픽이 있는 커버 페이지 만들기

잡지 디자이너나 아트 에디터에게 시간과 예산이 충분하지 않을 때가 종종 있다. 예를 들어, 표지 일러스트레이터와 해외 사진작가를 섭외하느라 예산을 다 썼다. 그리고 돈도 없고 시간도 쫓기는 상황에서 어떻게 일정 수순에 맞는 커버를 제작할 수 있을까? 다음 튜토리얼을 통해 인디자인을 벗어나지 않고 맞춤형 타이포그래피 커버 페이지를 제작하는 방법을 알아보자. 일러스트레이터에서 사용하는 방대한 효과들을 유사하게 사용할 수 있다. 여기서 고려해야 할 한가지는 파일 크기인데, 인디자인 문서에 많은 효과를 사용할수록 파일 크기가 점점 커진다. 이 점을 기억하면서 단순하면서도 멋진 벡터 그래픽 커버를 만들어보자.

시간과 예산이 충분치 않을 때, 인디자인을 벗어나는 일 없이 벡터 그래픽이 있는 맞춤형 커버 페이지 제작 방법을 알아보자.

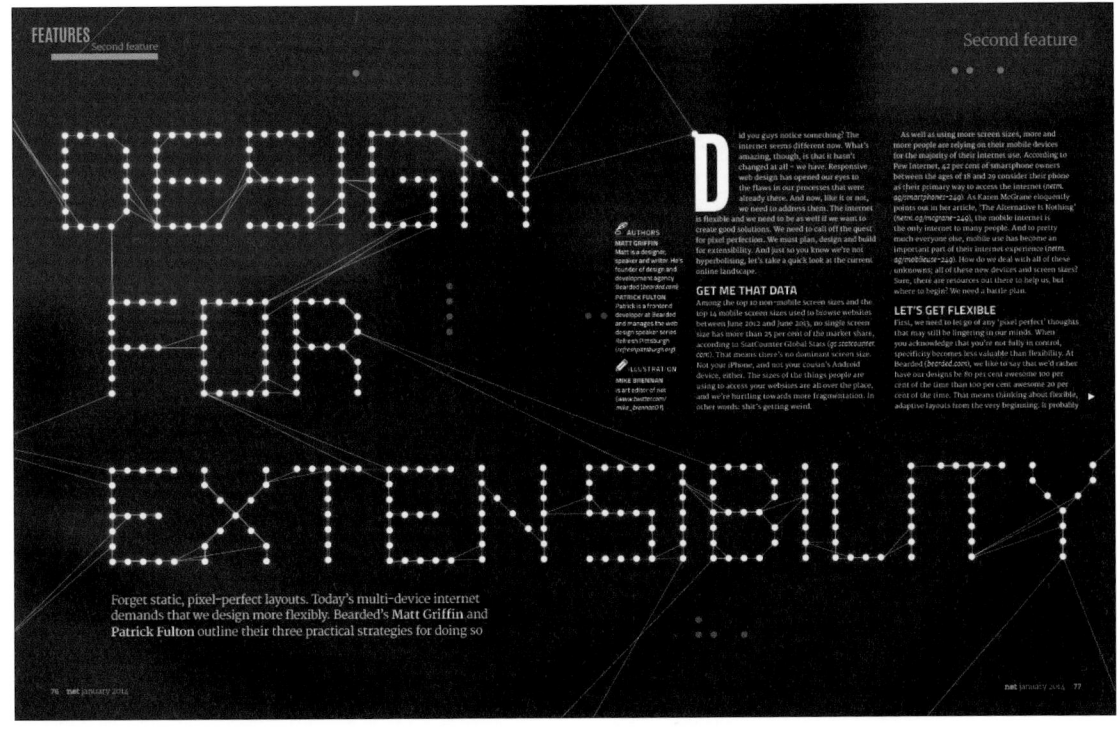

러프 레이아웃

먼저 어떤 문구를 커버로 사용하고 일러스트로 표현하고 싶은지 결정하자. 여기에서 우리는 특집 기사의 제목, "DESIGN FOR EXTENSIBILITY"를 핵심 요소로 사용했다. 맞춤형 헤드라인 외에도 문서 상에 고려해야 할 다른 요소들이 있으므로 계획 수립이 매우 중요하다. 본격적으로 시작하기 전에 만족스러운 구성이 나올 때까지 대강의 틀을 잡아두자.

그리드 만들기

새 레이어를 만들자. 그리드를 구축하기 위해 '3mm' 지름의 정원을 먼저 만든 다음, 왼쪽 상단 모서리에 배치한다. 이 원을 약 30번 정도 복제한 다음, Align[정렬]Shift+F7 패널을 열어 왼쪽으로 정렬하고 Distribute Spacing[분포 간격] 기능으로 세로 간격을 '3mm'로 균등하게 맞춘다. 이 열을 그룹으로 묶고, 가로로도 같은 과정을 반복한 다음, 이번에는 상단으로 정렬한다.

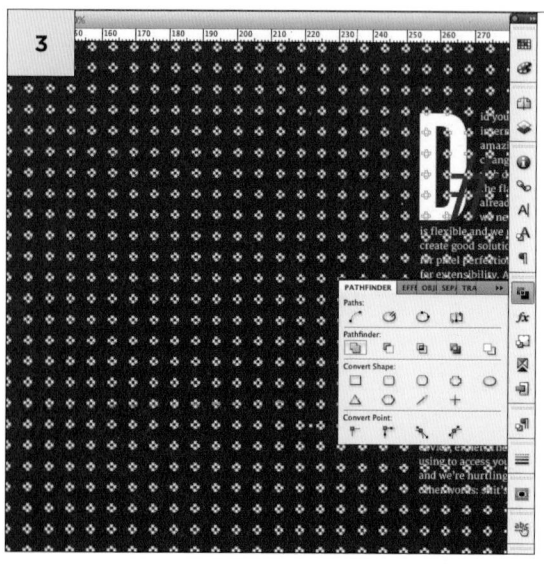

파일 크기 줄이기

많은 수의 원 때문에 파일 크기가 커지고 작업 속도가 느려질 수 있다. 그러므로 원을 다 만들었으면 Pathfinder[패스파인더]❶ 패널을 사용하여 그리드를 하나의 개체로 만든다. 인디자인이 멈추는 것을 막았으니 이제 Effects[효과] 패널Shift+Ctrl+F10로 이동한 다음, 불투명도 '10%'를 적용하여 배경처럼 보이게 만들자.

❶ Window > Object & Layout > Pathfinder[창 > 개체 및 레이아웃 > 패스파인더]

글자 배치

다음으로 점들을 가이드로 활용하여 그리드 상단에 글을 맞춰 배치할 것이다. 각각의 글자가 들어갈 사각 프레임을 배치하여 적당한 위치에 맞는 단어들을 올바르게 적용할 수 있도록 확인한다. 이 예시의 경우, 마지막 단어가 전체 스프레드의 중심선을 피하도록 신경 썼다. 이제 각각의 글자가 점 다섯 개의 폭에 일곱 개 만큼의 높이를 가졌는지 계산한다.

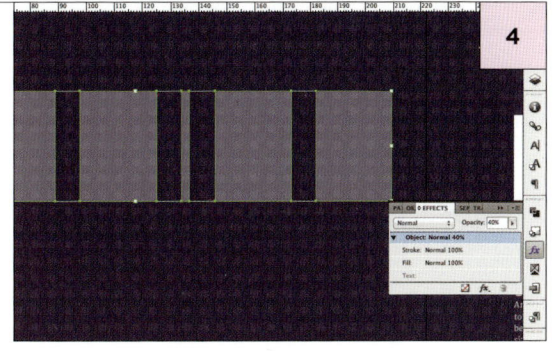

점 서체

이제 레터링을 할 차례다. 새 레이어를 만든 다음, 직접 선택 툴로 각각의 사각 프레임 아래 있는 점을 선택하고, 새 레이어에 현재 위치에 붙이기 한다. 레터링에 필요하지 않은 흰색 원은 모두 지워도 된다. 결과물이 만족스러우면 Pathfinder[패스파인더]를 이용하여 각각의 글자를 하나의 개체로 만든다.

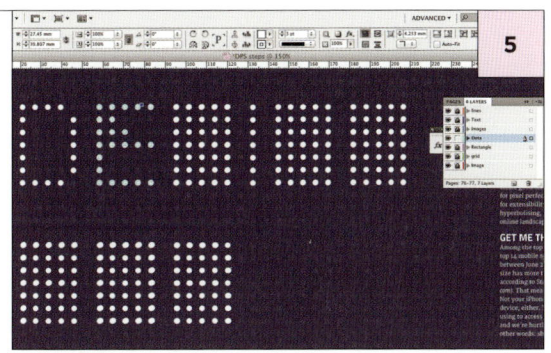

효과 적용

글자가 배경 그리드에서 도드라지게 보이도록 만들고 싶다면 글자 전체를 선택한 다음, Effects[효과]Ctrl+Alt+M 패널의 Outer Glow[외부 광선]에서 Opacity[불투명도] '70%', 혼합 모드는 '스크린Screen'으로 설정하여 '2.5mm' 크기의 외부 광선 효과를 추가했다. 또한 Basic Feather[기본 페더]에서 Feather Width[페더 폭]가 '0.5mm'로 설정된 기본 페더 효과를 추가하여 모서리를 부드럽게 만든다.

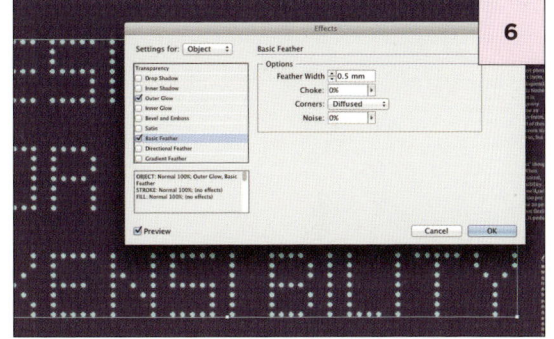

점 연결하기

현 상태로는 가독성이 그리 좋지 않으므로 이 점을 함께 연결하여 거미줄 같은 효과를 주려고 한다. 펜 도구를 선택하고 획의 두께를 '0.5pt'로 설정하자. 점잇기 놀이를 기억한다면 쉽게 할 수 있을 것이다. 점의 중앙 기준점을 따라 글자에 선을 잇는다. 각 글자의 점들이 하나의 선으로 연결되었을 것이다.

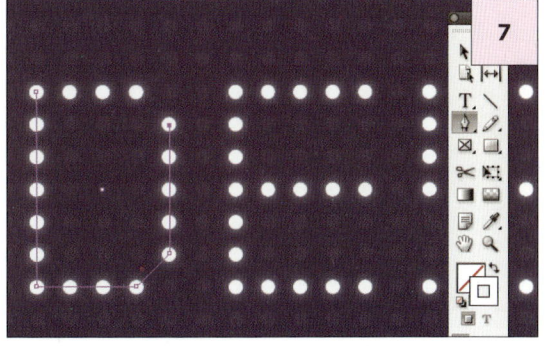

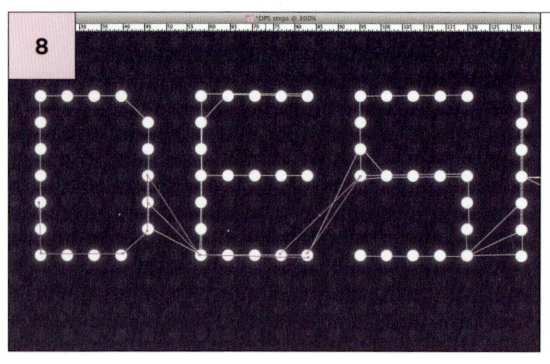

거미줄 효과
글자의 판독이 훨씬 쉬워졌다. 이제 각각의 글자 사이를 연결하고 글자의 굵기를 더욱 높여 거미줄 효과를 만들어 볼 차례다. 펜 도구를 이용하여 위 예시와 동일하게 글자 간 연결선을 추가한다. 많은 시도를 통해 어떤 형태가 심미성, 판독성 면에서 가장 좋은 효과가 있는지 확인한다.

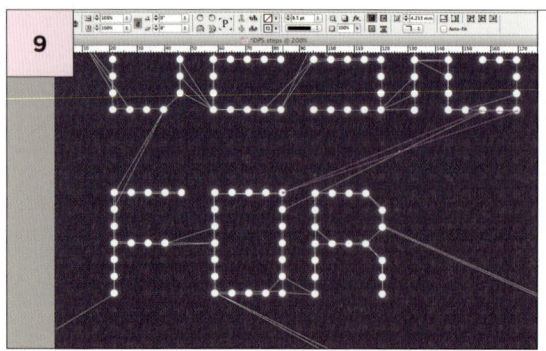

매력적인 요소 더하기
스프레드는 이제야 비주얼 아이덴티티를 보여주기 시작하고 있다. 그러므로 거미줄 컨셉을 한 단계 더 발전시켜보자. 우리는 서체가 스프레드와 좀 더 상호작용하길 원했기 때문에 펜 도구를 이용하여 윤곽선을 만드는 이전 과정을 반복했고, 이번에는 거미줄 효과를 페이지 모서리에도 적용했다. 그 결과 헤더에 조금 경쾌한 느낌이 생겼다.

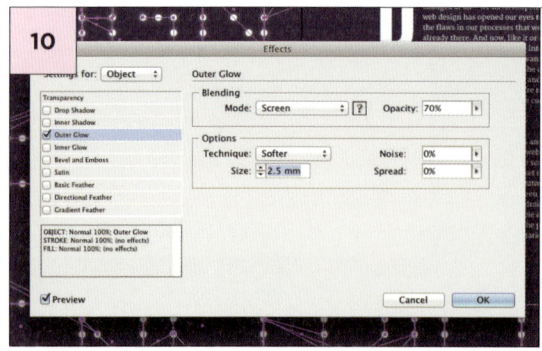

외부 광선 더하기
스프레드 전체에 효과를 주기 위해 6단계에 서체에 적용했던 방식과 동일한 효과를 거미줄에도 적용했다. Effects[효과] Ctrl+Alt+M 패널을 한 번 더 열어 점과 동일한 외부 광선을 적용한다. 혼합 모드는 '스크린Screen', Opacity[불투명도] '70%', 크기 '2.5mm'로 설정한다. 위 예시를 확인해보고 자신만의 설정을 자유롭게 추가해보자.

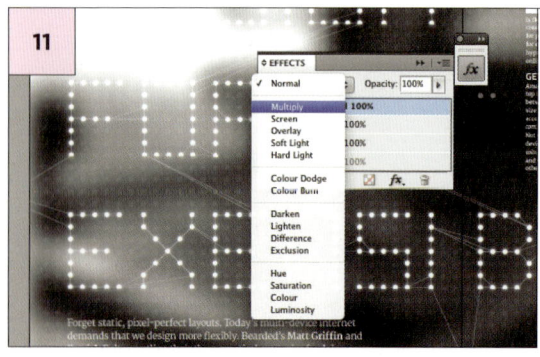

배경 추가하기
스프레드를 전체적으로 보면 왠지 심심해 보인다. 그래서 여기에 꼭 필요한 심도를 더하기로 했다. 대비가 뚜렷한 회색조 이미지를 찾아 배경으로 배치한다. 다음 단계로 Effects[효과] Shift+Ctrl+F10 패널에서 혼합 노드를 '곱하기Multiply'로 적용한다. 이미지를 포함하는 프레임을 원하는 색상으로 설정하면 회색조 이미지에 색을 입힐 수 있다.

마무리 수정 작업

벡터 그래픽과 본문 사이가 조금 동떨어진 느낌이 있어 거미줄로 점과 머리글자를 연결했다. 마지막으로 각각의 점 그룹을 선택하고 Effects[효과]Shift+Ctrl+F10 패널에서 선택한 점 그룹의 Opacity[불투명도]를 '10%'에서 '45%'의 적당한 수준으로 설정하여 배경 그리드에 심도를 더한다.

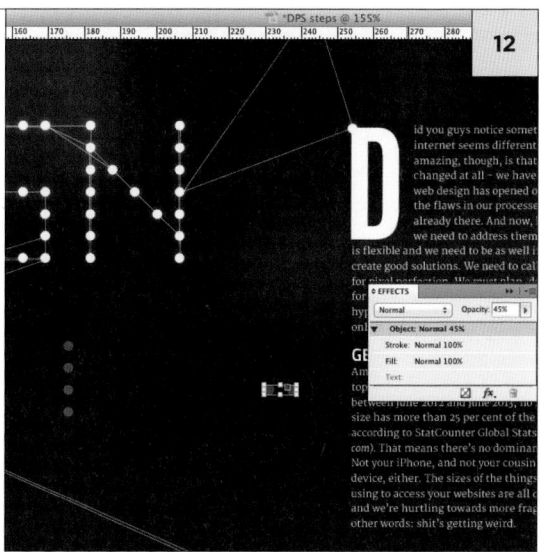

인디자인 하나로 해결하기
— 팝업 카드 만들기

잠재적인 클라이언트들에게 우편으로 프로모션 메일을 보낼 때는 기억에 남을만하고, 본인에 대해 궁금증을 심어줄 만한 창의력을 발휘하는 게 중요하다.

손으로 만든 팝업 카드는 이를 위한 재미있고 간단한 방법이다. 소소하면서 획기적인 이 방법은 수많은 프로모션 카드 중에서 튀어 보이게 만들 수 있는 좋은 방법이다. 정말 페이지 밖으로 뛰어나오는 생명력 넘치는 메시지를 만들 수 있다. 카드의 템플릿을 만들기 위해서는 인디자인을 사용하고, 간단한 효과들을 이용해 효과를 더해 줄 수 있다. 팝업카드를 만드는 기본적인 공식을 설명하면서, 동시에 카드 디자인을 자르고 접는 데 중요한 팁들로서 깔끔하고 전문가다워 보이게 만들 것이다.

A4 용지를 사용했고, 작업을 쉽게 하고 싶다면 짧고, 형태적으로 굵은 인사말을 선택하는 것이 훨씬 좋을 것이다. 이 프로세스의 가장 좋은 점은 저렴하고, 상대적으로 만드는 데 시간이 많이 들지 않는다는 점이다. 프린터 하나, 기본적인 문구류와 흔들리지 않는 손만 있으면 된다.

클라이언트에게 적은 비용으로 효과적인 방법으로 시선을 끌 수 있는 방법을 찾고 있다면 이 튜토리얼에서 팝업 카드 제작 방법을 배워보자.

시작하기

문서를 새로 만들고, 가운데에 카드가 반으로 접힐 가로 점선을 배치하자. Align[정렬]❶ 패널을 이용해보자. Align To [맞춤 대상]에서 '페이지에 정렬Align to Page'을 선택하고, '수직 가운데 분포Distribute Vertical Centers'를 클릭해 점선을 배치한다.

❶ Window > Object & Layout > Align[창 > 개체 및 레이아웃 > 정렬]

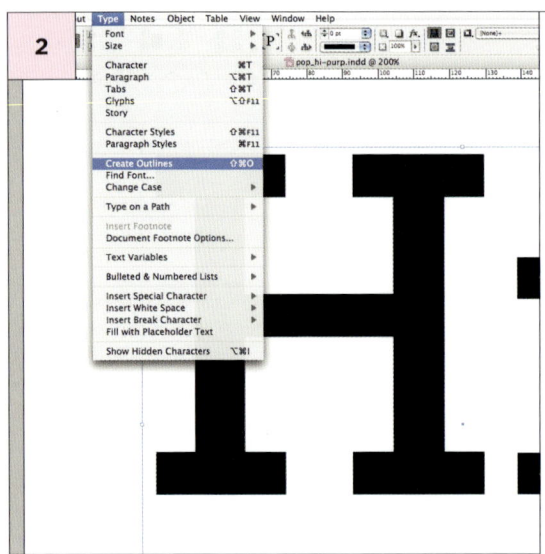

문구 작성하기

다음으로 해야 할 일은 어떤 메시지를 전할지 정하는 것이다. 만약 예시와 같은 짧고 친근한 소개말로 정한다면 제작이 좀 더 수월할 것이고 많은 양의 카드를 만들 수 있을 것이다. 또한, 두꺼운 서체를 이용하는 것이 팝업 효과에 힘을 더해 줄 수 있다. 텍스트에 윤곽선을 만들고Ctrl+Shift+O, 색상 선과 흰색 면을 가진 개체로 만든다. 그리고 직접 선택 도구로 문자들을 나누어 전체를 선택한 다음, 이전 개체를 지워 놓은 후에 현재 위치에 붙인다Ctrl+Alt+Shift+V.

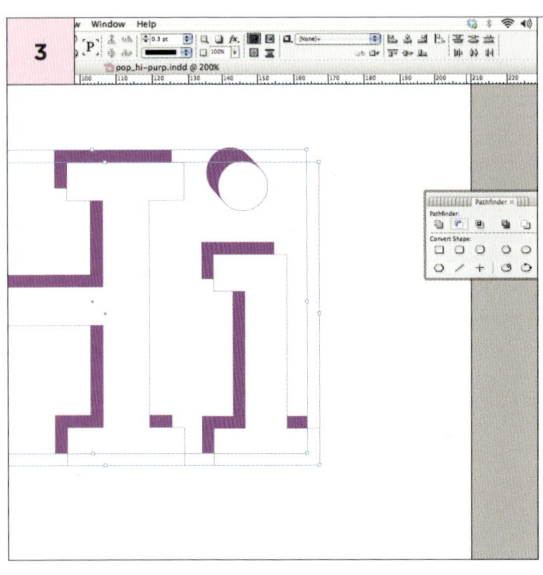

그림자 형태 잡아주기

텍스트를 한 개의 그룹으로 묶어준 후 복사, 붙여넣기로 겹치도록 배치한다. 원본 텍스트를 복사해 같은 자리에 그대로 배치해주고, 두 개체 모두를 선택한 채로, Pathfinder[패스파인더]❷ 패널의 '빼기Subtract'를 이용해 겹친 부분이 뚫리도록 만든다. 색은 뚫린 모양과 같은 색으로 지정해주자. 직접 선택 도구를 이용해 모서리 부분의 비어있는 곳들을 대각선으로 이어주어 입체 형태로 보이는 개체를 만든다.

❷ Window > Object & Layout > Pathfinder[창 > 개체 및 레이아웃 > 패스파인더]

패턴을 위한 선

대각선을 하나 그려보자. 반복적으로 복사하여 Ctrl+Alt+Shift 선들을 원하는 간격으로 배치한다. 패턴이 텍스트를 뒤덮을 때까지 반복한다. 대각선들을 선택하고 그룹으로 묶은 후, 원하는 위치에 배치한다. 선 개체 모두를 선택하고 잘라내어 Ctrl+X 텍스트를 선택해 안쪽에 붙인다 Ctrl+Alt+V.

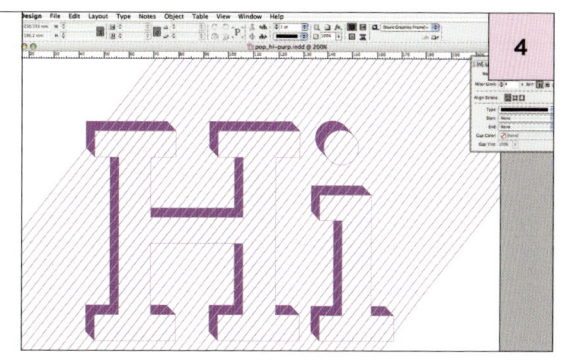

지면에서 일으키기

개체가 일어설 수 있게 접을 수 있는 부분을 추가한다. 개체를 그룹으로 묶고, 페이지 가로의 중앙에 배치한다. 일어서길 원하는 위치로 Shift를 누른 채 아래로 드래그한다. 굵기 '0.5pt', 색은 '10%' 검정으로 설정된 점선 박스를 그린다. "i"의 원 부분은 예시처럼 절취선 위로 올린다.

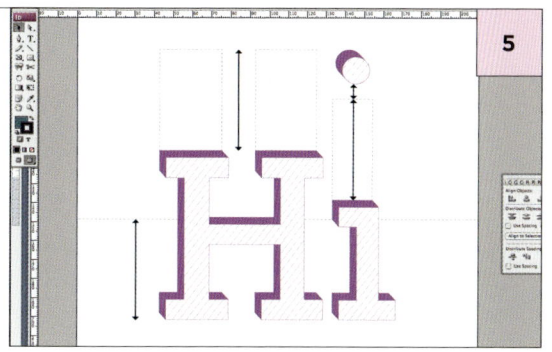

효과와 밑줄

수신자들이 연락할 수 있게끔 정보를 하나 추가하자. 텍스트에 박스 테두리를 만들고 Character[문자]❸ 패널 내 메뉴에서 Underline Option[밑줄 옵션]을 클릭하고 Underline On[밑줄 켬]을 체크한다. Color[색상]를 결정하고, Weight[두께], Offset[오프셋]에 마음에 들 때까지 값을 입력해본다.

❸ Window > Type > Character
[창 > 문자 및 표 > 문자]

칼선 긋기

프린트하기 전에 페이지 중앙을 가로지르는 점선을 삭제하고, 양옆에만 나중에 칼선을 그을 위치를 표시해두자. 인쇄 후, 접지 표시를 이용해 절취선 위, 글자의 위아래 선, 카드 페이지의 중앙에 칼선을 그어주자.

텍스트 테두리 자르기
조심스럽게 칼선을 그은 후, 텍스트의 테두리와 절취선에 맞게 자른다. 지면에서 완전히 분리하지 않는다. 위와 아래는 지면과 이어져 있어야 한다.

칼선 긋기, 접기
팝업 카드가 일어나도록 해보자. 반듯한 가장자리를 만들어주기 위해 칼선을 그은 위치에 쇠자를 받친다. 이는 종이가 깔끔하게 접힐 수 있도록 해준다. 텍스트는 총 세 가지 방향으로 접혀야 한다. 맨 밑 칼선은 위로 접어야 하고, 가운데는 아래로, 위는 위로 접어야 한다. 또 전체적으로 중심선도 접어야 한다.

당당하게 서 있기
디자인의 입체 효과를 강조하기 위해 뒤쪽에 밝은 색 카드를 대자. 양면 테이프를 이용해 두 지면을 조심스레 붙이면 된다. 이는 텍스트를 강조하는 효과가 있다. 카드가 더러워지지 않도록 테이프는 바깥에 붙이는 것이 좋다.

다른 툴과 응용하기
— 손 그림 스타일의 다이어그램 만들기

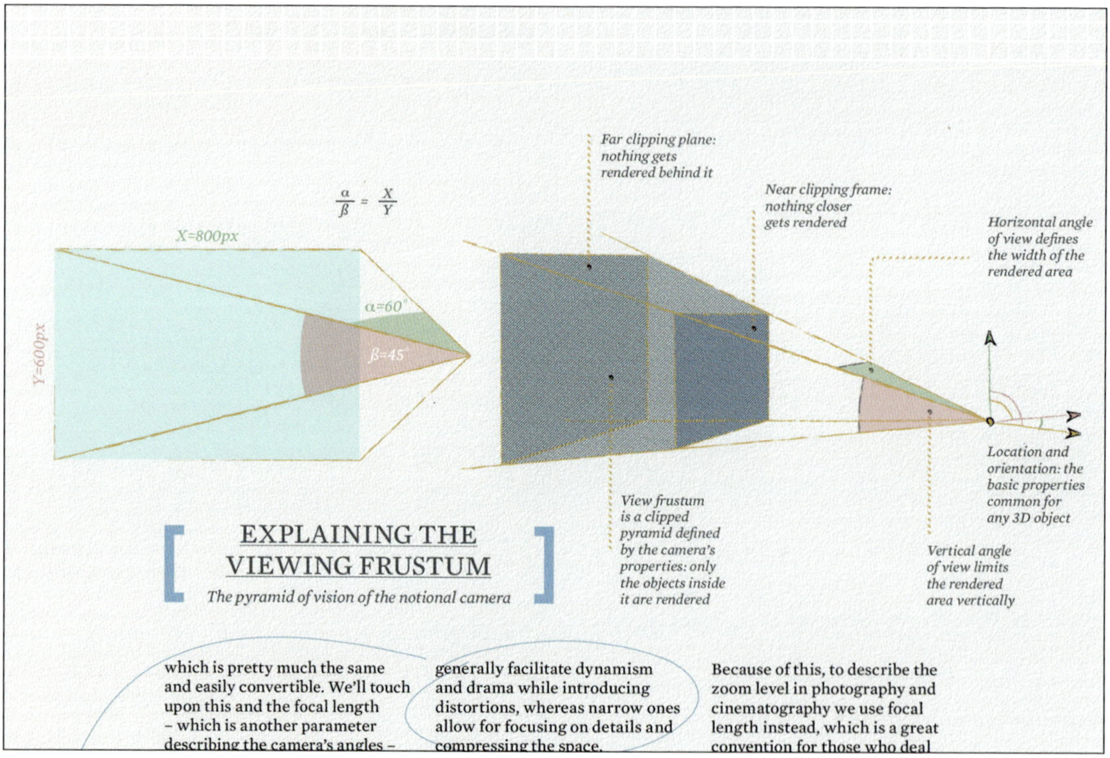

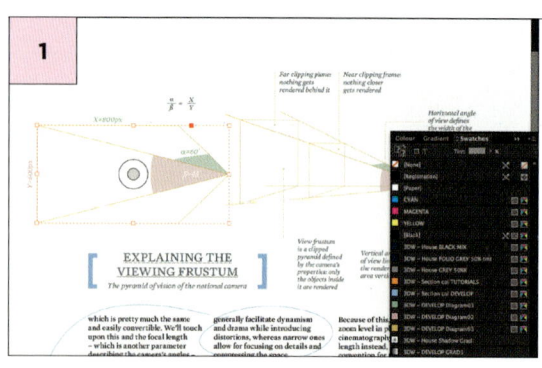

인디자인: 다이어그램 그리기

처음부터 인디자인에서 선과 도형으로 다이어그램을 만들면 몇 가지 장점이 있다. 몇 가지 예를 들자면, 같은 두께의 선과 색상 견본으로 일관성이 생기고, 더불어 레이아웃의 구성 요소와 주변 개체를 기준으로 배치를 고려할 수 있다. 다이어그램을 다 만들고 나면 모든 도형을 하나의 그룹으로 묶고 Ctrl+G 복사한다.

손 그림 스타일의 다이어그램뿐만 아니라, 인디자인 기반의 효과적인 다이어그램 제작 방법을 알아보자.

포토샵 : 효과 더하기

포토샵에서 자동으로 설정되는 규격대로 새 문서를 만든다. 이제 인디자인에서 만든 도형을 적용하기 위해 Enter를 눌러 문서에 붙여넣는다. 개체는 스마트 오브젝트Vector Smart Object로 설정된다. 여기에서부터 추가적인 수정을 할 것인데, 예시처럼 다이어그램의 색상 틴트는 고정되며 Pattern Overlay[패턴 오버레이]를 적용한다. 다음으로 개체를 더블클릭한다. 그러면 일러스트레이터가 열린다.

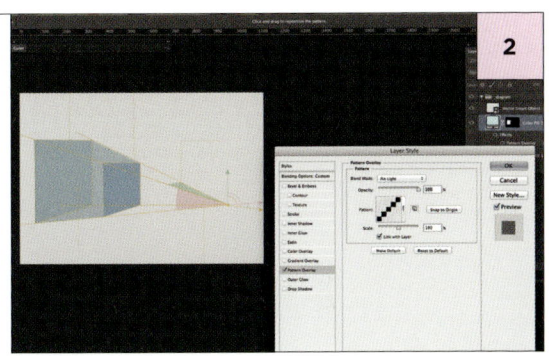

일러스트레이터 : 손 그림 스타일 획 추가하기

일러스트레이터에서 도형 전체를 선택한다. Brushes[브러쉬] 패널의 내부 메뉴에서 Artistic_ChalkCharcoalPencil [예술_분필목탄연필] 라이브러리를 훑어본 후 '연필Pencil'을 선택한다. 이 예시에서는 선 두께가 '0.65pt'로 수정되었다. 이 상태에서 여전히 도형을 이동할 수 있고 선을 확장할 수 있다는 사실을 알아두면 좋다. 만약 이 기능이 필요하다면 그림을 우클릭해 Release Compound Path[컴파운드 패스 풀기]를 선택한다. 하지만 전체적인 차원을 수정하는 것은 주의해야 한다. 이제 이미지를 저장하고 포토샵으로 돌아간 뒤에 PSD 파일로 저장하자.

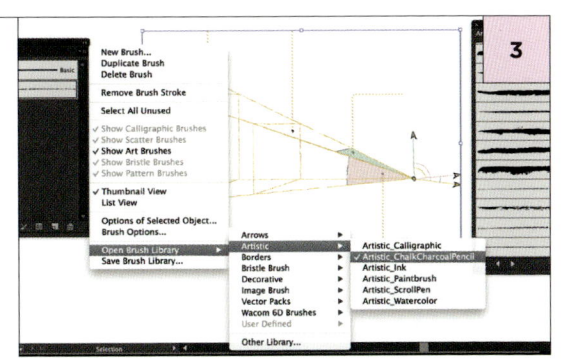

인디자인: 수정한 다이어그램 제자리에 배치하기

인디자인으로 돌아온 뒤 저장해놓은 파일을 불러올 수 있다Ctrl+D. 도형이 페이지에 원래 크기대로 추가되었는지 확인한 다음, Fit Frame to Content[내용에 프레임 맞추기]Alt+Ctrl+C를 선택한다. 이제 Align[정렬] 패널에서 새 개체를 처음에 그룹으로 묶었던 다이어그램 위에 위치시킨다. 그리고 원래 도형을 지운다. 아니면 나중에 다시 사용할 경우를 대비해 원래 다이어그램을 바깥으로 드래그해 놓는다. 새로운 다이어그램을 더 편집하길 원한다면 파일을 포토샵에서 다시 열면 된다Alt+더블클릭.

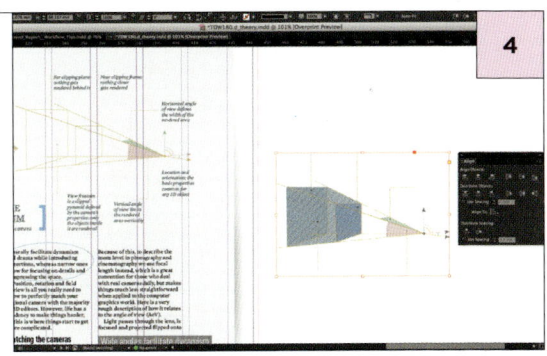

다른 툴과 응용하기
— 파이 차트 만들기

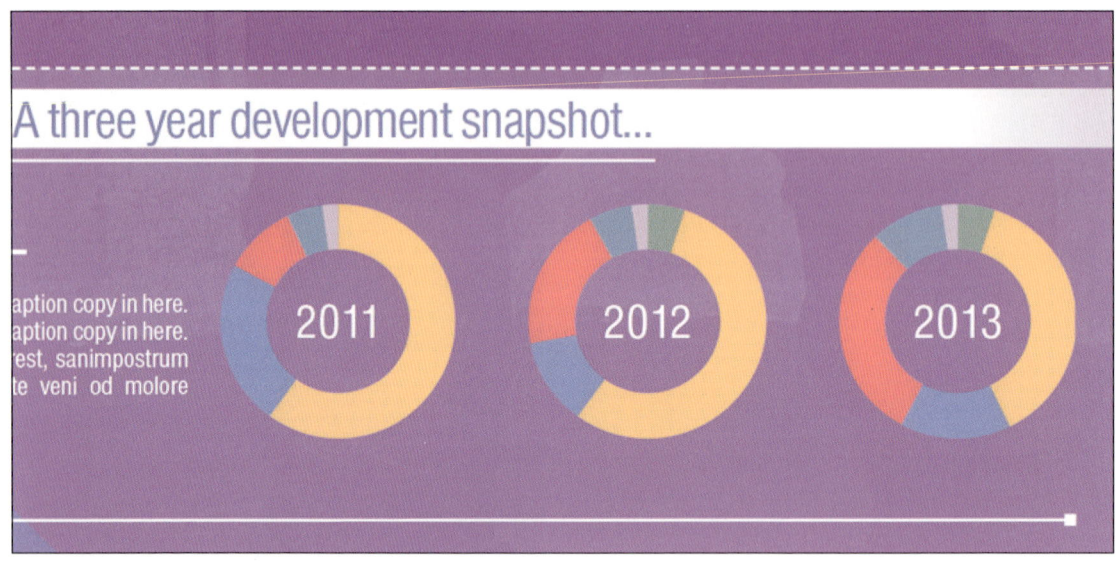

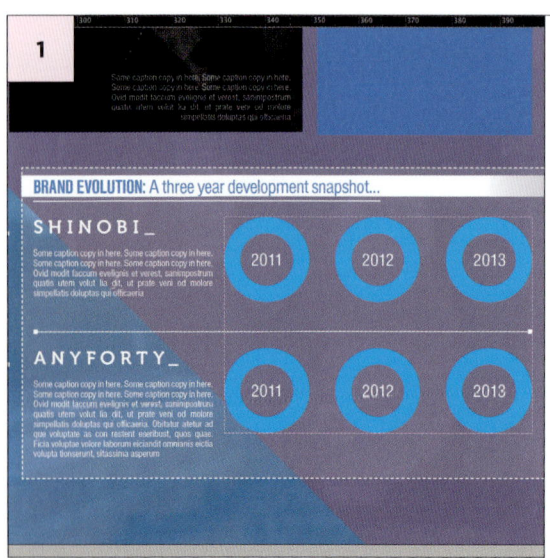

인디자인 : 가이드 디자인

예시에는 두 세트의 파이 차트가 필요한 박스아웃❶이 있다. 이는 잡지, 연례 보고서 등의 발행물에 자주 쓰일 수 있다. 각 세트당 세 개의 파이 차트로 구성했다. 박스아웃의 외관을 먼저 디자인하고, 이어서 가이드 역할을 할 원을 배치한다. 이렇게 해두면 사이즈를 정하기 쉽고, 일러스트레이터에서 클리핑 마스크로도 활용할 수 있다. 원 도형 전체를 그룹으로 묶고 Ctrl+G 복사한 다음, 이어지는 작업을 처리하기 위해 일러스트레이터로 넘어간다.

❶ 판면에서 비중이 가장 많은 텍스트를 제외한 나머지 텍스트 요소

데이터를 제시하는 매우 효율적인 방법인 파이 차트를 쉽게 만들어보자.

일러스트레이터: Pie Graph Tool[파이 그래프 도구]

아트보드에 복사한 원을 붙여넣고, 그룹을 우클릭하여 Release Clipping Mask[클리핑 마스크 풀기]를 선택한다. 차트를 형태에 적용할 수 없으나, 적어도 크기 정보는 갖게 된다. 각 원형의 크기를 Transform[변형] 패널에서 복사할 수 있다. Pie Graph Tool[파이 그래프 도구]을 선택하고 아트보드의 적당한 위치에 클릭하면 옵션 창이 열린다. '너비 및 높이 비율 제한Constrain Height and Width Proportions' 아이콘을 선택한 상태로 크기 수치를 붙여넣고 확인을 누른다. 나타나는 창의 각 필드에 모든 수치0% 포함를 가져온 후, 확인을 클릭한다.

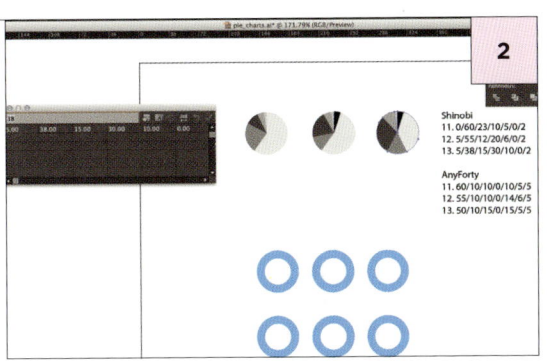

일러스트레이터: 디자인 개체와 결합

기존의 파이 차트를 복제해 입력 수치를 변경하여 나머지를 만든다. 이 작업을 마쳤으면 수치 입력 창을 꼭 닫는다. 차트를 원형 개체와 결합하기 전에 제작한 개체들을 Expand[확장]❷ 및 Flatten Transparency[투명도 병합]❸ 처리한다. 이제 차트를 선택하고 원형 개체와 일치하게끔 배치한 뒤 클리핑 마스크Ctrl+7 처리한다.

❷ Object > Expand[오브젝트 > 확장]
❸ Object > Flatten Transparency
　[오브젝트 > 투명도 병합]

인디자인: Swatches[색상 견본]

이제 파이 차트 그룹을 인디자인에 다시 붙여넣는다. Align[정렬]❹ 패널에서 개체를 배치한다. 그리고 가이드 역할을 했던 도형을 삭제한다. Swatches[색상 견본] 패널을 열면 일러스트레이터에서 그레이스케일로 개체를 불러들였다는 것을 알 수 있다. 이제 수치 별로 적절한 색상 견본을 적용한다.

❹ Window > Object & Layout >
　Align[창 > 개체 및 레이아웃 > 정렬]

다른 툴과 응용하기
— 글자에 질감 표현하기

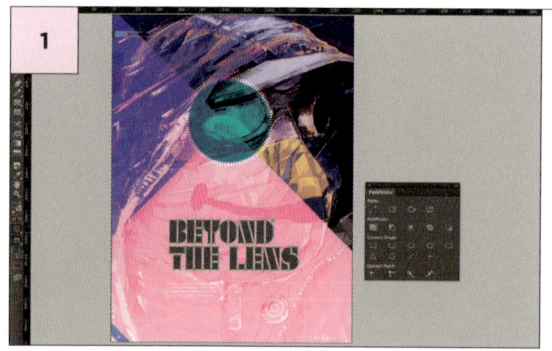

인디자인: 글꼴 선택
이 기술의 핵심은 면적이 넓은 서체를 찾는 것이다. 슬랩 세리프나 굵고 두꺼운 스타일의 서체가 가장 효과적이다. 먼저 텍스트 속성을 조절하고, 텍스트를 윤곽선으로 만든다 Ctrl+Shift+O. 그룹 상태를 해제하고 Ctrl+Shift+G Pathfinder[패스파인더] 패널에서 '더하기 Add'를 선택하여 모든 요소를 하나의 개체로 만든다. 그리고 포토샵으로 복사하여 옮긴다.

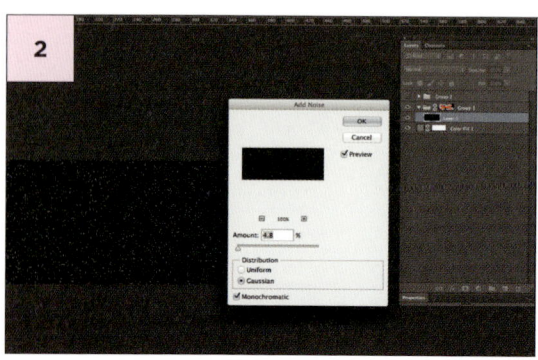

포토샵: 노이즈 추가
새 포토샵 문서를 만들고 Smart Object[스마트 오브젝트]로 파일을 붙여넣는다. 붙여넣은 파일은 가이드로만 활용하며, 효과가 어떤 변화를 주는지 확인할 수 있다. 이 레이어를 자체 레이어 그룹 Ctrl+G으로 만든 다음, 그룹 레이어가 보이지 않게 선택 해제한다. 새 레이어 그룹에 검은색으로 채운 레이어를 만들고, Filter[필터]의 Noise[노이즈] 메뉴에서 Add Noise[노이즈 추가]를 선택한다. 노이즈의 Amount[양]는 낮은 값을 입력하고, Distribution[분포]은 Gaussian[가우시안]으로, Monochromatic[단색]을 체크한다.

글꼴에 질감을 더하여 활기를 불어넣고, 평범한 서체도 특별하게 만드는 방법을 배워보자.

포토샵: 투명도와 광도

레이어를 복제하고 Ctrl+J, Filter[필터]의 Blur[흐림 효과], Tilt-Shift[기울기-이동]를 선택한다. Blur Tools[흐림 효과 도구] 패널의 Blur[흐림 효과]는 '10px', Distortion[왜곡]은 '12%'로 설정한다. Blur Effects[흐림 효과] 패널의 Light Bokeh[뿌연 효과]는 '50%' 정도로, Light Range[조명 범위]의 검정 화살표는 '32', 흰 화살표는 '232'로 설정한다. Layers[레이어] 패널에서 혼합 모드를 '광도Luminosity'로 변경한 다음, 레이어를 더블클릭하여 Blend If[혼합 조건]의 Underlying Layer[밑에 있는 레이어]를 조정해 노이즈의 흰색 부분이 원본 레이어보다 더 드러나도록 만든다. 이 파일을 Grayscale[회색 음영]❶ 모드로 변경하고, 저장한다.

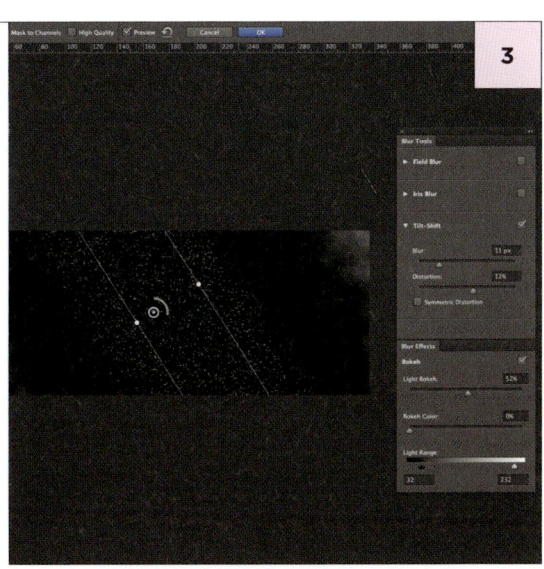

❶ Image > Mode > Grayscale
[이미지 > 모드 > 회색 음영]

인디자인: 개체 복사와 색상 적용

윤곽선이 만들어진 개체를 선택하고 배경과 어울리는 색을 적용한다. Effects[효과] 패널에서 개체를 '곱하기Multiply'로 변경하고, Opacity[불투명도]는 '80%'로 설정한다. 개체를 복사하고 제 자리에 붙여넣는다. 효과 패널에서 새로 붙여넣은 개체를 '100%' 불투명도, '스크린Screen' 모드로 변경한다. Swatch[색상 견본] 패널에서 Fill[칠]을 '[없음][None]'으로 변경한다. 개체를 선택한 채로 회색 음영 질감을 형태에 맞게 불러들인다 Ctrl+D. 직접 선택 도구로 개체를 선택하고 적절한 색상으로 변경한다.

다른 툴과 응용하기
— 목업 이미지 만들기

클라이언트는 아이디어를 시각적으로 보여주길 원한다. 완성도 높은 목업 이미지를 빠르게 만드는 방법을 알아보자.

인디자인: 개체 확인 및 복사

예시의 표지 구조는 인디자인에서 만들었다. 모든 요소를 그룹으로 묶고, 구성 요소가 페이지를 벗어나지 않도록 확인한다. 전체 페이지에 딱 맞는 투명 프레임을 이용하여 페이지 크기를 확실하게 정한다. 그리고 그룹 개체를 복사한다.

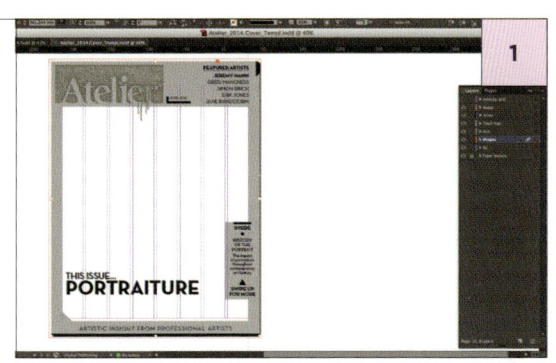

포토샵: 벡터 스마트 오브젝트

포토샵에서 새 파일을 만들어 개체를 붙여넣는다. 일러스트레이터에서의 프레임은 유지되면서 텍스트가 윤곽선 처리되는 경우가 있으므로 편집이 가능한 벡터 스마트 오브젝트로 가져온다. Hue/Saturation[색조/채도] 레이어가 스마트 오브젝트에 종속되어 Alt+레이어 경계 클릭 색상을 빠르게 조정할 수 있도록 한다.

일러스트레이터: 백업

복제 아트보드를 만들기 위해 Shift+O로 아트보드를 활성화한 다음, Alt+Shift를 누른 상태로 아트보드를 오른쪽으로 드래그한다. 이렇게 하면 변경 사항을 적용할 수 있는 백업용 아트보드가 생긴다. 그래픽 요소는 남겨진 상태로 메인 프레임과 텍스트가 원본 아트보드에서 옮겨진다.

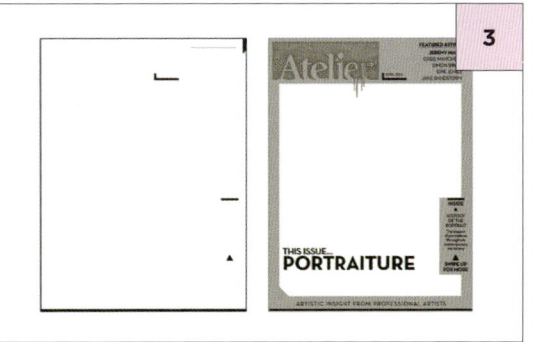

포토샵: 색상 채우기

그래픽 요소만 남겨두고 스마트 오브젝트가 업데이트된다. 벡터 스마트 오브젝트 레이어를 Ctrl+클릭하여 이 형태를 선택하고, '새 칠 또는 조정 레이어 생성Create New Fill or Adjustment Layer' 아이콘의 메뉴에서 Solid Color[단색]를 선택하면 도형에 레이어 마스크가 적용된 상태로 색을 채울 수 있다. 이제 대표 색상을 적용할 수 있다.

일러스트레이터: 기타 그래픽 개체

원본 디자인이 돌아올 때까지 실행취소Ctrl+Z를 적용한다. 부수적인 디자인 개체들을 일러스트레이터에서 작업하여 인디자인으로 복사해 실제 표지에 사용할 수 있다. 예시에서는 밑줄이 헤드라인에 추가되었다. Brushes[브러쉬]F5 패널에서 Artistic_Paintbrush[예술_페인트브러쉬] 라이브러리를 열고, '마른 브러쉬 1Dry Brush 1'을 사용했다.

포토샵: 연결된 고급 개체와 스마트 레이어

포토샵에서는 더 쉽게 연결된 고급 개체Linked Smart Object, 브러쉬, 필터 등을 적용할 수 있다. 몇 개의 표지 시안들이 생성된 것을 예시에서 확인할 수 있는데, 각각의 시안들을 스마트 레이어로 변환했다. 스마트 레이어의 원본을 훼손하지 않는 특성 덕분에 빠른 수정이 가능하다. 각각의 디자인을 한 개의 아이패드 이미지로 처리한 후 인디자인으로 가져온다.

인디자인: 목업 파일 불러오기

목업 파일을 인디자인으로 가져와서 Alt+Ctrl와 함께 이미지 프레임을 그리고 사본을 만든다. 그리고 Place[가져오기]Ctrl+D 창에서 Show Import Option[가져오기 옵션 표시]을 체크하고 같은 파일을 다시 가져온다. Layers[레이어]F7 패널을 보면 포토샵 파일의 모든 레이어가 모두 가시 상태인데, 특정 레이어만을 활성화하여 파일을 불러올 수 있다. 한 개의 파일로 여러 예시를 간편하게 만들 수 있다. 포토샵 파일을 수정했다면 인디자인에서도 바로 적용할 수 있는데, Links[링크] 패널에서 노란색 경고 아이콘을 더블클릭하면 연결된 파일이 페이지에 자동으로 업데이트된다.

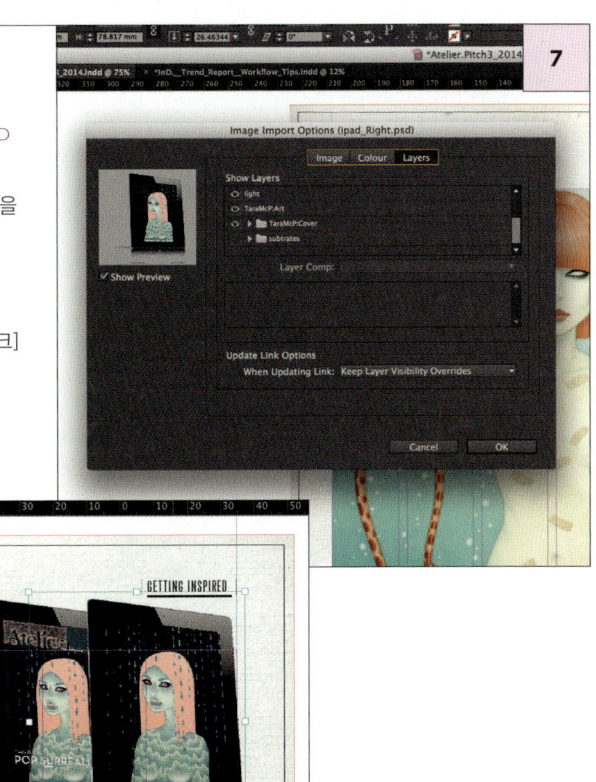

트레이닝 팁
TRAINING TIP

이미지와 개체를
편하게 다루는 팁
IMAGES AND OBJECTS

텍스트를 편하게 다루는 팁
BE A MASTER OF TYPE

인디자인과 함께하는 시간을 줄이자,
그리고 나를 위한 인디자인으로 만들자.

시간을 아끼는 여섯 가지 팁
TIME-SAVING TRICKS

나에게 맞는 환경 설정
PREFERENCES SETTING

이미지와 개체를 편하게 다루는 팁

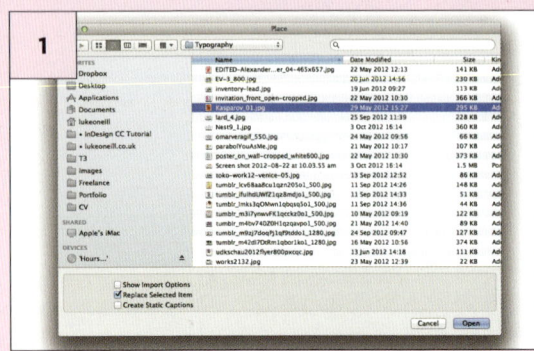

이미지 가져오기

인디자인 파일에 이미지를 링크 파일로 가져오는 기능은 많이 사용하는 작업이므로 단축키를 익혀두도록 하자. Ctrl+D로 Place[열기] 창을 열 수 있고, 원하는 파일이 있는 경로를 탐색할 수 있다. Shift를 이용해 복수의 파일을 선택하면 각각의 이미지의 미리 보기를 보여줄 것이다.

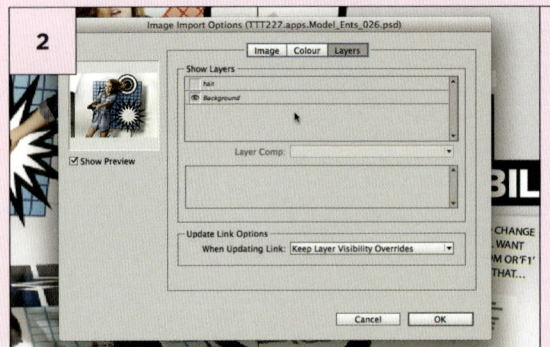

파일 가져오기 설정: Layers[레이어]

Place[가져오기] 대화창을 살펴보면 Show Import Options[가져오기 옵션 표시] 체크박스가 보인다. 이미지를 불러올 때 이를 체크한 상태로 가져오면 파일 형식에 따른 설정 창이 뜬다. 포토샵 파일의 경우 레이어를 켜거나 끌 수 있어서, 이미지 배경 제거 등의 조정이 가능하다.

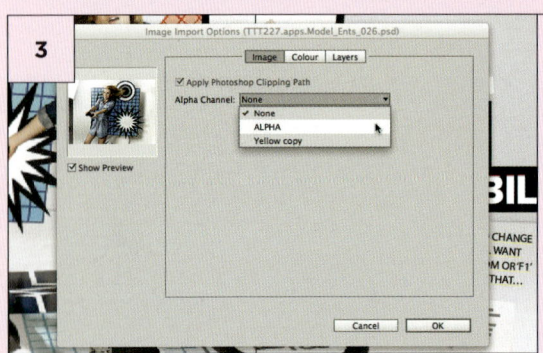

파일 가져오기 설정: Alpha Channel[알파 채널]

포토샵 파일을 인디자인에서 활용할 때 좋은 점을 하나 더 말하자면, 포토샵에서 생성된 알파 채널을 그대로 가지고 올 수 있다. 예시의 Image[이미지] 탭에서 Alpha Channel [알파 채널] 메뉴의 선택지를 선택하면 간단히 실행된다. 특히 이 기능은 머리카락처럼 세밀하게 겹쳐진 디테일을 불러올 때 유용하다.

파일 가져오기 설정: PDF와 인디자인 파일
인디자인의 파일 형식별 가져오기 설정은 PDF나 인디자인 파일에서 페이지 번호나 페이지 영역을 지정하여 불러오는 것도 가능하다. 이뿐 아니라, Crop to[자르기] 메뉴를 통해 페이지 설정을 고를 수 있고, 잘라낸 이미지를 바로 가져올 수 있다.

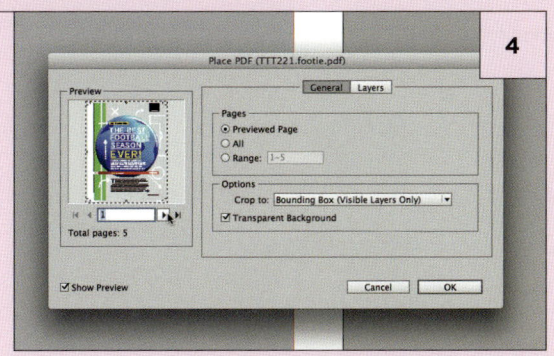

어도비 브리지 활용
어도비 브리지Adobe Bridge❶는 여러 이미지를 다룰 때 시간을 절약하도록 도와주며, 이중 모니터 환경에서 특히 유용하다. 가지고 있는 이미지를 모두 프로그램에 올려두고, 필요한 파일을 인디자인에 드래그하여 가져오면 된다.

❶ 어도비 크리에이티브 제품군에 포함된 파일 정리 프로그램이며, 파일 탐색기와 비슷한 포맷을 사용하여 크리에이티브 제품군의 여러 부분을 함께 연결하는 것이 이 프로그램의 주된 목적이다.

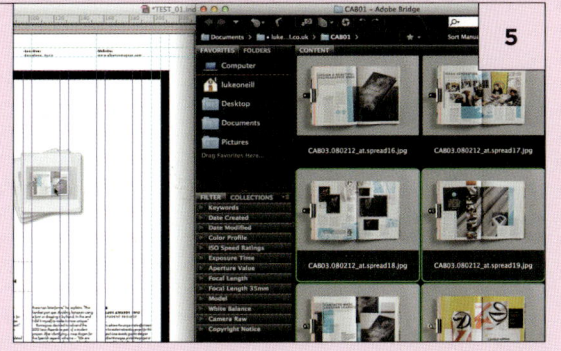

단계 및 반복
Step and Repeat[단계 및 반복]Alt+Ctrl+U은 많은 개체를 같은 간격으로 빠르게 반복하기 위해 자주 사용하는 기능이다. 이미지 및 그래픽 개체뿐만 아니라, 안내선에도 사용할 수 있는 기능이어서 Repeat[반복]의 Count[개수]와 Offset[오프셋] 값을 구체적으로 입력하면 정확한 가이드를 빠르게 설정할 수 있다.

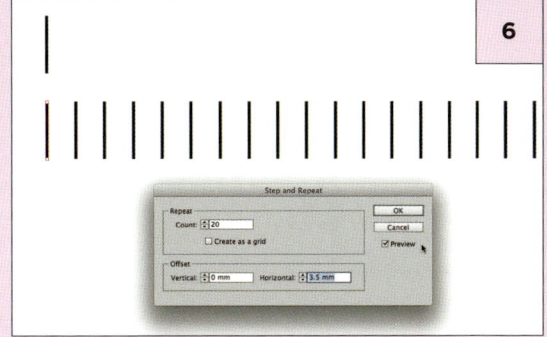

회색 음영 이미지 다루기
흑백 이미지를 사용한다면, 이미지를 Grayscale[회색 음영], 'JPEG'으로 저장할 것. 그러면 인디자인에서 바로 이미지에 색을 입힐 수 있다. 직접 선택 도구로 이미지의 전경색을 정하고, 선택 도구로 배경색의 색을 정한다. 얼굴 사진처럼 디테일이 살아있는 이미지에 특히 유용하다.

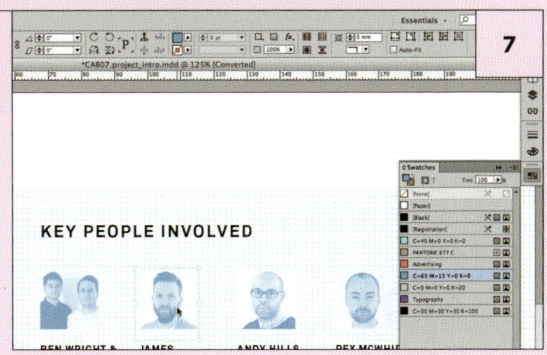

회색 음영 이미지를 이용한 그레이디언트

안타깝게도 회색 음영 이미지에는 그레이디언트를 바로 적용할 수가 없다. 따라서 이미지를 직접 Step and Repeat[단계 및 반복]하거나 복사, 붙여넣기한다. 그다음 Swatches[색상 견본] 패널에서 이미지의 색상을 변경하고, 그레이디언트 페더 도구로 이미지의 일부가 점점 옅어지게 만든다.

잘라내기를 이용한 그레이디언트

인디자인에서는 회색 음영 포토샵 파일에 색을 입힐 수 없다. 잘라내거나 마스크 처리된 이미지에 색을 입히려면, 포토샵의 Duotone[이중톤] ❷을 이용해서 분리된 파일로 저장해야 한다. 예시는 세 개의 파일로 구성되어 있는데, 원본과 두 개의 이중톤 파일이다. 이중톤 파일 중 하나는 단색이고 하나는 그레이디언트 페더 도구를 적용했다.

❷ Photoshop®, Image > Mode > Duotone[이미지 > 모드 > 이중톤]

다수의 프레임에 이미지 넣기

다수의 이미지를 다양한 프레임 각각에 배치해야 할 때가 있을 것이다. 이 작업을 위해 Shift를 누른 상태에서 모든 프레임을 선택하고, Make Compound Paths[컴파운드 패스 만들기] ❸를 선택하자. 그다음 이미지를 프레임 안에 배치한다.

❸ Objects > Paths > Make Compound Paths [개체 > 패스 > 컴파운드 패스 만들기]

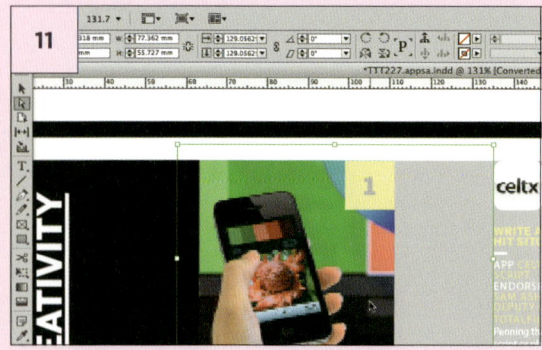

프레임과 이미지 크기 조절하기

프레임 안의 이미지의 크기를 프레임과 함께 쉽게 조정하는 방법은 직접 선택 도구로 이미지를 선택하고, Alt+Ctrl+.로 크기를 조절하는 것이다. 컨트롤 바의 Reference Point [참조점]로 기준점을 설정할 수 있다.

컨트롤 바에서 프레임, 이미지 크기 조절하기

정확하게 이미지의 크기를 늘리려면 컨트롤 바를 사용하자.
여기에서 프레임의 크기나 프레임 안 이미지 크기를 화살표를
쓰거나 수치를 입력하여 세밀하게 조정할 수 있다. 이미지 크기를
조정할 때에는 '폭 및 높이 비율 제한Constrain proportions for
width & height' 아이콘이 눌러 있는지 확인하자.
그래야 이미지가 왜곡되지 않는다.

이미지 비율 설정

컨트롤 바에서는 이미지를 비율로 조정할 수도 있다. 여기에서
이미지를 얼마나 크게 늘려 사용할 수 있는지 알 수 있다.
만약 이미지가 인쇄용, 300dpi일 경우, 120% 이상으로
늘리지 않도록 하자.

둥근 모퉁이 만들기

모퉁이 편집은 상대적으로 최근, CS5 버전부터 추가된 기능이다.
둥근 모서리를 만들기 위해 Object[개체]의 Corner Options
[모퉁이 옵션]를 선택하는 것보다, 프레임 위의 노란색 사각
포인트를 클릭하면 나타나는 각 모서리의 마름모 포인트를
드래그하여 조절하면 더 편하다.

쉬운 개체 정렬

Align[정렬] 패널은 특히 다수의 개체를 빠르게 배치할 때
유용하다. 예시의 ①에서 임의로 배치된 세 개의 개체들을,
②에서는 '수평 가운데 정렬Align horizontal centers'로, ③에서는
'수직 가운데 분포Distribute vertical centers'로 하였다.

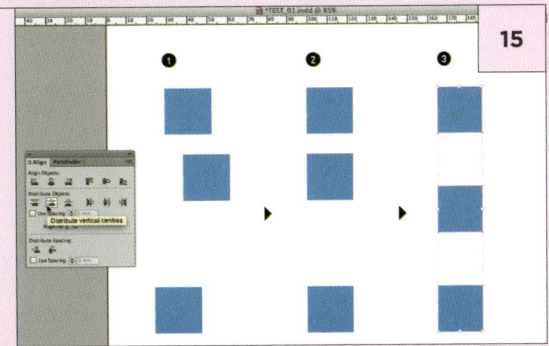

텍스트를 편하게 다루는 팁

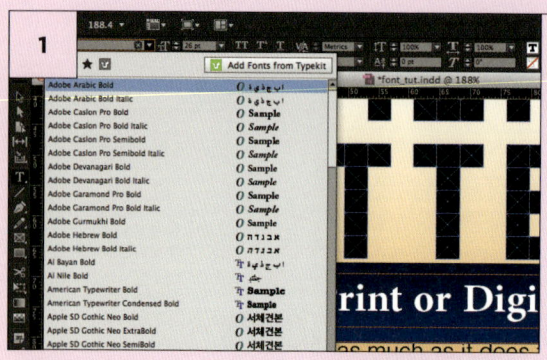

폰트 검색 #1 — 글꼴 메뉴 검색
새롭게 향상된 글꼴 메뉴를 활용하면 적당한 글꼴을 더욱 빠르게 찾을 수 있다. 폰트 패밀리, 웨이트, 스타일 등으로 검색할 수 있다. 문자 도구를 선택한 다음 글꼴 검색 막대에 검색 조건을 입력한다. 예시, 'Bold'. 그러면 해당 키워드를 포함한 모든 서체가 나타난다.

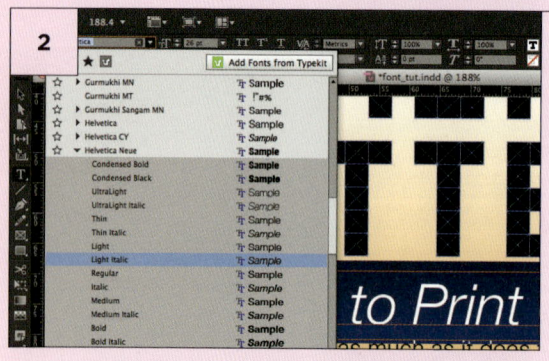

폰트 검색 #2 — 폰트 패밀리, 폰트 미리보기
여러 종류의 웨이트를 가진 폰트 패밀리가 있다면 그 항목에 화살표가 생길 것이다. 화살표를 클릭하면 폰트 패밀리에 속한 폰트들을 드롭다운 메뉴에서 확인할 수 있다. 또한, 문서 상의 텍스트를 선택하고 커서로 글꼴 목록을 훑으면 문서 위에서 곧바로 적용된 폰트를 미리보기로 확인할 수 있다.

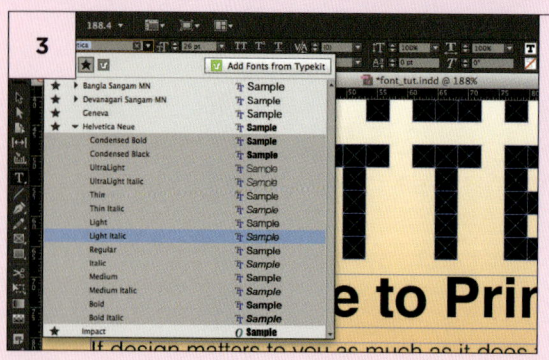

폰트 검색 #3 — 글꼴 즐겨찾기
최근 사용한 폰트를 목록 상단에 표시하는데 그 외에도 즐겨찾기로 등록한, 혹은 Typekit 글꼴만 표시하는 옵션도 있다. 즐겨찾기 목록을 작성하고 싶다면 폰트 이름 옆에 보이는 '★'을 클릭한다. 즐겨찾기만 보고 싶을 때는 Apply Favorite Filter [자주 사용하는 필터 적용] 버튼을 사용하자. 자주 사용하는 폰트를 쉽게 찾을 수 있는 좋은 방법이다.

Typekit 활용 #1 — Typekit 옵션

Typekit 필터 버튼 역시 같은 방식으로 작동한다. 단, 먼저 Typekit 폰트를 추가해야 한다. 메뉴에서 Add Fonts from Typekit[Typekit에서 글꼴 추가] 버튼을 선택한다. 그러면 해당 웹 사이트로 이동하게 되는데, 그곳에서 전체 글꼴 목록을 훑어볼 수 있다. Availability용도 별 분류가 있는데, 이 경우에는 Sync동기화를 선택했다.

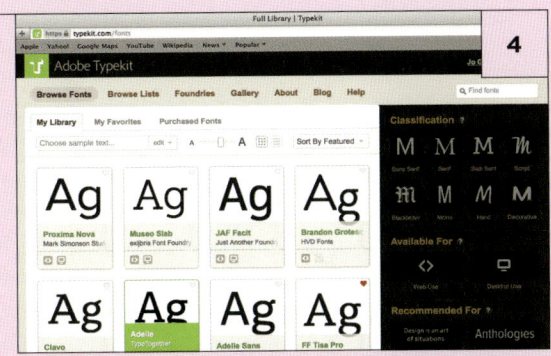

Typekit 활용 #2 — Typekit에서 글꼴 추가

Sync를 선택하면 크리에이티브 클라우드 어플리케이션에 두루 사용할 수 있으며 다운로드 받을 수 있는 폰트들로 리스트가 분류된다. 그 외에도 선택지를 좁힐 수 있는 다른 검색 조건이 많다. 폰트를 추가하기 위해 Use font폰트 사용 버튼을 누르고, 다음 대화상자에서 Sync selected fonts선택한 폰트 동기화를 선택한다. 이제 컴퓨터에 폰트가 설치될 것이다.

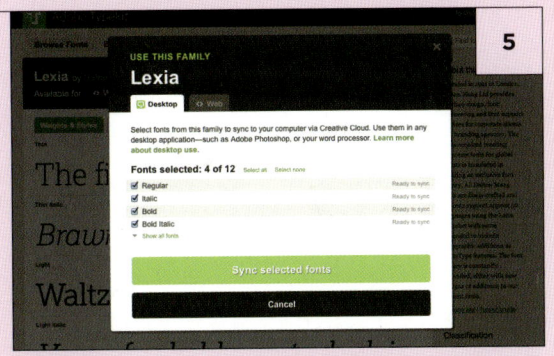

Typekit 활용 #3 — Typekit 폰트 미리보기

인디자인으로 돌아오면 페이지에 텍스트가 선택된 상태로 Typekit 필터 버튼을 눌러 새로 추가한 폰트를 찾아 미리보기로 확인한다. 언제든 크리에이티브 클라우드의 글꼴 관리❶를 통해 동기화된 폰트를 제거할 수도 있다. 해당 버튼을 클릭하면 동기화된 폰트 리스트가 있는 계정의 설정 페이지가 열릴 것이다.

❶ Adobe Creative Cloud*.
　에셋 > 글꼴 > 글꼴 관리

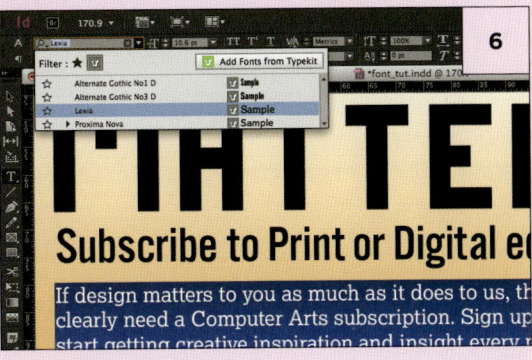

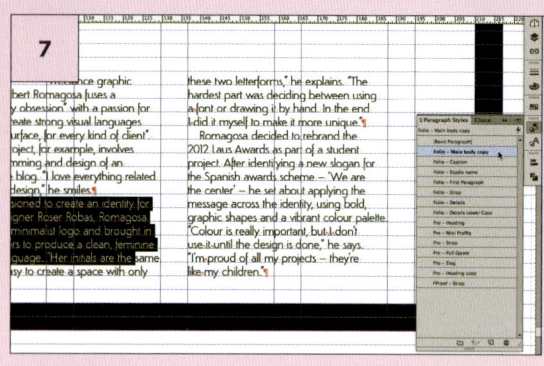

스타일 시트의 활용
스타일 시트는 항상 프로젝트의 규모에 맞게 설정해야 한다. 작은 프로젝트에서는 필요 없다고 생각할 수도 있지만, 스타일 시트로 어떤 작업에서도 시간을 많이 절약할 수 있을 것이다. Ctrl+F11은 Paragraph Style[단락 스타일] 패널의 단축키이다. 더 자세한 내용은 <튜토리얼>의 '타이포그래피 — 문단 스타일로 시간 아끼기'에서 확인하자.

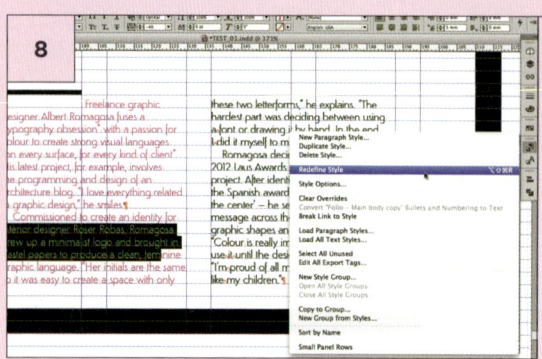

스타일 시트 조정하기
새로운 스타일을 설정하기는 매우 쉽다. 페이지의 글의 속성을 설정하고, Paragraph Style[단락 스타일] 패널 내 메뉴에서 New Paragraph Style[새 단락 스타일]을 선택한다. 스타일 시트를 사용할 때 좋은 점은, 같은 메뉴의 Redefine Style[스타일 재정의]로 스타일을 강제로 수정할 때 전체 문서에 한 번에 적용할 수 있다는 것이다.

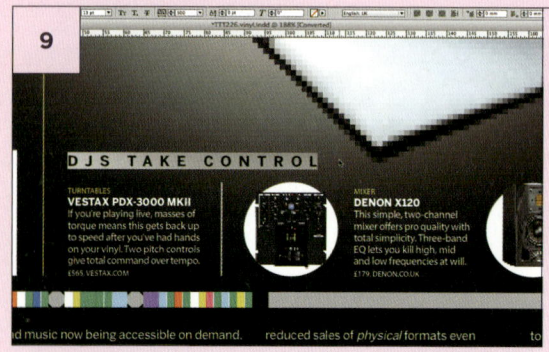

빠르게 폰트 크기 조절하기
폰트를 다루는 단축키는 무수하지만, 그중 가장 유용한 것은 선택한 텍스트의 크기를 조절할 수 있는 단축키이다. 텍스트를 선택한 후 Shift+Ctrl+.,/로 조절한다. 헤더나 부제를 빠르게 편집할 때 유용하다.

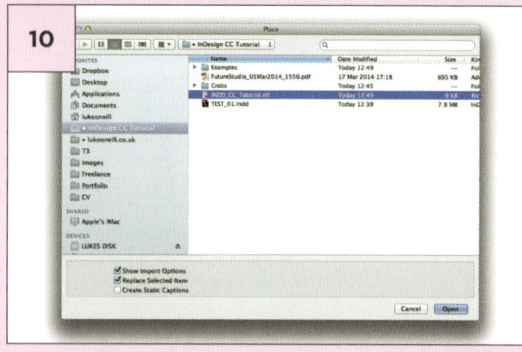

원고 가져오기
원고를 불러오는 방법은 여러 가지다. 글 상자에 직접 입력하거나 복사, 붙여넣기 할 수도 있지만 Place[가져오기]를 가장 많이 사용하게 될 것이다. 이때 이미지를 배치할 때처럼 Show Import Options[가져오기 옵션 표시]를 체크할 수 있다.

서식 가져오기 옵션

원고를 인디자인으로 불러오기 전에 선택할 사항 또한 많은데, 가장 중요한 것은 Import Options[가져오기 옵션]의 Remove Styles and Formatting from Text and Tables [텍스트 및 표에서 스타일 및 서식 제거]와 Formatting from Text and Tables[텍스트 및 표에서 스타일 및 서식 유지] 선택지이다. 이 옵션을 사용하면 스타일시트와 충돌할 가능성이 있는 스타일과 서식을 제거한다.

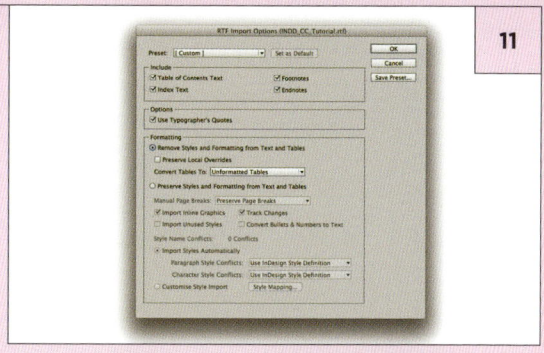

시안을 위한 자리표시자 텍스트

새 디자인을 시작할 때, 특히 대형 출판물이라면 처음부터 실제 원고가 준비되어 있을 가능성은 적다. 본문 원고를 어떻게 디자인할지 이해시키기 위해 Type[문자] 메뉴의 Fill with Placeholder Text[자리표시자 텍스트로 채우기]를 이용하자. 그러면 클라이언트에게 전체 디자인이 어떤 느낌으로 보이게 될지 가늠할 수 있는 시안을 제시할 수 있다.

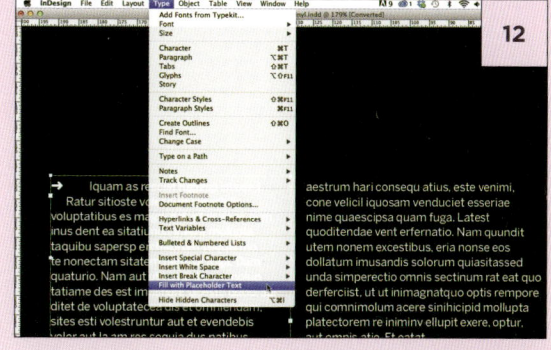

속도를 위한 스포이드 도구

Eyedropper Tool[스포이드 도구]은 텍스트를 선택한 상태로 스타일이 적용된 텍스트를 클릭하여 원하는 스타일과 서식을 빠르게 복제할 수 있는 도구이다. 손쉬운 기능이지만 항상 이 기능을 사용하는 것은 좋지 않다. 왜냐하면, 스타일 시트를 설정하여 적용하는 것이 문서 전체 텍스트를 관리하기에 더욱 유용하기 때문이다.

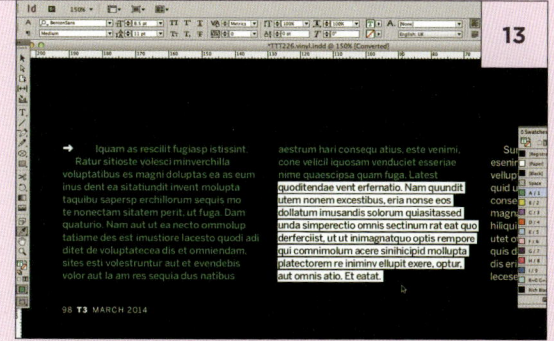

패스파인더로 단에 글 상자 끼워 넣기

다단을 다룰 때 Pathfinder[패스파인더] 패널을 활용할 수 있다. 고정된 단에 적용하기 어려운 크기의 글 상자를 삽입하여 역동적인 레이아웃을 구성할 수 있다. 글 상자를 단 위에 배치하고 단과 글 상자 모두 선택한 후, 패널에서 '빼기Substract' 아이콘을 클릭한다.

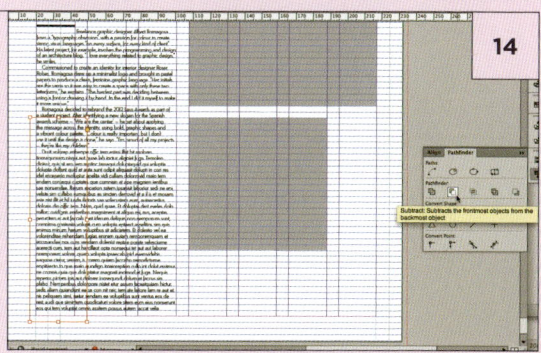

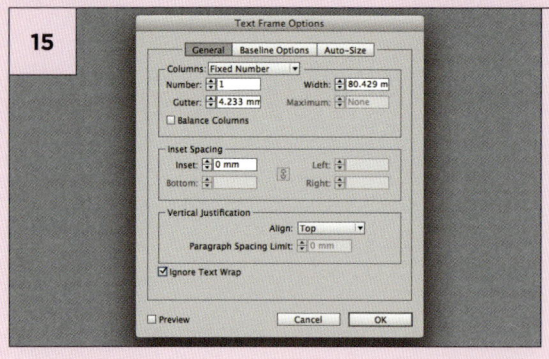

Ignore Text Wrap[텍스트 감싸기 무시]

Text Wrap[텍스트 감싸기]은 도판 주변의 자간을 좁힌 문자에 매우 좋은 기능이지만, 가까이에 영향을 받지 않았으면 하는 글이 있다면 다소 불편한 기능일 수도 있다. 텍스트 감싸기를 무시하려면 글 상자를 우클릭하고, 메뉴의 Text Frame Options[텍스트 프레임 옵션]을 선택하여 Ignore Text Wrap[텍스트 감싸기 무시] 상자를 체크한다.

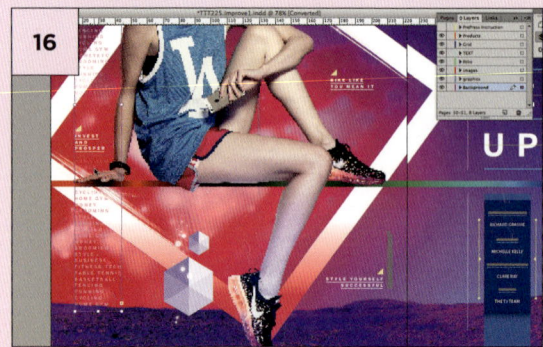

겹쳐진 개체

구성 방법과 상관없이, 사용 개체가 많은 작업에서는 텍스트와 이미지 등의 개체가 겹쳐진 상태가 되기 쉽다. 겹쳐진 프레임을 빠르게 확인하기 위해 Ctrl을 누른 상태로 아래에 배치한 개체를 선택한다.

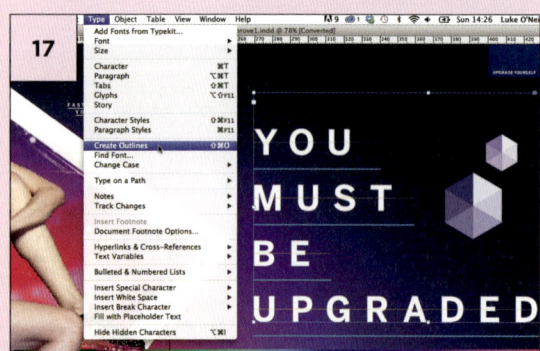

윤곽선 만들기 활용

Type[문자] 메뉴의 Create Outlines[윤곽선 만들기]를 적용하면 개체의 종류와 상관없이 그래픽 개체처럼 활용할 수 있다. 그러면 폰트 파일의 유무와 관계없이 최종 시안을 확인할 때 텍스트가 기본 시스템 폰트로 바뀌는 문제가 발생하지 않기 때문에 유용하다.

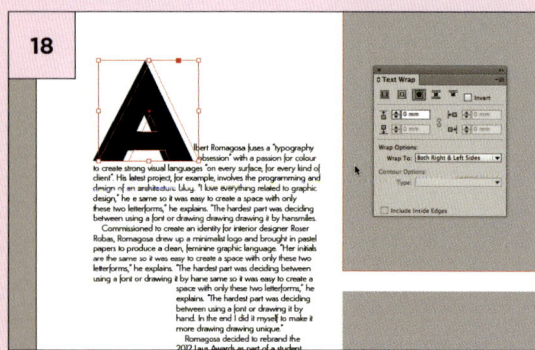

머리글자 윤곽선 처리

Paragraph[단락] 패널 내부 메뉴에 Drop Caps and Nested Styles[단락 시작표시문자 및 중첩 스타일] 옵션이 유용하지만 한계가 있다. 만약 커다란 머리글자 주위를 텍스트로 감싸고 싶다면 글자를 윤곽선 처리한 다음, 예시처럼 복제된 색이 없는 윤곽선 개체에 Text Wrap[텍스트 감싸기] 패널의 '개체 모양 감싸기Wrap and Object Shape'를 적용해야 한다.

광택 있는 서체 #1

광택 효과를 제목 텍스트에 적용하기는 쉽다. 마음에 드는 제목을 윤곽선으로 만들어 그래픽 개체로 변환하고 제자리에 복제한다. 제목 절반 크기의 박스로 글자 개체를 덮고, 박스와 상위 글자 개체를 함께 선택하여 Pathfinder[패스파인더] 패널의 Subtract[빼기]를 적용한다. 그리고 상위 개체에 흰색을 입힌다.

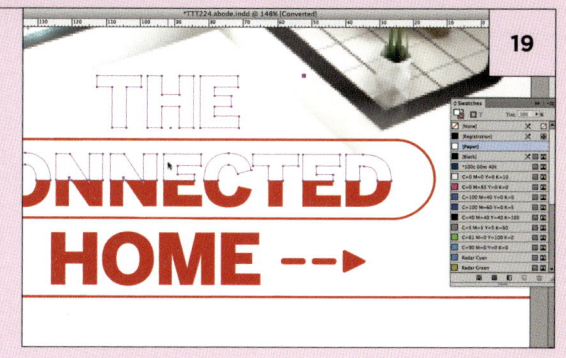

광택 있는 서체 #2

광택을 만들기 위해, Effects[효과] 패널에서 상단 개체의 Opacity[불투명도]를 '40%'로 줄인다. 그레이디언트 페더 도구로 상단 개체를 선택한 상태에서 Shift와 함께 페이지 윗부분까지 세로로 드래그하면 광택 효과가 생긴다. 몇 번의 테스트를 거쳐 완성한다.

공백 삽입으로 헤드라인 텍스트 정리하기

텍스트 단락에 적용 가능한 특수 문자는 많지만, 그 중 유용한 특수문자는 Hair Space[1/10~1/16 공백]❷이다. 이것으로 헤드라인의 문자 사이 공백을 조절하여 한계가 있는 그리드 안에서의 적절한 배치를 가능하게 한다.

❷ Type > Insert White Space >
   Hair Space[문자 > 공백 삽입 >
   1/10~1/16 공백]

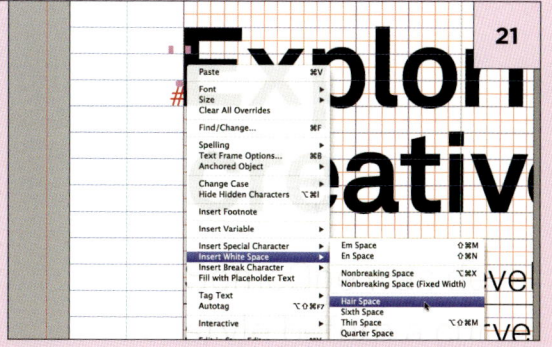

시간을 아끼는 여섯 가지 팁

미리보기 모드
안내선을 제외한 미리보기를 확인하고 싶다면 W를 누르면 된다. Shift+W로는 프레젠테이션 모드로 확인할 수 있다. 가이드나 패널은 없으며, 링크가 걸려있다면 Overprint Preview[중복 인쇄 미리 보기] 모드에서 이미지를 보여준다. 그 자리에서 동료에게 작업 결과를 빠르게 보여줄 때 매우 유용하다.

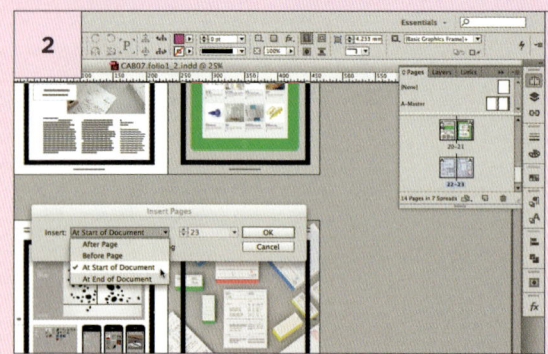

페이지를 다른 문서로 드래그하기
Page[페이지] 패널에서 단면 혹은 양면 스프레드를 다른 문서로 드래그하는 것으로 새 템플릿을 짜는 시간을 줄일 수 있다. 페이지 패널에서 페이지를 선택하고 다른 문서 작업 창으로 드래그해보자. 그러면 새로운 문서 내 원하는 곳으로 페이지를 삽입할 수 있는 Insert Pages[페이지 삽입] 창이 나타난다.

Separation Preview[분판 미리 보기]
Separation Preview[분판 미리 보기] 패널은 인쇄용 파일을 내보내기 전에 색상을 점검하는 데 유용하다. 어떤 팬톤 색상도 여기서 확인이 가능하므로 색상의 녹아웃이나 오버프린트를 점검할 수 있고, 또한 검은색이 4도 검정이 맞는지 확인할 수 있다. 여기에서 검정을 비활성화하면 갈색빛으로 보인다는 점을 알게 될 것이다.

Flattener Preview[병합 미리 보기]

Flattener Preview[병합 미리 보기] 패널은 파일을 내보내기 전에 반드시 거쳐야 하는 점검 과정이다. 예를 들어, 패널 내 Highlight[강조] 메뉴의 '윤곽선이 있는 텍스트Outlined Text'를 선택한 상태에서는 텍스트 주위를 감싼 투명 개체 때문에 텍스트들을 윤곽선 처리한 것처럼 보일 수 있다. 이 과정은 텍스트가 누더기 같아 보이게 될 수 있는데, 이 문제는 텍스트 개체를 투명 개체 위로 배치하면 해결할 수 있다.

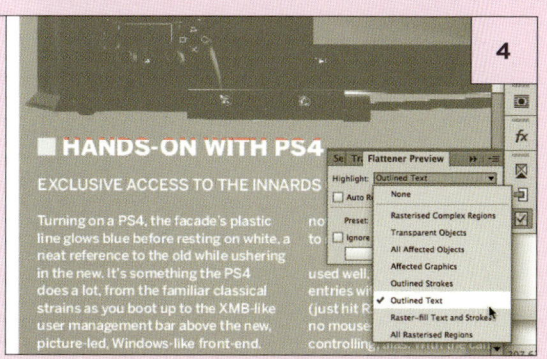

빠르게 점검하기

빠르게 작업할 때에는 문서를 전체적으로 빠르게 점검해야 한다. Space를 누르고 어디든 드래그하면 커서가 손 도구로 바뀌면서 화면을 쉽게 이리저리 옮길 수 있다.

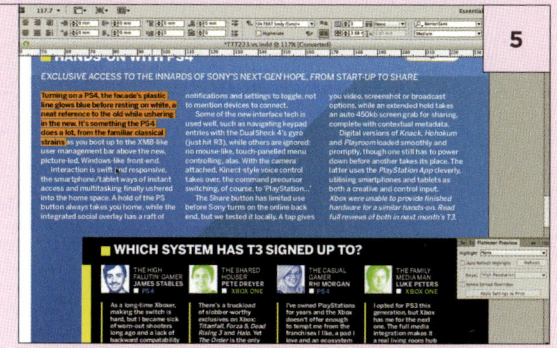

Package[패키지]

패키지 기능은 모든 이미지와 폰트, 설정 등을 인쇄용으로 보내기 위해 하나의 폴더 안에 묶어주는 것이다. 문서에 사용한 폰트가 없는 기기에서 일할 때, File[파일] 메뉴의 Package [패키지]를 선택해서, 한 폴더 안에 필요한 모든 요소를 담아 내보낼 수 있어서 좋다.

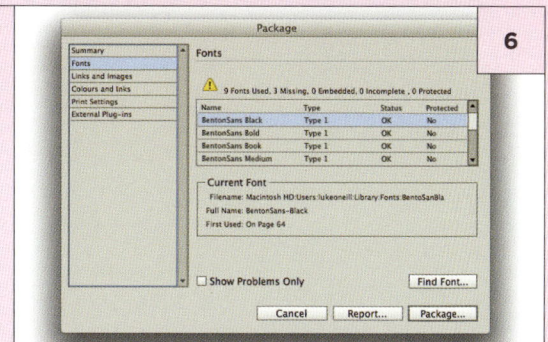

나에게 맞는 환경 설정

인디자인은 여러 종류의 프로젝트에서 디자이너들이 사용하는 프로그램이다. 에이전시에서 브로슈어나 보고서 같은 인쇄물들을 만드는 편집 디자이너든, 아이패드의 인터랙티브 어플리케이션을 디자인하는 디지털 디자이너든. 이 소프트웨어는 대단히 강력하며 무척이나 다용도로 활용할 수 있는 도구이다. 다른 기기들과 마찬가지로, 소프트웨어 기능들의 설정을 미세하게 조정하면 훨씬 더 효과적으로 작동할 수 있다. 인디자인을 각자의 환경에 맞게 시간을 들여 정비함으로써 이전보다 더 빠르고 효율적으로 작업할 수 있다.

인디자인을 설정할 때 처음 할 일은 프로그램이 제공하는 많은 속성을 철저히 파악하여 자신이 원하는 방식으로 작동하도록 설정하는 것이다. 물론, 이런 속성 중에는 프로젝트별로 다양한 값을 가질 수도 있지만, 옵션에 익숙해지면 프로젝트에 맞게 필요할 때마다 다른 내용으로 빠르게 설정할 수 있게 된다. 여기에는 전문 용어들이 있으므로, 각각의 용어들이 무엇을 의미하는지 알아두면 분명 도움이 될 것이다. Preferences[환경 설정]❶로 이동한 다음, General[일반] 섹션으로 가자. Page Numbering[페이지 번호 매기기]은 인디자인이 특정 영역이나 문서 전체에 페이지 수를 보여줄지 아닐지 결정한다. Always subset fonts with glyph counts greater than:[글리프 수가 다음보다 클 경우 항상 하위 세트 글꼴 :] 항목과 '2000' 값의 옵션은 파일을 인쇄소에 보낼 때 파일 안에 2,000개가 넘는 글리프가 있으면 인디자인이 전체 문자 세트가 아닌 문서에 사용한 문자 세트만 포함할 것이라는 뜻이다. Object Editing[개체 편집] 항목은, 언제나 크기를 내용에 맞추고 싶지 않더라도, 훑어보면 메뉴의 내용을 파악할 수 있다. Reset All Warning Dialogs[모든 경고 대화 상자 재설정]을 누르면 Don't Show Again[다시 보지 않기]으로 설정했던 모든 대화 상자들도 다시 나타나게 된다.

인터페이스 역시 각자의 필요에 맞게 조정하면 좋다. 인터페이스의 조정 방법은 몇 가지가 있는데, 첫 번째는 환경 설정의 Interface[인터페이스] 섹션을 살펴보는 것이다. 여기에서 Show Transformation Value[변형 값 표시]나 Highlight Object Under Selection Tool[선택 항목 아래 개체 강조 도구]뿐 아니라 트랙패드 사용에 적용될 Cursor and Gesture Options [커서 및 제스처 옵션] 같은 다양한 설정도 선택할 수 있다. 또한 CC 버전의 어두운 인터페이스를 밝게 바꿀 수 있다.

또한 Tool Tip[도구 설명] 메뉴에서 도구 설명이 나타나는 속도도 '빠르게Fast' 혹은 '표준Normal'으로 설정할 수 있으며, 나타나지 않게 '없음None'으로 설정할 수도 있다. Floating Tools Panel[부동 도구 패널] 메뉴에서 도구 바를 '1열Single Column', '2열Double Column' 혹은 '1행Single Row'으로 상단에 고정할지 설정할 수 있다. 물론 도구 바는 작업 도중에 도구 패널의 상단을 더블클릭하거나 원하는 위치로 드래그하여 쉽게 변경할 수 있다.

❶ Edit/InDesign > Preferences
[편집/InDesign > 환경 설정]

나에게 딱 맞는 문서 사전 설정과
환경 설정이라면 더욱 효율적인 작업을 할 수
있을 것이다.

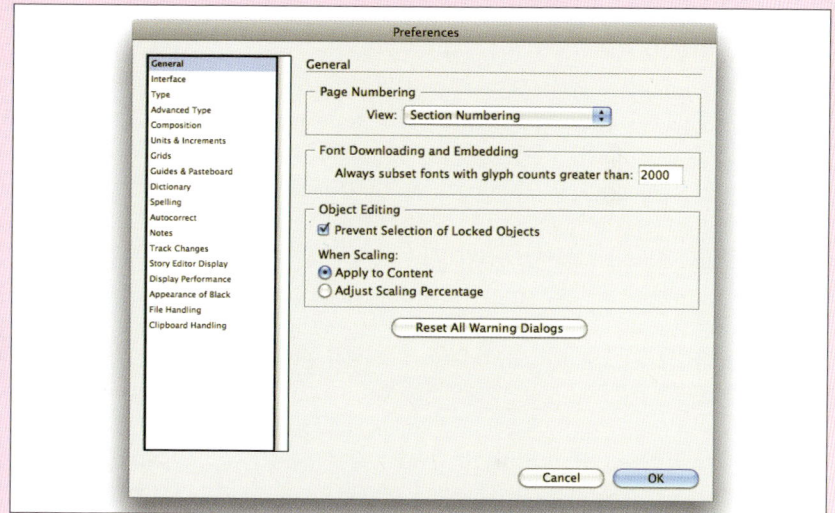

General[일반] 섹션 중에는 설정을 해두면 절대 변하지 않는 것이 있고, 프로젝트 상황에 따라 다양하게 바뀌는 것들도 있다. ▶

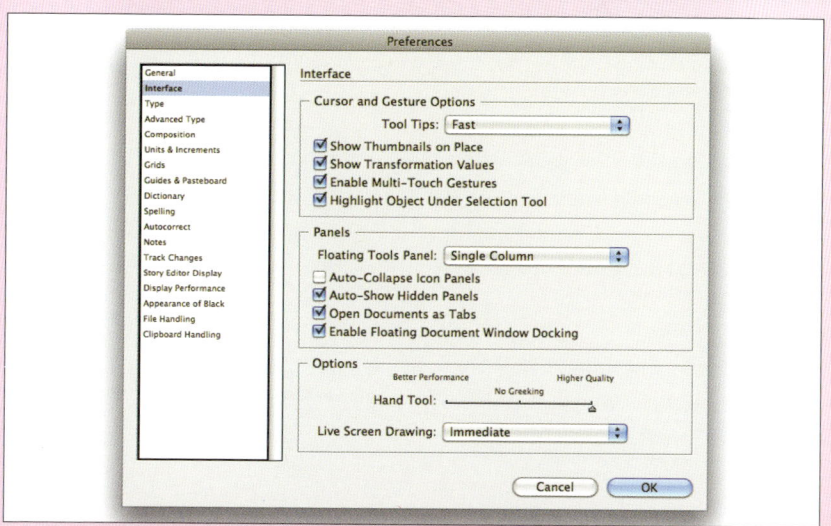

Interface[인터페이스] 섹션은 외관을 취향에 맞게 세세히 조정할 수 있다. ▶

사용하는 기기와 작업하는 문서 성격에 따라 Hand tool[손 도구]의 성능을 조정할 수 있다. 슬라이더를 Better Performance[성능 향상]으로 이동하면 화면을 이동할 때 이미지를 흐리게 처리하여 빠르게 문서를 이동할 수 있도록 해줄 것이다. Live Screen Drawing[실시간 화면 그리기]도 마찬가지로 자신에 맞게 조정하자.

필요에 맞게 인터페이스를 다듬는 두 번째 방법은 상단 메뉴 Edit[편집]의 Menu[메뉴]를 이용하는 것이다. 여기에서 메뉴를 숨기도록 설정할 수 있는데, 메뉴 항목들을 훑어보다가 활성화 혹은 비활성화하고 싶은 옵션을 고르면 된다. 메뉴를 숨기면 인디자인 하단에 그 설정을 되살릴 수 있는 옵션이 생긴다. 가령, Type[문자] 메뉴에서 Character[문자] 옵션을 숨겼다면, 문자 메뉴 하단에 생긴 Show all Menu Items[모든 메뉴 항목 표시]를 클릭하여 명령을 되돌릴 수 있다. 특정 메뉴를 쉽게 찾아볼 수 있도록 색을 입힐 수도 있다. 신입 디자이너를 가르치거나 특정 작업 과정을 보여주고 싶을 때 사용하면 편리하다. Edit[편집] 메뉴의 Menu[메뉴] 위에는 단축키를 필요에 맞게 수정할 수 있는 Keyboard Shortcuts[단축키]가 있다.

세 번째 방법은 인디자인의 인터페이스를 작업의 성격에 따라 맞춤 설정할 때 흔히 쓰는 방식으로, Workspaces[작업 영역]를 이용하는 것이다. 고를 수 있는 사전 설정 항목이 많고, 각각의 디자인 분야에 맞는 인터페이스를 갖추고 있다. 도서 출판, 인터랙티브 프로젝트 제작, 서체 제작 등등 다양한 분야와 관련된 패널이 있다. Workspaces[작업 영역] 사전 설정들을 살펴보자. 물론, 이 메뉴가 유용한 이유는 단순한 방법으로 인터페이스를 하나하나 조정할 수 있기 때문이다. 잘 생각해보고, 자주 사용하지 않는 것은 숨겨두는 것이 작업하기 좋다. 과정은 단순하다. 패널을 숨기거나 보이는 것이다. 그러므로 자주 사용하는 것이 무엇인지 생각해봐야 한다. 다음으로 New Workspace[새 작업 영역]로 이동한다. 자신의 작업 영역을 저장하는데, 저장할 때 이름은 쉽게 구분이 되도록 본인의 이름을 쓸 수도 있겠다. 그런 다음 앞서 설명한 방식으로 찾아가면 된다. 물론 원한다면 다양한 설정을 저장할 수 있다.

자, 이제 아직 설정할 것이 많이 남아있는 Preferences[환경 설정]로 돌아가자. Type[문자] 패널은 읽어보면 내용을 파악할 수 있는 수준이지만, 내용이 자신에 맞는지 혹은 특정 프로젝트 때문에 변경해야 하는 것이 있는지 확인하기 위해 훑어봐야 한다. Apply Leading to Entire Paragraphs[단락 전체에 행간 적용]은 편할 수도 있고 방해가 될 수도 있으며, Triple Click to Select a Line[세 번 클릭하여 한 줄 선택]도 마찬가지이다. Font Preview Size[글꼴 미리 보기 크기]의 조정이 필요할 수도 있다. 글씨가 커야 프로젝트의 서체가 친숙하지 않을 때 어떻게 보일지 더 빠르게 이해할 수 있을 것이기 때문이다. Advanced Type[고급 문자]에서는 Superscript[위 첨자], Subscript[아래 첨자], Small Cap[작은 대문자]의 비율 값을 변경하는 옵션 등을 제공하는 데, 읽어보면 대부분 이해가 가능하다.

Composition[컴포지션] 패널에서는 문서의 요소들을 강조 표시할 수 있는 기능이 있다. 우리는 누락된 글꼴이 붉은색으로 표시되는 것을 지금까지 확인했는데, 여기에서 그 기능을 켜거나 끌 수 있다. 그 외에 Custom Tracking/Kerning[사용자 정의 자간/커닝], H&J Violation[유지 옵션 위반] 등도 포함되어 있다. 또 Text Wrap[텍스트 감싸기] 옵션도 여기에서 설정할 수 있다.

Units & Increments[단위 및 증감]은 매우 익숙한 속성 창으로, 여기에서 전체 규격을 설정할 수 있다. 대부분 '밀리미터Millimeters'로 표시하지만, '파이카Pica'부터 '아게이트Agates'까지 원하는 단위로 변경할 수 있다.

Workspace[작업 영역]는
인터페이스를 수정할 수 있는
제3의 방법으로, 다양한 분야에 맞게
인터페이스를 손보면서 다양한
맞춤 사전 설정을 사용할 수 있다. ▶

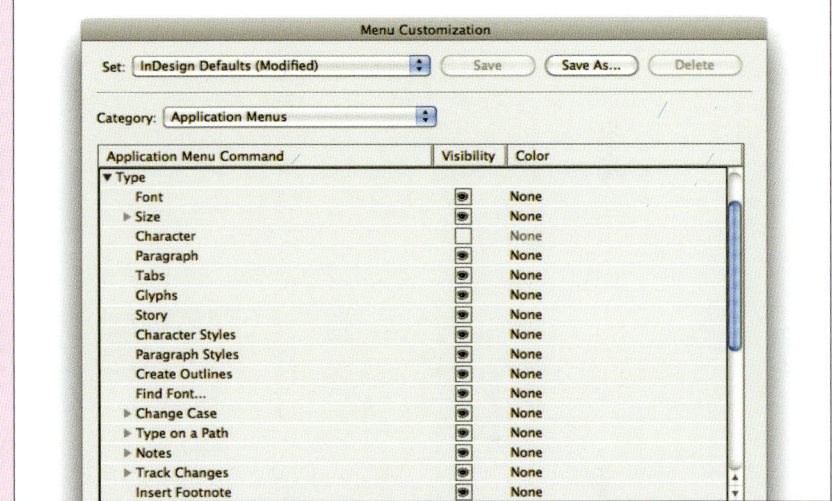

Edit[편집]의 Menus[메뉴]로
인터페이스를 사용자별로
정의할 수 있다. ▶

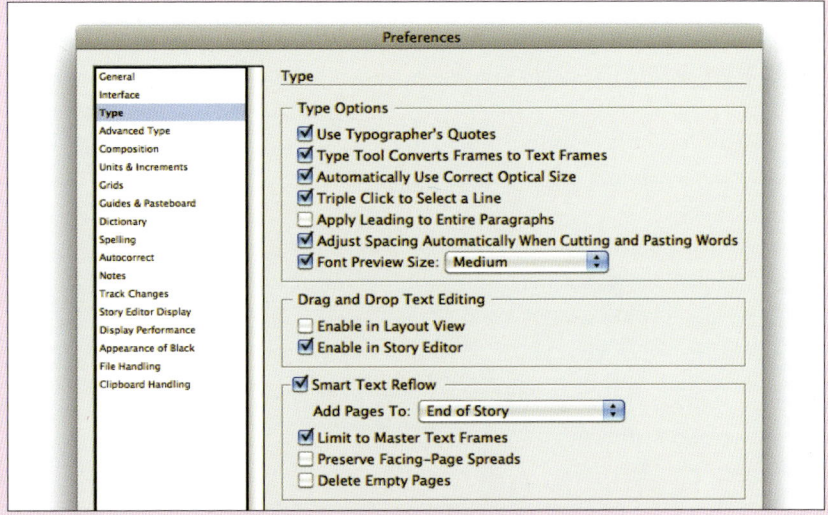

Type[문자] 섹션에는 비교적 내용을
쉽게 알 수 있는 항목들이 있지만,
매우 유용한 도구들이므로 적절한
사용 방법을 배워두면 좋다. ▶

나에게 맞는 환경 설정　　　　　　213

Grids[격자]는 Baseline Grid[기준선 격자]의 Color[색상]과 Increment Every[간격]을 변경하는 옵션을 제공하며, Guides & Pasteboard[안내선 및 대지] 창에서는 Margins[여백], Columns[단], Bleed[도련], Slug[슬러그], Preview Background[미리 보기 배경], Smart Guides[고급 안내선]의 색상을 바꿀 수 있다. 그 아래에 보이는 Dictionary[사전], Autocorrect[자동 고침], Notes[메모], Track change[자간 옵션], Story Editor Display [스토리 편집기 표시] 등 다섯 개의 섹션은 단어에 집중하는 것으로, 교정교열 담당자가 있다면 그리 크게 신경 쓸 필요 없다.

Display Performance[화면 표시 성능]는 사용 기기에 따라 조정이 필요한 속성이다. 링크 파일과 효과의 보기 설정을 조정하여 인디자인이 필요한 만큼 빠르게 작동할 수 있게 확인한다. 예를 들어, 크기가 매우 큰 일러스트레이터 파일을 다루는 중이라면 필요한 옵션일 것이다.

Appearance of Black[검정 모양]도 매우 중요하다. 인디자인은 기본적으로 검정을 혼합 검정 rich black으로 표현하기 때문에 스크린에 나타나는 검정이 가능한 한 어둡게 나타나지만, CMYK 수치를 변경하지는 않는다. 설정을 '모든 검정을 정확하게 표시 Display All Blacks Accurately'로 변경하면 일반적으로 사용하는 다른 색이 섞이지 않은 검정에 대해 잘 파악할 수 있을 것이며, 포토샵이 표현하는 방식대로 검정을 확인할 수 있다. 인쇄 혹은 파일을 내보낼 때에도 마찬가지이다. 그리고 기본적으로 검정은 오버프린트로 설정되어 있으므로 밑색을 녹아웃하지 않는다. 검정에서는 비쳐 보이는 문제가 생기지 않으므로, 보통 이것을 체크하지 않는 것이 좋다. 그러나 이것은 프로젝트 혹은 개인 별 디자인 요구 조건에 따라 다르다. 나머지 섹션은 저장과 복구, 링크 처리방식 등의 다양한 옵션과 클립보드 옵션을 다루고 있다.

여러 프로젝트를 동시에 작업하는 경우가 있을 것이다. 만약 일정 크기의 문서를 정기적으로 만든다면 Document Preset[문서 사전 설정]를 꼭 알아두어야 한다. 새로운 사전 설정 항목을 만들려면 Define[정의]❷으로 이동한다. 나타난 대화 상자에서 New[새로 만들기]를 선택하자. 먼저 이름을 정하고, 인쇄용인지 웹용인지 Intent[의도]를 설정한다. 의도를 변경하면 수치 단위도 함께 바뀐다. 웹용의 사용 단위는 픽셀이고, 인쇄용은 사용자 설정에 따라 다르다.

Number of Pages[페이지 수]와 Facing Pages[페이지 마주보기], Primary Text Frame [기본 텍스트 프레임]의 여부를 정할 것. 다음으로 Page Size[페이지 크기]와 Orientation[방향], Columns[단]의 Number[개수]와 Gutter[간격], Margins[여백]를 정한다. 옵션 창을 확장하면 Bleed and Slug[도련 및 슬러그]를 설정할 수 있다. 확인을 누른 후에는 Document Presets [문서 사전 설정]에서 저장한 항목을 선택하여 빠르게 작업을 시작할 수 있다. 사전 설정은 원하는 만큼 많이 만들어둘 수 있으며, 여러 개의 잡지와 안내서 등을 한꺼번에 작업 중이라면 유용하게 쓸 수 있다. 같은 매체 종류, 크기의 문서를 정기적으로 만든다면, 이전 디자인을 새 버전으로 덮어쓰는 일이 많으므로 사전 설정을 갖춰두면 항상 편하다.

인디자인의 모든 설정을 마치려면 시간도 꽤 잡아먹고 고리타분한 일처럼 느껴지기도 할 것이다. 하지만 결국 시간을 투자할만한 가치가 있다. 프로젝트를 급히 시작하려고 할 때 환경 설정과 사전 설정을 소홀히 하게 되지만 모든 옵션을 자신이 원하는 대로 설정해놓고 팀원들과 공유히면 보는 사람이 같은 가이드라인을 기준으로 작업할 수 있고 파일과 결과물을 공유할 때도 문제가 생길 일이 줄어든다. 그런데 왜 주저하는가? 바로 지금 각자의 작업 스타일에 맞게 설정해보자.

❷ File > Document Presets > Define[파일 > 문서 사전 설정 > 정의]

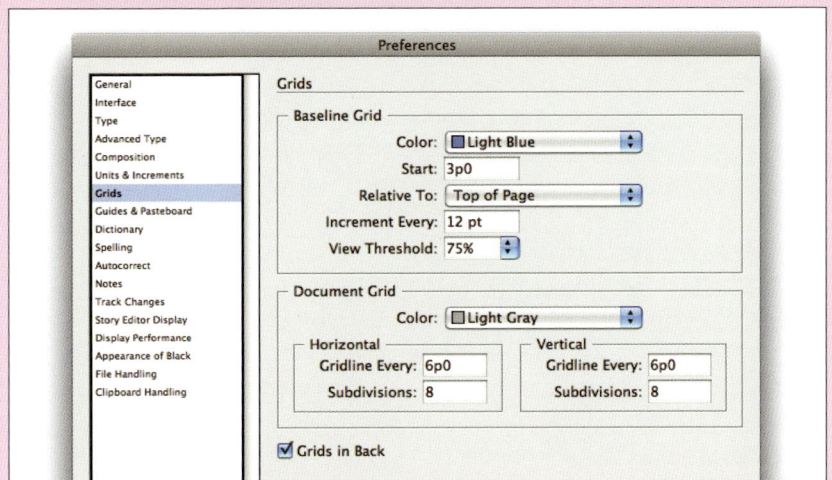

Grids[격자] 섹션에서는 격자들의 색상을 바꿀 수 있으며, 또한 간격 값을 조정할 수 있다. ▶

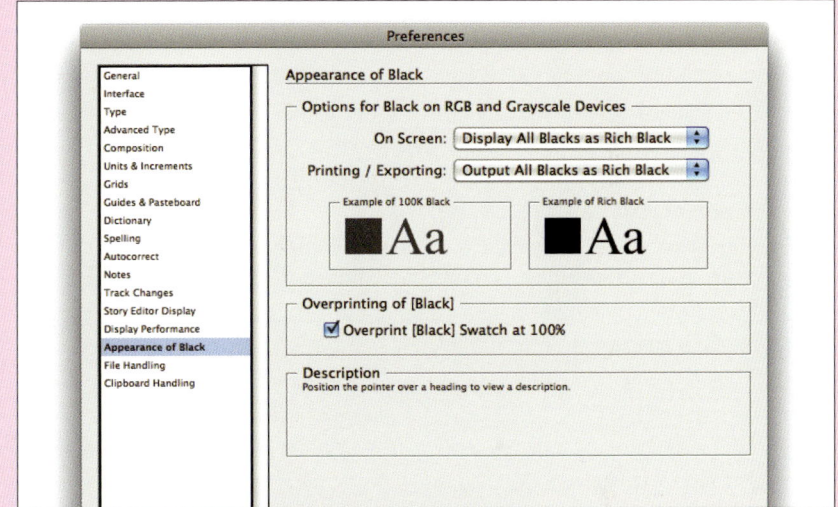

Appearance of Black[검정 모양]은 인디자인의 기본값은 검정을 혼합 검정으로 설정되어 있으므로 매우 중요하다. 그래서 CMYK 값은 유지하면서 최대한의 어두운 검정을 볼 수 있다. ▶

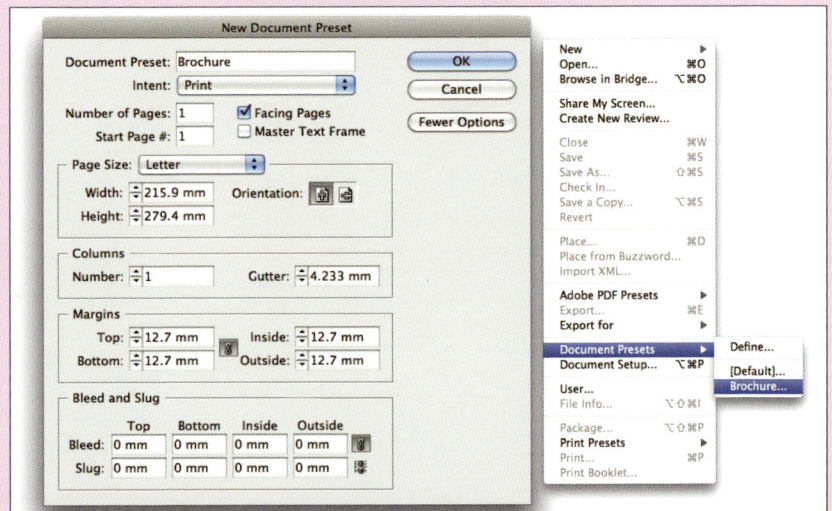

크기가 다양한 프로젝트들을 동시에 진행 중이라면 Document presets [문서 사전 설정]는 필수이다. ▶

나에게 맞는 환경 설정   215

인디자인 비법 공개: 워크플로우 개선하기

O1   인쇄소에 보낼 모든 정보를 패키지로 만들기
File[파일] 메뉴의 Package[패키지]는 인쇄소에게 모든 정보를 보낼 때 사용된다. 이 방법이 아니면 PDF를 사용한다. 패키지의 장점은 문서에 사용한 폰트 파일까지 포함한다는 점이다. 이 기능 덕분에 인쇄소에 파일을 보내고 폰트가 누락되는 등의 문제가 사라졌다.

O2   개체에 빠르게 획 추가하기
Stroke[획] 패널을 이용하지 않고 개체에 빠르게 획을 추가하고 싶다면, 개체 선택 후 D를 치기만 하면 된다. 익숙해지면 많은 시간을 절약할 수 있다.

O3   비밀 메모를 위한 비인쇄 레이어
팀원이나 인쇄 업체에 전달할 메모를 추가하고 싶을 때 인디자인의 비인쇄 레이어를 사용할 수 있다. 설정을 위해 Layers[레이어] 패널 내 메뉴에서 New Layer[새 레이어]를 누른다. 대화상자가 열리면 Print Layer[레이어 인쇄] 체크박스를 체크 해제한다.

O4   개체 뒤에 숨은 다른 개체를 빠르게 선택하기
다수의 개체가 겹쳐진 복잡한 레이아웃을 다루는 중이라면, 뒤에 숨은 개체를 선택하기가 어렵다. 뒤에 가려진 개체를 선택하기 위해 Ctrl을 누른 상태에서 원하는 개체가 선택될 때까지 개체를 계속 클릭한다.

O5   파일 버전 변경 저장의 또 하나의 활용법
모두 알다시피 인디자인 파일을 예전 버전 인디자인과 호환하기 위해 'InDesign Markup(IDML)' 형식으로 저장할 수 있다. 하지만 이 기능은 다른 용도로 사용할 수도 있다. 인디자인 문서를 메일로 보내고 싶은데 이미지 크기가 크다면, 이 형식이 이미지를 제거하고 그 자리에 링크 데이터만 남겨준다. 수신자가 모든 링크 데이터를 가지고 있으면 모든 것이 완벽하게 작동한다.

O6   패널 이름 변경하기
CS4 버전부터 패널 이름이 모두 대문자로 바뀌었다. 대문자 표기가 불편해 인터페이스를 예전처럼 바꾸려면 인디자인 어플리케이션 폴더에서 'noallcaps'라는 이름의 빈 폴더를 만들면 된다.

O7   둥근 모서리 빠르게 적용하기
CS5 버전부터 추가된 기능으로, 개체의 모서리에 있는 노란 포인트를 클릭하면 개체의 모서리에 노란 마름모 포인트가 생긴다. 그것을 드래그하면 프레임을 간단하게 둥근 모서리로 변경할 수 있다.

O8   적용할 폰트 미리 보기
머리기사 등의 텍스트에 적용된 글꼴이 아닌 다른 글꼴을 적용했을 때 어떻게 보일지 페이지 위에서 바로 미리 볼 수 있다. 텍스트를 선택한 다음, 상단 컨트롤 바에서 글꼴 필드를 선택하고, ↑, ↓로 글꼴을 하나씩 훑어보면 텍스트의 변화를 바로 확인할 수 있다.

O9   화면 비율 조정하기
Ctrl+1은 100%, Ctrl+2는 200%, 그리고 Ctrl+-, =로 화면을 축소 및 확대할 수 있다.

10   다각형 모서리 개수 추가하기
다각형의 모서리 개수를 추가하는 방법은 다각형 프레임 도구나 다각형 도구를 선택한 다음, 배치할 위치를 클릭하면 나타나는 창에 값을 입력하는 것이다.

Print Presets[인쇄 사전 설정]와 Adobe PDF Presets[Adobe PDF 사전 설정]

Print Presets[인쇄 사전 설정]와 Adobe PDF Presets[Adobe PDF 사전 설정]는 파일을 내보내는 과정을 빠르게 해준다. 정기적으로 같은 장치나 PDF 설정에 맞게 결과물을 낼 때는 특히 그렇다. 따라서 프로젝트를 시작할 때 사용자 정의 사전 설정을 먼저 살펴봐야 한다. 물론 사전 설정된 내용은 진행되는 동안에도 수정할 수 있다. 하지만 만약 다른 사람에 의해 사전 설정이 변경되고 특정 설정 내용이 변경된다면 다시 설정을 조정해야 하므로 작업 시간이 지연될 수 있다.

두 가지 설정은 같은 방식으로 작동하며, File[파일] 메뉴에서 찾을 수 있다. 새로운 사전 설정을 만들기 위해 Define[정의]으로 가서 New[새로 만들기]를 누른 다음, 두 가지 사전 설정을 조정하고 저장한다. 이제 만들어둔 사전 설정을 선택하면 사전 설정 정보를 사용할 수 있다. 인쇄 및 PDF 사전 설정을 이렇게 활용하면 매번 수동으로 설정을 바꿀 필요 없이, 저해상도 PDF나 A4 흑백 프린트 환경의 파일을 빠르게 내보낼 수 있다.

인덱스

Align	176, 182, 187, 189, 201
Alt	059, 064, 090, 093, 101, 106, 114, 123, 187, 193, 195
Alternates	011, 165
Black	108
Bleed	066, 079, 081, 126, 132-134, 214
Blur	191
Bridge	012, 199
Character	015, 035, 079, 090, 107-109, 128, 166, 183, 212
CMYK	065, 131, 132-134, 138, 214-215
Columns	039, 070, 075, 080, 086-087, 113, 126, 150-152, 214
CS5	060, 201, 216
Define	085, 134, 214, 217
DPS	023, 024-025, 029, 030-031, 033, 140-145
Edit	070, 074, 078, 080, 085, 118, 150, 164, 167, 210, 212
Effects	012, 160, 171, 178, 191, 207
Ellipse	059, 062
Export	035, 128, 134, 153
Eyedropper	011, 059, 064, 096-097, 123, 205
Feather	059, 064, 172, 177
Filter	137, 190-191, 202
Folio	031, 033, 144
Font	110, 164, 203, 210, 212
Frame	059, 062, 072, 120, 187, 206, 214
Gradient	059, 064-065, 172
Grep	103
Guide	073, 085, 087, 157, 214
Gutter	069, 074, 085, 087, 150, 214
Height	078, 142-143, 189
Highlight	138, 209, 210
Horizontal	074, 078, 201
ICC	132, 137
Import	093, 195, 198, 205
Increment	074, 078, 080, 082-081, 150, 212, 214
Indent	095, 107, 108
Insert	086, 118-119, 127, 207-208
Kerning	090, 107, 212
Layout	043, 070, 080, 085, 087, 100, 113, 142, 151, 154-156
Links	127, 132, 137, 144, 195
Liquid	154-156
Magazine	010-011, 012-013, 016-019, 022-023, 028-029, 032-033
Margins	039, 070-071, 074-075, 080, 085-087, 094, 126, 150, 152, 214
Offset	070, 094-095, 183, 199
OPI	132

Option	172	간격	059-060, 070-071, 074, 080, 082, 084-085, 087, 094, 107, 116, 129, 144, 150, 176, 183, 199, 214-215
Outlines	092, 094, 166, 206, 209		
Overlay	033, 144, 171, 172, 187	감싸기	061, 093-094, 128, 206, 212
Overprint	133, 208	검정	132-133, 135, 138, 173, 183, 191, 208, 214-215
Package	128, 209, 216	격자	015, 070-074, 080-084, 094, 107, 111-112, 150, 214-215
Page	059-060, 078, 080-081, 086, 118, 126-127, 142, 150, 158, 208, 210, 214		
Pathfinder	176, 182, 190, 205, 207	경계선	092, 095
PDF	033, 035, 053, 128, 131, 134, 152-153, 199, 216-217	공간	051, 070, 075, 084, 090-091, 093, 095, 124, 129, 132, 137-138
Place	093, 195, 198, 204	규격	068, 081, 098, 148-149, 151, 153-154, 187, 212
Placeholder	079, 082, 116, 205	그레이디언트	059, 064-065, 170, 172, 200, 207
ppi	137, 144	그룹	060, 068, 093, 096-099, 106, 109-111, 113, 115, 122, 156, 166, 176, 179, 182-183, 186-190, 193
Preference	070, 073-074, 078, 164, 210, 212		
Preflight	130, 134	그리드	011, 021, 029, 043, 051, 059, 068-085, 087, 094, 116, 118, 176-177, 179, 207
Preview	014-015, 066, 085, 095, 107, 133, 136, 138, 144, 164, 208, 212, 214		
		그림자	063, 160, 172, 182
Publishing	078, 088, 142	글리프	011, 092, 134, 162-167, 210
Rectangle	059, 062, 072	글자	011, 070, 090, 092, 094, 162, 164-165, 177, 178, 183, 190-191, 206
Redefine	114, 152, 204		
Repeat	070, 073, 075, 199-200	기준선	015, 070-075, 080, 082-083, 090, 094, 107, 111-112, 116, 135, 150, 214
Resolution	132, 137		
Rules	092, 095, 156	기준점	059, 061-062, 177, 200
Slug	066, 079, 126, 134, 214	내보내기	035, 128, 134, 136, 144, 153, 208-209
Spacing	107-108, 129, 176	노이즈	172, 190, 191
Span	113	눈금자	070, 072-075, 078-079, 083, 085, 126, 150, 157
Start	070, 074, 080, 150	다각형	061-062, 216
Stroke	059, 061, 063, 065, 132-133, 138, 216	다이어그램	186-187
Swatch	064, 136, 138, 151-152, 189, 191, 200	단계	011, 021, 025, 051, 053, 070, 072-073, 075, 080, 095, 098, 102, 104, 106-109, 112, 116, 118, 120, 124, 131-132, 134, 148, 152, 171, 178, 199-200
Tracking	090, 107, 212		
Transparency	132, 172, 189	단락	021, 035, 039, 061, 078, 080, 090, 092, 095, 097-111, 113-115, 118, 123, 128-129, 148, 151-152, 204, 206, 207, 212
Text	059, 065, 079, 082, 093-094, 103, 116, 120, 127, 128, 134, 138, 160, 205, 206, 209, 212, 214		
		단위	074, 078-079, 081-083, 126, 212, 214
Type	059, 061, 086, 090, 092, 094-095, 098, 126, 134, 160, 164, 166, 183, 202-203, 205-206, 212	단축키	025, 035, 058-059, 061, 063, 065-067, 093, 101, 198, 204, 212
Typekit	202-203	대문자	093, 212, 216
Units	074, 078, 083, 212	도구	058-068, 097, 154-158, 170-171, 182, 189, 191, 199-200, 205, 207, 209-210, 212-213, 216
Vertical	074-075, 078, 182, 201		
Weight	063, 095, 132, 183	동시	079, 106, 112, 180, 215
Width	078, 095, 142, 177, 189, 201	드래그	059-064, 070, 080, 085, 118, 122, 126, 137, 156-157, 165, 183, 187, 193, 199, 201, 207-210, 216
Wrap	093-094, 128, 206, 212		
가로	063-064, 068, 070, 074-075, 078-079, 082-083, 090, 116, 142, 156, 157-158, 176, 182-183	들여쓰기	090, 095, 098, 107-108, 111-112, 129
		라이브러리	025, 033, 056, 060, 116-123, 187, 194
가이드	034-035, 037, 039, 043, 058, 061, 066, 068, 070, 072-073, 075-076, 080, 093, 138, 143, 177, 188-190, 199, 208, 214	레이아웃	068-087, 096, 100, 113, 116-117, 121-129, 142, 150-159, 176, 182, 186, 189, 205, 216
		레이어	072, 075, 138, 144, 148, 151, 153, 170, 176-177, 190-195, 198, 216
가져오기	093, 115, 195, 198, 199, 204-205	로고	041, 118, 150-152

마스터 페이지	015, 017, 072, 076, 079-086, 098, 115-121, 126-127, 138	여백	011, 039, 070-071, 074-075, 078-080, 083-087, 094, 098, 113, 116, 126, 135, 150-152, 214
마주보기	078, 081, 126, 150, 214	연결	012, 029, 093, 107, 114, 127, 177-179, 194-195, 199
매거진	010-013, 017-019, 021-024, 028-033, 122	오프셋	070, 094-095, 134, 183, 199
머리글	092, 094, 098, 102, 109-112, 179, 206	오픈타입	011, 061, 162, 164-167
머리글자	092, 094, 098, 109-110, 179, 206	유니코드	165
모서리	060-062, 080, 156-157, 176-178, 182, 201, 216	윤곽선	063, 092-094, 166, 178, 182, 190-193, 206-209
문서	060-066, 068-074, 078-088, 093-103, 106, 113-115, 118-119, 122-123, 126-128, 134, 142-143, 146-154, 174-176, 182, 187, 190, 202-205, 208-216	이미지	013-015, 023-025, 035, 041, 053, 063, 068, 070, 083, 088, 092, 098, 118, 126-128, 132-138, 143-145, 158, 168-172, 178, 187, 191-201, 204-209, 212, 216
문자	011, 015, 021, 035, 039, 059, 061-063, 072, 079-080, 086-110, 113-115, 118-119, 123, 126-128, 134, 160-167, 82-183, 202, 205-207, 210-213	이중톤	200
		인쇄물	040, 068, 135, 140, 142-143, 154, 210
미리보기	085, 095, 109, 113, 136-138, 164, 202-203, 208	인쇄용	021, 053, 078, 128, 132, 136, 201, 208-209, 214
박스아웃	099, 111-112, 122, 188	인터랙티브	023, 029-033, 140, 143-144, 210-212
변화	051, 061-062, 082, 111, 113, 117, 134, 140, 157, 171, 193-194, 207, 216	인터페이스	106, 168, 210-213, 216
		일관성	021, 068-069, 096-098, 103-105, 118-121, 148, 186
본문	021, 059, 070-074, 079-081, 085, 090, 093-096, 098-103, 107-111, 116, 123-128, 143, 166-167, 179, 205	일러스트레이터	053, 061-062, 137, 161, 170, 174, 187-189, 193-194, 214
불투명도	170-173, 176-179, 191, 207	잉크	015, 130-132, 135-138
브랜드	024-027, 033, 038-043, 072, 149	자리표시자	079-082, 116-117, 205
브러쉬	187, 194	재정의	101, 114, 152, 204
브로슈어	034-042, 096, 210	저장	065, 081, 085, 106, 118-119, 122, 128, 134, 152-153, 158, 166-167, 187, 191, 199-200, 212, 214, 217
비인쇄	072, 148, 151-153, 216	정렬	059-061, 070-071, 074, 080, 088, 093, 098, 107, 111-112, 116, 128, 150, 176, 182, 187-189, 201
사용자	058-064, 081-083, 145, 154, 168, 212-214	지정	063-064, 072, 099-102, 106-107, 110-113, 118-120, 123, 132, 153-154, 182, 199
삽입	059-063, 086, 090-092, 095, 098, 117-119, 127, 128, 132, 136, 157, 205, 207, 208	질감	130, 168-173, 190-191
		쪽수	078, 086, 127
색상	013, 059, 061, 064-065, 083, 095, 098, 103, 106, 109-110, 116, 119, 131-138, 151-151, 161, 171, 173, 178, 182-183, 186-194, 200, 208, 214-215	차트	084, 188-189
		칼선	183-184
서체	011, 045, 053, 061, 070, 073, 079, 082, 088-098, 138, 162-165, 178, 190-191, 202, 209, 212	커서	065, 086, 090, 093, 102, 106, 113, 123, 127-128, 202, 209-210
속성	064, 101-102, 108-110, 128, 134, 190, 204, 210-214	컨트롤 바	060-063, 080-081, 093-095, 151-152, 158, 200-201, 216
숫자	065, 093, 103, 127, 162, 165	코드	160-161, 165
스마트	061, 160, 187, 190, 193, 194	콘셉트	021, 039
스타일시트	011, 093, 148, 151, 204-205	클리핑 마스크	187-189
스튜디오	012, 021, 024, 039-040, 045	타이포그래피	011, 016, 021, 035, 044-053, 058-061, 088-116, 162, 174, 203-204
스포이드	011, 059, 064, 096-097, 123, 205		
스프레드	053, 080, 074, 083, 085-086, 118, 122, 126-128, 177-178, 208		
슬라이드쇼	029, 144, 145	텍스처	041, 170-171
슬러그	066, 079, 134, 214	텍스트	045, 059-065, 068-072, 078-083, 086, 090-095, 098-103, 106, 113-120, 124-129, 132-138, 150-152, 160, 165-166, 182-184, 188-190, 193, 202-209, 212, 214-216
시작표시문자	108-110, 206		
시작하기	014, 078, 102, 121, 140-145, 170, 176, 182		
실시간	109, 114-115, 120, 130, 212	템플릿	029, 033, 043-045, 078, 086, 098, 106, 115-123, 148, 180, 208
아이덴티티	011, 040-041, 050, 149, 178		
아이패드	029, 033, 140, 194, 210	투명도	132, 137-138, 168, 172, 189-191

투명도	132, 137-138, 168, 172, 189-191
패스	051, 059, 061-063, 170, 176-177, 182, 190, 200, 205-207
패스파인더	176-177, 182, 190, 205-207
패키지	120, 128, 132, 209, 216
패턴	103, 170-172, 183, 187
페이지	011, 015-017, 021, 029, 033-035, 045, 053, 059-060, 068-088, 093, 096-100, 109, 113-129, 137-144, 148-158, 174-179, 182-183, 187, 193-195, 199, 203-204, 207-210, 214
편집	012-016, 045, 051-053, 058-061, 064, 070, 074, 078, 080, 085, 092-093, 098-103, 106-115, 118, 134, 150, 160-161, 164, 167, 187, 193, 201, 204, 210-214
포스터	076, 084, 087, 130-134
포인트	059-060, 063, 081-082, 127-128, 201, 216
포토샵	013, 035, 061, 134-137, 171-173, 187, 190-195, 198-200, 214
폰트	011, 070, 088, 090-093, 096, 107, 110, 116, 128, 143, 164-167, 202-206, 209, 216
표시	060, 063, 072-075, 078-081, 086, 093, 103, 113, 118, 127, 134-138, 143, 150-151, 157, 164-166, 183, 195, 198, 202-204, 210-214
프레임	025, 059-066, 072, 098-100, 120, 157-161, 170-173, 177-178, 187, 193-195, 200-201, 206, 214-216
프레젠테이션	035, 066, 208
하이퍼링크	025, 093, 145, 160
해상도	132, 137, 144
행간	011, 053, 070-073, 079-084, 090, 112, 116, 128-129, 138, 212
헤드라인	090-093, 109, 176, 194, 207
화면	059, 066, 072, 098, 142-143, 209, 212-216
환경 설정	070, 073-074, 138, 150, 164, 167
효과	012, 016, 033, 041, 053, 062-064, 070-072, 088-090, 095-100, 128, 132, 137-138, 143-144, 160, 168-184, 187, 190-191, 207, 210

인디자인 강의 노트
— 디자이너도 모르는 인디자인 101% 활용법

ⓒ CA 편집부, 2016
저작권법에 따라 무단 전재 및 복제를 금지합니다. 이 책의 내용 전부 및 일부를 이용하려면
반드시 하기 저작권사의 서면 동의를 받아야합니다.

제작	CA 편집부
편집	배정철
디자인	백승미 오디너리피플
번역	이지은
인쇄	중앙문화인쇄

1판 1쇄	인쇄일: 2016년 06월 17일
1판 2쇄	발행일: 2019년 03월 20일
ISBN	978-89-97225-33-0
값	22,000원
서체	국문: Sandoll 고딕Neo1
	영문: Gotham
종이	표지: 아트지 300g
	내지: 뉴플러스 100g

발행처	(주)퓨처미디어
출판 등록	2001년 03월 08일, 제 25100-2001-000044호
발행인	김병인
전략 실장	박영희
편집장	장유진
에디터	배정철, 이주연
아트 디렉터	오디너리피플
주소	서울특별시 구로구 도림천로 448, 202-802
전화	02-852-5412
팩스	02-852-5417
이메일	cabooks@cabooks.co.kr
웹 페이지	www.cabooks.co.kr
	www.cashop.kr
	www.facebook.com/likeca
	www.instagram.com/ca.cabooks
	www.twitter.com/ca_books